요덕수용소의
어둠속으로 잠겨버린
잃어버린 딸들
오! 혜원 규원

편집자서문

한국판 '실화(實話) 파우스트'

저자 오길남을 인터뷰했던 프랑크푸르터 알게마이네지(紙)의 우베슈 미트 기자는 그의 독일어 실력을 격찬한 바 있다. 그런데 이 책에 구사된 저자의 모국어, 곧 한국어 실력이야말로 일품(逸品)인 것을 알아채는 것은 어려운 일이 아니다. 수준 높은 문체와 묘사력, 서술력, 그리고 탄탄한 구 성까지 이 책은 한 편의 잘된 문학작품이라고 해도 틀리지 않을 것이다.

그러나 그것은 반드시 소설과 같은 허구적 작품이었어야만 했다. 만 일 그랬다면 한 지식인의 편력과 좌절, 환상과 환멸, 진정한 인식에 도달하 기 위한 처절한 희구를 수준 높게 구현한 작품으로 의미 있게 평가될 수 있 을 지도 모른다. 불행히도 이 책은 실화이고 체험담이며, 지금도 끝나지 않 은 현실이라는 데 우리의 고통이 있다. 이 책을 문학작품을 감상하듯 여유 있게 읽어낼 수 없는 것은 수 많은 혜원, 규원이들이 지금 이 시간에도 북 한 땅, 그것도 가장 깊숙이 그늘진 정치범수용소에서 처참하게 살아가고 있기 때문이다.

이 책은 《김일성 주석, 내 아내와 딸을 돌려주오》(자유문학사)라는 제목으로 1993년에 첫 출간된 바 있다. 일본에서도 출간되어 상당한 부수 가 팔려나갔지만 한국에서는 판도 쇄도 거듭되지 못한 채 오래전에 절판되 었다. 한국에서 오길남 일가의 비극은 그다지 큰 주목의 대상이 되지 못했던 것이다.

18년만에 다시 이 책을 출간하기로 결정한 것은 몇 가지 이유가 있다. 10년 전 기자로서 오길남 박사를 인터뷰하러 그의 아파트를 찾았을 때, 느닷없이 가족들의 사진을 맡기는 것이었다. 안방에 놓아둔 액자속 사진까지 몽땅 끄집어내어 건네며 자신이 죽어 없어져도 혜원, 규원, 그리고 자신의 아내를 위해 뭔가 말해 달라고 했다.

액자에 들어있었던 사진은 자전거 옆에 앉아 고개 숙인 두 딸의 모습이다. 이 날 잔디밭 한 켠에는 친구 송두율 교수의 두 아들 준과 린이 있었다고 말해 주었다. 두 가족은 그 날 오박사네가 북한으로 가기 전 작별 나들이를 했던가 보았다. 나이도 비슷한 네 아이들의 운명은 그때까지만 해도 크게 달라 보이지 않는다.

몇 년 전 구속된 아버지를 위해 피켓을 든 송교수의 아들들을 언론에서 보았다. 훌륭하게 성장한 그들은 멋진 외모의 젊은이들이었다. 그러나 지금 혜원이와 규원이는 어디에 있는 것일까? 그림을 잘 그리고 독서를 좋아했던 혜원과, 바이올린에 뛰어난 재능이 있었다는 규원. 이제 30대 중반이 되었을 이들은 어디에서 무엇을 하고 있는 것일까? 간염을 앓는 중에 있었다는 그들의 어머니 신숙자 여사는 일흔 나이에도 잘 버텨내고 있는 것일까?

이들의 행적은 1991년경 함경남도 요덕군 15호 관리소 곧 요덕 정치범

3

수용소 혁명화구역에서 보았다는 증언을 끝으로 더 이상 확인되지 않는다. 최근에 요덕 혁명화구역에서 출소했다 탈북한 사람들은 이들을 목격한 바가 없었다고 전한다. 이것으로 미루어보면 건너편 완전통제구역, 석방되지 않는 종신(終身) 유형지로 옮겨진 것이 아닌가 추정된다.

그럼에도 불구하고 이들이 모두 살아있으리라고 믿는다. 다시 책을 출간함으로써 이들의 이름을 크게 불러주고 싶다. 그리하여 제목도 ≪잃어버린 딸들, 오! 혜원 규원≫으로 고쳐 지었다. 안네 프랑크가 유태인 학살의 서글픈 상징이 되었던 것처럼 혜원이, 규원이를 크게 부르면 부당하게 박해당하는 정치범수용소 수감자들의 존재를 세상 밖으로 안내하는 데 작은 힘이나마 보탤 수 있지 않을까 하는 기대를 갖는다.

또 한 가지 재출간의 중요한 이유는 이 책이 담고 있는 주제의 측면에 있다. 이 책은 포괄적으로 말하면 "지식인이란 무엇인가?"라는 화두를 던진다. 지식인의 존재 일반에 관해서, 그리고 20세기 후반 한국 현대사의 일부가 되기 원했던 지식인들의 실존에 관해서 매우 심각한 질문을 던진다.

이 책에는 1970년대, 80년대 유럽에서 조국의 민주주의를 열망하며 제각기의 방식으로 조국 사랑의 방법을 구했던, 진지하고 엄숙한 지식인들에 관한 이야기가 들어 있다. 저자 오길남 역시 그 중 한 사람이었다. 그러나 이들의 실존 위에 거대한 아가리를 벌리고 도사리고 있었던 어둠의 실체에 대해 몇몇 사람은 너무 아둔했다. '날것 그대로의 악(惡)' 앞에서 그들의 지성은 무력증에 걸린 것처럼 무너져 버린 것이다.

월북한 오길남이 북한에서 만난 사람들 중에는 남쪽에서 넘어온 철학 교수, 외교관, 유학생 부부 등 다양한 이들이 있었다고 한다. 다시 건너올 수 없는 환멸의 다리를 건너버린 이들은 오길남 부인 신숙자 여사가 표현한 대로 "자신의 눈을 찌르고 다른 사람의 눈까지 찌른 채" 생을 이어가고 있었다.

그러나 이들은 물론, 귀환자 오길남까지도 많은 사람들의 생각을 바꾸어놓는 데 큰 도움이 못 되었던 것 같다. 오길남의 친구들은 북한에서 돌아온 그에게 친절하지 않았다. 질타하고 천대한 쪽에 가까웠다.

이런 상황은 2011년, 지금도 계속되고 있다. 고인이 된 윤이상은 여전히 숭상받고 있고, 간첩으로 유죄 판결을 받은 송두율 역시 많은 지지자를 갖고 있다. 그러나 오길남은 "가족을 사지(死地)에 몰아넣은 못난 남편, 아버지"로 낙인 찍혀 있다. 일전에 그의 집을 방문했더니 절망이 그를 또 다른 수용소로 몰아넣은 듯 고통스럽게 살아가고 있었다. 다시 출간하는 이 책에 한 마디 써주기를 바랐으나 그는 이내 포기하고 말았다.

이 책은 한국판 《파우스트》라고 불릴 수 있을지도 모른다. 괴테의 파우스트에 등장하는 지혜로운 악마 메피스토펠레스는 이렇게 말해준다.

"여보게. 분별에 이르기 위해서는 헤맬 수밖에 없는 법이라네."

정말로 무서운 대가를 치르고 겪어 보아야만 분별에 이를 수 있단 말인가? 지식인들의 오판과 편력으로 인해 값을 치르는 이들은 곧잘 타인들일 수가 있다. 그리하여 이 책은 "왜 순진무구하고 결백한 사람들이 어리석은 지식인들의 지적 허영의 결과로 무시무시한 대가를 치러야 하는가?"라는 또 하나의 질문을 제기하고 있다.

개인의 일만이 아니다. 지금 북한의 처절한 상황이야말로 그 많은 지식인들의 오판과 망집의 결과가 아닐까 생각해 보지 않을 수 없다.

바야흐로 역사의 황혼이 붉어질 때 지혜의 부엉이가 날개를 펴고 날아오른다면 다시 어리석은 일들은 반복되지 않을 것인가? 긍정적인 대답은 쉽지 않다. 그러나 아직도 불안한 평화를 이어가는 수많은 지식인들이 자신을 돌아볼 수 있는 계기가 되었으면 하는 바람이다.

끝으로 저자 오길남 박사에게 이 책의 재출간이 위로가 되었으면 한다. 게오르그 루카치는 '별을 지도삼아 길을 갈 수 있는 시대는 행복하다'고 하였는데, 적어도 오길남의 시대는 필시 별이 더 이상 길을 지시하지 않았던 것이다. 혹자는 그것을 근대(近代)라고 부른다. 한 때 루카치 자신도 그러했듯 공산주의 사상을 지도삼았던 많은 근대 지식인들이 잘못 온 길을 계속 이어가고 있을 때, 오길남 박사는 삶을 통해 입장을 수정했다. 분별에 이르기 위해 너무 큰 대가를 치렀으나 근대 지식인 오길남의 비극은 이런 의미에서 역사철학적 의미를 담고 있는 것이다.

악마에게 영혼을 빼앗기기 직전 파우스트 박사에게 손을 내밀어 구한 자가 누구였던가! 파우스트의 결말은 "영원히 여성적인 것이 우리를 구한다." 라고 말한다. 남편 오길남은 물론, 무고하게 삶을 강탈당할 뻔했던 유학생들, 그리고 숱한 지식인들의 어리석음을 대신하여 십자가를 진 신숙자 여사에게 무한한 존경심을 표한다. 그녀의 일갈을 다시 옮긴다.

"다시 한 번 부탁해요. 정의를 사랑하는 순결무구한 젊은이들이 대남 공작 기구의 제물이 되지 않았으면 좋겠어요. 추악한 삶은 존귀하지 않아요. 혜원 아빠, 이 말 명심하세요. 나가세요."

혜원이와 규원이, 신숙자 여사, 그리고 이름 모를 무고한 정치범수용소 수감자들이 하루 빨리 자유와 평화를 얻기를 아픈 마음으로 기도한다.

2011년 5월
김미영

차 례

아내와 딸들이 돌아온다는 것을 믿으며

　　아내를 생각하기만 해도 내 눈에서는 눈물이 흐르기 시작한다. 그런 나를 오열하게 만든 신문 기사가 있었다. 1992년 11월 29일자 서울신문에는 아내의 소식이 실렸다. 바로, 얼마 전에 귀순한 안혁, 강철환씨가 북한의 정치범 수용소의 참상을 폭로하는 기사였다.

　　1987년 11월 말 40대 중반으로 보이는 한 부인과 어린 두 딸이 독신자 숙소 바로 앞에 있는 가족세대 숙소에 수용됐다. 남한에 귀순한 뒤에 뒤늦게 알게 된 사실이지만, 그들은 지난 4월 독일주재 우리 대사관을 통해 귀순한 경제학 박사 오길남씨의 부인 신숙자씨와 두 딸 혜원과 규원이었다.
　　수용소 사람들은 그녀를 신(申)아주머니라고 불렀다.
　　신아주머니는 수용소의 첫날밤부터 목놓아 울었다.
　　— 어린 딸들과 이곳에서 짐승 같은 생활을 하다가 죽게 되다니.
　　신아주머니의 구슬픈 하소연과 울음소리는 밤새 몰아치는 삭풍 속에서도 또렷하게 귓전을 때렸다. 그러나 혹독한 추위와 굶주림 속에서 온종일 작업을 하느라 녹초가 된 독신자 숙소의 사람들은 아무도 울음소리에 신경 쓸 처지가 못 됐다. 나는 울음소리를 듣지 않으려고 두 손으로 귀를 틀어막으며 몸을 뒤척이다 잠속으로 빨려 들어갔다.
　　이튿날 새벽녘 간밤의 울음소리와는 다른 여자아이들의 날카로운 울부짖음에 놀라 눈을 떴다. 심상치 않은 일이 일어났다는 나쁜 생각이 뇌리를 스쳐 지나갔다. 판자 출입문을 열고 뛰쳐나왔다. 울음소리는 신아주머니 집에서 들려왔다. 나는 20여 미터를 단숨에 뛰어갔다.

방문을 열어젖히자 이불보를 말아 만든 끈에 신아주머니의 목이 매달려 있었다. 새파랗게 질린 어린 두 딸이 어머니의 다리를 붙들고 울부짖고 있었다.

나는 재빨리 끈을 풀었다. 다행히도 신아주머니는 아직 숨이 붙어 있었다. 이불 위에 눕힌 뒤 팔다리를 열심히 주무르자 신아주머니는 30분쯤 지나 의식을 되찾았다. 신아주머니는 자살이 수포로 돌아간 것을 알아차리고는 또다시 발버둥을 치면서 울었다. 그리고는 밤새 울어 통통 부은 눈으로 독신자 숙소에서 달려온 남자들을 원망스럽게 둘러보기도 했다.

자살극이 보위부원들에게 알려져 그녀는 1개월 동안 특별감시 대상으로 지목받아 수용소 내의 특별 감옥에 격리 수용되는 고초를 겪었다.

그러나 그녀는 진짜로 죽기를 작정한 듯 그 후에도 몇 차례 더 자살을 시도했으나 실패했다. 주위에서 "어린 딸들만 두고 혼자 죽어 버리면 어쩌느냐"며 말리는 바람에 마음을 고쳐먹은 듯했다.

그녀는 서독에서 간호사로 근무하다가 한국 유학생인 오씨와 결혼하여 두 딸을 낳고 단란하게 살았다고 했다. 그러다가 남편이 입북하는 바람에 북으로 오고 말았다는 것이다. 그러나 북한 체제에 염증을 느낀 오씨가 탈출을 할 목적으로 독일 근무를 원했으나, 북한 당국은 신아주머니와 두 딸을 잡아 두고 오씨만 독일로 보냈다는 것이었다.

신아주머니가 수용소에 들어온 지 석 달째 쯤이었다. 새벽녘에 '불이야!' 하는 소리에 깨어났다. 밖으로 뛰쳐나와 보니 신아주머니 집에서 검은 연기가 새어 나오고 있었다. 판자문을 열자 방안은 연기와 불길로 가득 차 있었다. 몰려든 사람들은 불붙은 나뭇가지를 정신없이 밖으로 꺼냈다. 신아주머니가 두 딸을 양쪽 겨드랑이에 꼭 끼고 방구석에 앉아 있었다. 이미 머리카락과 얼굴, 손발은 불에 그을린 채 실신한 상태였다.

신아주머니를 밖으로 끌어냈다. 그녀는 발버둥치면서 울부짖었다.

– 죽는 것이 행복한데 왜 말리느냐!

2월, 새벽녘의 기온은 영하 20도를 오르내려 고춧가루를 마신 듯 매서웠다. 그날 이후 신아주머니는 실성한 듯이 웃으면서 말하고는 했다.

– 여기는 마음대로 죽을 수도 없는 곳이니 할 수 없이 살아가야지.

나는 이 책이 아내와 아이들이 나의 품으로 돌아오는 데 도움될 것이라고 믿고 싶다.

1993년 1월

오길남

요덕수용소의 어둠속으로 잠겨버린
잃어버린 딸들 오! 혜원 규원

1 코펜하겐 공항으로 탈출하다

　동체가 후르르, 진폭이 그리 크지는 않아도 여실히 떨린다는 느낌이 허벅지에서 등으로 전해 왔다. 몸이 뒤로 쏠린다는 느낌도 들었다. 나는 비행기가 무사히 내리지 못하리라고는 생각하지 않았다.

　나는 두려움에 떨고 있었다. 하지만 내 두려움은 비행기의 착륙하고는 그 질이 다른 것이었다. 눈을 감고 숨을 몰아쉬었다. 곧이어 무사히 착륙했으니 안전띠를 풀어도 좋다는 안내 방송이 나왔다.

　코펜하겐 공항. 이곳은 16년 전 내가 처음 독일로 유학을 올 때, 덴마크로 입양되어 오는 여자 아이 둘을 데려다 준 곳이기도 했다. 입양되는 애들을 데려다 주면 항공권을 제공받았다. 그래서 나는 애들을 서울에서부터 코펜하겐까지 데리고 왔던 것이다.

　그날 있었던 일들이 떠올랐다. 애들은 내게서 떨어지지 않으려고 했었다. 콧물과 눈물로 범벅이 된 얼굴들. 한국말로 엄마를 부르며 나에게 손을 내뻗던 어린애들은 이제 성숙한 이방인이 되어 있겠지.

　그때의 그 어린애들과의 헤어짐이 16년이 지난 오늘 실제로 내 혈육과 헤어지는 아픔으로 재현될 줄이야.

　가슴이 미어질 것만 같았다. 하늘을 향해 소리치며 절규하고 싶었다. 양복을 말쑥하게 차려 입은 중년의 사내가 나와 중앙당 지도원 백치완을 향해 다가왔다. 아마도 우리의 인상착의를 세밀히 알고 있었던 모양이었다.

그는 백치완에게 자신은 주 덴마크 대사라고 소개했다. 나는 대사가 직접 마중을 나온 것에 사실 조금 당황했다. 그러나 그렇다고 하여 내 계획이 바뀌는 것은 아니었다. 아니 바뀌어져서도 안 되는 것이었다.

대사는 나와 아무런 말도 나누려고 하지 않았다. 그는 서양에 오래 있어서인지 얼굴에 기름기가 반지르르 흘렀다. 게다가 서구풍의 외교관 매너와 품위가 언행에 흠씬 배어 있었다. 내 모습과 백치완의 모습을 그와 비교해 봤더니, 우리의 모습은 마치 갓 도시로 올라온 촌닭과 흡사하였다.

백치완이 내게 여권 검사대로 가기 전에 먼저 안내 책자가 있는 곳에서 함부르크-코펜하겐 왕복 비행 안내 책자와 하노버-코펜하겐 왕복 비행 안내 책자를 뽑아 오게 했다. 내가 책자를 가져오자 그는 자기의 가방 속에 넣었다.

우리 세 사람은 여권 검사대로 걸어갔다. 내 심장은 뛰다 못해 터질 지경이었다.

마음도 이리저리 알지 못할 길을 헤매고 있었다. 그런 내 마음을 알 리 없는 백치완이 내게 여권 말고도 입국에 필요한 서류를 건네 주었다. 우리 세 사람은 일렬이었다. 제일 앞에는 주 덴마크 대사가, 다음이 중앙당 지도원 백치완, 그리고 나였다.

두 사람이 먼저 검사대를 빠져 나갔다. 다음은 내 차례였다. 가슴이 무두질쳤고 숨이 가빠졌다. 나는 어젯밤 써서 갈무리해 두었던 쪽지를 얼른 꺼내 여권 위에 얹어 검사대로 밀었다.

쪽지에는 독어와 영어로, '제발, 제발 나를 도와달라!' 는 말이 적혀 있었다. 그것을 밀어 넣은 나는 떨리는 손으로 황급히 여권을 디밀었던 창구 속으로 박사 학위 사본을 밀어 넣었다.

아주 잠시, 그러나 나에게는 무척이나 긴 시간으로 여겨지는 순간이었다. 나는 눈을 감고 있었다. 눈을 뜬다 해도 사물이 보이지 않을 것이었다. 몸에서 진땀이 흐르는 소리가 들리는 듯했다. 그 때, 누군가의 손이 나를 강한 힘으로 잡아당겼다. 순식간의 일이었다. 중앙당 지도원의 등판이 보이다가 사라졌다. 나는 어느 사이 검사대 옆에 있는 대기실에 들어와 있었다. 누군가가 문을 잠그었다. 그 순간 내 가슴속에는 이런 말이 수없이 만들어져 들뛰고 있었다. 살았다! 이제 살았어! 잘 있거라, 빌어먹을 조선인민민주주의공화국이여!

그러나 다음 순간 내 눈에서는 아내와 두 딸이 떠올랐다.

못난 아빠를 따라 동토의 땅에까지 따라갔다가 볼모로 잡혀있는 내 아내와 두 딸. 기쁨의 눈물인지, 못난 지아비와 아빠의 피맺힌 절규 대신인지, 내 눈에서는 쉴 새 없이 눈물이 흘러내렸다. 나는 눈물을 흘리면서도 내가 탈출에 성공하여 기쁨에 우는 것인지, 아니면 두고 온 가족에 대한 죄의식으로 우는 것인지 명확히 알지 못하였다. 그저 그 두 가지가 복합되어 내 가슴을 꽉 채우고 있다는 것을 흐릿하게 느끼고 있을 뿐.

"무, 물을 좀 주십시오!"

나는 나를 끌어당기고 문을 잠그었던 젊은 사열 요원에게 말했다. 그가 미네랄워터 세 병을 건네주었다. 나는 그것을 단번에 다 마셔 버렸다. 그래도 시원하게 갈증이 사라지는 건 아니었다. 내가 가져온 세 병의 물을 순식간에 마셔 버리자, 그들은 찬 맥주 세 병을 더 가져왔다. 아마도 갈증을 해소하는 데 물보다 맥주가 더 나을 것이라고 판단한 듯했다.

내가 맥주마저 단숨에 마셔 버리자 그들은 나를 위로하며 안정시키고자 애썼다.

"진정하십시오. 당신이 바라던 대로 잘 됐습니다."

"안심하세요. 우리는 당신의 편입니다."

직원들이 돌아가면서 위로하는 소리는 그대로 내 가슴을 적셨다. 이들은 나를 따뜻하게 대하고 있지만 얼마나 경멸할까. 동족끼리 서로 헐뜯고 몰아대는 이 추한 꼴을.

"이리로 와서 좀 누우십시오."

나의 놀람이 어느 정도 가셨다는 판단을 했는지 직원들이 나를 소파로 안내해 눕게 하였다. 나는 그들이 하라는 대로 했다. 그러나 그들은 종이 수건으로 내 얼굴에 흐르는 땀과 눈물을 닦아 주었다. 밖에는 어둠이 서서히 깔리기 시작하고 있었고, 사무실의 형광등은 빛을 더욱 강렬하게 아래로 뿌리고 있었다.

"통화를 해 보십시오. 덴마크 독일 대사관입니다."

직원이 전화를 바꾸어 주었다. 나는 독일 영주권을 가지고 있다는 것과 그 밖에 내 신상을 간단하면서도 명료하게 설명했다. 약 5분의 통화였다.

이곳에 피신한 지 어느새 한 시간이 지났다. 사무실에 있는 직원들은 모두 낯선 나에게 동정의 눈길을 보냈다. 처음처럼 두렵거나 떨리지 않았다. 유럽인과 더불어 산 지 어느덧 16년, 그 사이 나의 정신은 유럽인화되어 갔던 것이다. 그러나 언행이나 자존심은 그곳의 주인인 그들을 따라갔지만, 정작 그들이 목숨처럼 아끼며 지키고 있는 애국정신이라는 것은 답습하지 못했다. 오로지 그들이 누리고 있는 사상의 자유와 신체의 자유가 부러워 내 조국을 경멸하고 배신할 구멍을 찾기만 했을 뿐, 그래서 배신했을 뿐.

그들 중에서 가장 상급자로 보이는 자가 다가왔다.

"북한 대사와 전화를 하시거나 만나 보시겠습니까?"

"싫습니다. 그들을 만나지 않겠습니다."

그 사람들에게 부끄럽고 창피스럽다고 생각했지만 하는 수없는 일이었다. 그들은 나의 여권을 살피고 있었다. 조선인민주주의공화국 외교관 여권을 나는 가지고 있었다. 여권에 기재된 나의 이름은 오경현, 1943년 평양 출생, 현주소도 평양이었다. 하단에는 외교부 제1부부장 김용순의 사인(수표)이 들어 있었다.

다시 1시간 가량이 흘렀다. 이윽고 그들은 나를 공항 비밀통로를 통해 코펜하겐 공항경찰대에 인도했다. 비행기를 내릴 때 여승무원으로부터 돌려받았던 칼은 무기로 취급되어 압수당하고 대신 따뜻한 커피를 대접받았다. 면세점에서 나는 그 유명한 독일제 쌍둥이표 칼을 샀었다. 여승무원은 그것을 무기라고 압수했던 것이다.

커피를 마시고 있는데, 두 사람이 들어와 덴마크의 정보기관 요원이라고 자신들을 소개했다. 두 사람은 건장한 체격에 다 젊었다. 그들은 나를 밖으로 데리고 나와 대기해 있는 차 뒷좌석에 태우고 머리를 숙이고 있게 했다. 차는 어두운 거리를 40분가량 한 번도 멈추지 않고 달렸다. 차가 선 곳은 코펜하겐 근교에 있는 형무소였다. 나는 형무소 측에 인도되었다.

죄수 목록에 써 넣는 내 이름은 북한이 공항에 신고한 오경현으로 기재되었다. 죄목은 '간첩 또는 의사(意思)에 반한 공작원(工作員)'.

나를 형무소에 인도한 두 기관 요원은 필요한 것이 있으면 말하라면서 친절을 베풀었다.

"신문을 보고 싶습니다."

그들은 고개를 끄떡였다. 나는 형무소 독방에 보호 수감되었다. 샤워실과 화장실이 딸린 방이었다. 아마도 여러 유형의 범죄자들을 수용하는 방 같았다. 몸을 깨끗이 씻고 싶었다. 샤워실로 들어갔다. 그러나 늦저녁이라 그런지 더운물은 나오지 않았다. 찬물이면 어떠랴. 물을 틀고 쏟아지는 물줄기 속으로 나는 진땀에 젖은 몸을 밀어 넣었다.

감방으로 돌아오면서 재채기를 몇 번 했다. 그러나 마음은 날아갈 것만 같았다. 이상하게도 감방에 있으면서도 죄인이라는 생각이 들지 않았고, 겁도 나지 않았다. 이들은 나를 예전으로 돌아가게 해줄 것이다. 이런 생각만이 내 머리와 가슴을 채우고 있었던 것이다.

　　저녁 식사가 들어왔다. 빵과 우유와 치즈와 갖가지 소시지들. 나는 심한 허기를 느꼈다. 그것들을 허겁지겁 씹어 삼켰다. 내게는 이곳이 형무소가 아니라 호텔처럼 느껴졌다. 아니 실제로 호텔인 셈이었다.

　　얼마 있지 않아 서독에서 발행되는 일간지들이 영자 신문과 함께 들여보내졌다. 기관 요원들이 내 부탁을 형무소 측에 전달한 모양이었다. 그러나 나는 그 신문들을 읽을 수가 없었다. 그것은 천장에 달린 전등불이 너무도 흐렸기 때문이었다. 거기다가 몹시 피곤했고 북에서부터 앓고 있던 심한 몸살이 아직 낫지 않아 몸이 계속 떨렸다. 나는 담요를 덮고 누워 버렸다. 오줌이 마려워 몇 번이고 일어나려고 하다가 끝내 일어나지 못하고 곯아 떨어졌다.

2 죄지은 자가 자유를 되찾다

1986년 11월 22일.

나는 덴마크의 코펜하겐 형무소 독방에서 자유를 만끽하고 있었다. 형무소 독방에서 자유를 만끽한다는 말은 어쩌면 논리에 맞지 않는 것처럼 들릴지 모르겠다. 하지만 내 경우에는 그랬다. 어제까지의 불안과 공포는 말끔히 가시고 나는 날아갈 듯한 기분으로 아침을 맞았던 것이다.

아침을 먹고는 여유있게 어제 저녁에 들어온 신문을 읽었다. 사설에서 사회면의 기사까지 찬찬히 읽는 여유를 즐기면서 나는 북한에서의 행적을 서서히 잊고 있었다.

점심이 나왔는데, 놀랄 만큼 푸짐했다. 나는 순간적으로 여기서 평생을 보냈으면 좋겠다는 웃기지도 않는 생각을 하였다. 기침이 났다. 어제 저녁 찬물로 샤워를 한 것이 원인이 된 듯했다. 거기에다 북한을 탈출하기 직전에 앓은 몸살감기 때문에 몸에서 또 열이 났다. 나는 담요를 몸에 둘둘 말았다. 웅크리고 앉아 오후를 보냈다.

저녁이 되자, 어제의 두 젊은 정보기관 요원이 찾아왔다. 나는 그들을 따라 감방을 나와 어떤 건물 속으로 들어갔다. 전화가 보였다.

"전화, 전화를 하게 해주십시오. 서독으로 전화를 해야겠습니다."

"아직은 안 됩니다."

점잖게 거절한 두 사람은 우선 저녁을 먹자고 말했다. 나는 힘없이 고개를 끄떡였다. 두 사람은 영어를 잘했고 독일어도 상당한 수준이었다. 우리는 저녁 식사를 했다.

저녁을 먹으면서 그들은 내게 한국 사람을 통역으로 하여 심문하겠다고 말했다.

"다른 사람은 몰라도 코펜하겐에 사는 임민식(당시 범민련 해외본부 사무국장)은 안 됩니다. 그는 북한과 내통하고 있을 가능성이 높기 때문입니다."

"좋습니다. 그를 통역으로 쓰지 않겠습니다. 다른 사람을 쓸 테니까 대신 성실하게 답변해 주셔야 겠습니다."

나는 그렇게 하겠노라고 약속했다. 통역이 정해졌다. 교포 사회에서 만나지 못한 사람이었다. 그리고 그와 얼굴을 맞대고 통역을 하는 것이 아니라, 전화로 심문하고 통역하는 방식이었다. 통역하는 사람의 목소리를 들으니 부산 사람인 것 같았다. 그의 사투리를 듣자 불현듯 내팽개치고 떠나온 고국이 가슴이 떨릴 정도로 그리워졌다. 통역은 처음에 나의 신원과 반정부 활동, 그리고 북으로 가서 생활했던 걸 물었다. 나는 숨김없이 모든 걸 털어 놓았다. 마지막으로 그는 북한의 경제 상황에 대하여 물었다.

"북의 경제는 만성적 위기 또는 만년공황(萬年恐慌)에 함몰돼 있어, 여기에서 벗어나기에는 거의 불가능해 보입니다. 생산의 무정부 상태를 구체적인 예로 들라면 이런 것입니다. 북한은 덴마크에 400만 불의 빚을 지고 있습니다. 그러나 북한의 10대 전망 목표가 달성되면 그 정도의 빚은 아무것도 아닙니다. 하지만 북한은 그 빚을 겁내고 있습니다. 그것이 만성적 위기에 빠져 있다는 증거입니다. 안선생님은 그렇게 생각하지 않습니까?"

나는 통역이 남한의 안기부 담당자일 거라고 간주하여 그를 안선생님이라고 불렀다. 그의 질문은 서툴기 그지없었다. 그래서 내가 자진하여 털어놓는 것이 더 많았다.

대충 신문이 끝나자 그는 내게 말했다.

"내일, 그러니까 11월 23일 당신은 서독으로 보내질 것입니다. 그 곳에서는 보다 편안한 곳에서 조사받을 것이니 안심하십시오."

그렇게 안심을 시킨 그는 모스크바 공항에서 들고 온 고르바초프 연설집 안에 적어 둔 윤이상, 송두율, 김길순, 정규명의 전화번호에 대하여 질문했다.

"그것은 혹시 외우다가 잊어버릴까 해서 적어 둔 것입니다."

순간 나는 그가 의심하는 게 아닌가 불안했다. 하지만 그는 아무런 이의를 달지 않고 내 말을 받아들였다. 이마에서 땀이 났다.

전화 신문이 끝났다. 덴마크 정보기관 요원은 나를 다시 형무소 측에 넘겼다. 시간은 밤 10시였다. 나는 다시 작은 자유의 방(독방을 나는 그렇게 생각했다)으로 돌아왔다. 그리고 피곤에 휩싸여 담요를 몸에 말고 그대로 쓰러져 잠들었다.

다음날 11월 23일. 종일토록 나는 담요를 몸에 감고 뒹굴며 서독으로 가기를 조바심 속에서 기다렸다. 그러나 오후 5시가 넘도록 소식이 없었다. 나는 일이 잘못되는 것이 아닌가 걱정하였다. 6시가 됐다. 드디어 나를 어제의 젊은 기관원이 불러내었다. 나는 기다리고 있었으므로 반갑게 그의 말을 따랐다. 이제 북한의 간첩 오경현은 덴마크 형무소에서 행방불명이 되는 것이었다. 그리고 나는 다시 오길남이 되어 서독 땅으로 가는 것이었다. 그러나 이제 아내와 혜원이, 규원이는 서독 땅에 없다. 그들은 북한에 가 있는 것이다.

잘못을 저지른 자는 자유를 되찾고 아무 죄도 없이 남편과 아빠를 따라 나선 힘없는 아내와 애들은 지옥과도 같은 그곳에 남아 있어야 하다니.

나는 이를 악물었다. 앞으로 내가 할일은 가족을 되찾는 것이다.

그날까지 나는 노력을 멈추지 않을 것이다.

내가 탄 차는 코펜하겐 비행장으로 달려갔다. 공항에 도착한 기관 요원들은 나를 후문으로 은밀히 통과시켰다. 다른 승객이 타기 전에 타기 위해서였다. 우리는 스칸디나비안 에어라인 버스에 올랐다.

덴마크의 젊은 두 명의 기관원 중 한 명이 내렸다. 다른 한명은 나와 뮌헨까지 동행하기로 했다고 설명해 주었다. 어제 인터플루크는 승객이 별로 없어 썰렁했었는데, 스칸디나비안 에어라인은 승객이 꽉 차 활기를 느낄 수 있었다.

활기를 잃은 사회는 생명의 뿌리가 썩어 문드러져 멸망하게 마련이며 그러므로 그런 사회 구조는 붕괴될 수밖에 없는 것이다. 어제까지의 내가 겪은 동구권 사회가 그랬다. 그들은 오래되고 낡은 깃발 아래 아직도 버티고 있지만 이미 지치고 맥이 빠져 쓰러지기 직전으로 보였다.

나를 실은 비행기는 두 시간을 비행한 후, 어둠 속에 묻혀 있는 뮌헨에 착륙하였다. 몇 시나 됐을까? 나는 그것이 알고 싶었지만 옆의 정보 기관 요원에게 묻지 않았다. 떠날 때와는 또 다른 감정이 나를 휩쌌다. 나는 천천히 일어섰다.

덴마크의 정보기관 요원과 내가 내리자, 기다리고 있던 사람들이 우리를 비행기 바로 옆에 대기하고 있는 소형 버스로 안내했다. 나는 독일연방 내무성에 인도된 것이었다. 내무성 관리가 나를 마중 나와 있었다.

소형 버스에서 대충 입국 절차가 이뤄졌다. 버스는 그대로 비상 출구로 공항을 나와 뮌헨 시가지로 접어들었다. 얼마나 달렸을까, 버스가 섰다. 외곽에 위치한 외딴 가옥이었다.

나는 그날부터 12월 20일까지 그 가옥에 있으면서 조사를 받았다. 아니 조사를 받았다기보다는 요양 생활을 했다고 하는 것이 더 맞을 것이다. 그만큼 나는 자유로웠다. 거기다가 독일연방 내무성의 신변 보호를 받을 수 있었다. 내가 그곳에 있는 동안 독일연방 내무성은 신원 확인 조사를 했고, 독일연방공화국에서 발행한 여행증명서를 재발급하여 주었다.

나는 1980년 3월 독일 정부에 정치 망명을 했다. 그리고 지금껏 나는 독일법에 저촉되는 그 어떤 범죄 행위도 한 일이 없었다. 게다가 공산당에 가입했거나 또는 공산당 활동에 동조한 적도 없었다. 또 독일 사회가 가장 경계하고 전율하는 테러리스트에 속하는 인물도 아니었다. 그런 내가 공산 국가 중에서도 가장 서슬이 퍼런 조선민주주의인민공화국에 들어갔다가 나온 것이었다. 때문에 나는 당연히 조사를 받아야 했던 것이다.

나는 내 조국을 두 번 배신했다. 서독에 정치 망명을 할 때가 그랬고, 북한에 잠입한 게 그랬다. 인간의 생명이 붙어 있는 동안 배신할 수 있는 최대한의 한도와 횟수는 도대체 몇 번이나 되는 것일까? 그리고 깨달을 수 있는 범위와 그에 대한 횟수는 또 얼마일까? 어떤 책에서 보면 남자가 정자를 방사하는 횟수는 대략 10만 번 내외라고 한다. 그렇다면 배신할 수 있는 횟수도 그만큼 된다는 것일까. 나는 그 생각만으로도 소름이 끼쳤다.

독일연방 내무성 관리들은 나를 동정했다. 내가 너무 순진하여 북한에 갔다는 게 그들이 나를 동정하는 이유였다. 그도 그럴 것이 독일연방 내무성 관리들은 북한의 공작 기구와 은밀히 접촉하고 있는 상당수의 재독(在獨) 교포들의 신원을 파악하고 있었던 것이다.

독일 관리들은 나를 북한으로 보낸 송두율, 김종한 등을 준 테러리스트로 분류해 놓고 있었다. 연방 내무성 관리들은 송두율이 자주 북에 드나들고 있고 캐나다에 사는 전충림 등과 긴밀한 연락 관계를 유지하고 있는 것을 알고 있었다. 나에게 그런 사실을 알고 있느냐고 물었다.

나는 고개를 저었다. 사실 나는 송두율이 북한 대남 공작기구의 하수인이라는 말을 할 수가 없었던 것이다. 믿지 않을지 모르지만, 그것은 송두율이 나와 같은 민족이기 때문이었다.

내가 고개를 젓자 마치 여자처럼 생긴 한 관리가 입에 미소를 물면서 서류를 내 앞에 내밀었다. 사진과 이런저런 확증자료들이었다. 나는 얼굴이 달아올랐다. 마치 은밀한 부분을 타인에게 들춰 보인 기분이었다. 이들이 이제는 내 말을 무조건 의심하면 어떻게 하나 걱정이 되기도 하였다.

그러자 천천히 북행을 하던 기억이 하나하나 떠올랐다. 그리고 서독 정부에 정치적 망명을 하던 일도 떠올랐다. 이제 나는 어떻게 되는가? 아내와 두 딸의 얼굴이 확대되어 내 눈을 시리게 했다.

그들이 나를 의심해서가 아니라 나는 지금의 내가 있기까지를 세밀하고 정확하게 진술해야 했다. 이 조서는 남한에서 사실 확인을 거칠 것이다.

3 공산주의 사상으로 기울어가다

나의 고향은 경상북도 의성군 안평면 신안동이다. 태어난 날은 1942년 3월 11일. 아버지의 이름은 오귀수, 어머니는 이금주이다.

1949년이라고 기억하고 있다. 어머니는 툭하면 청송군 현서면 경찰지서로 끌려 다니며 피투성이가 되어 돌아오고는 했다. 공산주의와 내통을 한다는 것이 그 이유였다. 나는 자세한 설명을 들은 적은 없지만, 어머니가 외삼촌 때문에 그런 일을 당한다는 걸 알았다. 그러나 정작 외삼촌은 우리 앞에 나타나는 일이 없었다.

어린 내 가슴에는 어머니의 고통이 이념이나 사상에 관계없이 뼈아프게 보관되었다. 아울러 사회주의 사회에 대한 희미한 동경이랄까, 당시의 웃기지도 않는 법체계에 저항심이 길러지기도 했다. 어머니가 온 삭신을 잘 놀리지도 못하면서 경찰서를 들락거리던 모습은 지금도 눈에 선하다.

그해 여름 우리의 생존 기반인 전답이 큰 물로 유실되었다. 어제의 밭과 논은 하루 사이에 괭이도 박지 못할 자갈밭으로 변하고 만 것이었다. 이래저래 고향에 정이 떨어진 어머니는 고향을 떠나고 말았다.

우리가 찾아간 곳은 경주였다. 작은아버지가 비로드 공장을 하고 있었으므로 어떻게든 입에 풀칠을 할 수 있지 않을까 생각해서였다. 그러나 우리가 찾아가고 얼마 안 있어 작은아버지가 순사에게 끌려가 영원히 돌아오지 못할 몸이 되고 말았다. 자세히는 알 수 없지만 총살을 당했거나 고문에 죽었으리라. 나는 잠결에 어머니와 작은어머니가 말하는 걸 들었다.

"그냥 죽었다고 카는데, 그걸 우예 믿을 깁니꺼."

우리 식구는 작은아버지 집에 더 있을 수가 없었다. 작은아버지가 죽자 공장이며 가산이 알지도 못하는 이 사람 저 사람 손에 거덜이 나기 시작했던 것이다. 우리 식구는 그곳을 떠나지 않을 수가 없었다.

그해 초겨울, 우리 가족은 부산에 닿았다. 참으로 힘겨운 여행의 끝이었다. 어머니는 우리 식구가 먹는 대가로 허드렛일을 하면서 경주에서 부산까지 갔던 것이다. 허드렛일이 없으면 구걸을 하여 허기를 채우기도 했다. 그러므로 부산의 달동네인 좌천동에 정착하게 된 건 우리의 기쁨이었다.

그러나 그 기쁨도 잠시 우리의 고행은 다시 시작되었다. 그곳에서 고등학교를 마칠 때까지 나는 신문팔이에서 껌팔이, 양담배 장사까지 두루 거쳤다. 나뿐만이 아니라 온 식구가 그런 고생을 하였다. 몽당초가 시나브로 그 불빛을 잃을 때, 하던 공부를 멈추고 울먹인 적이 수도 없었다.

자유당 시절 나는 중학교 2학년이었다. 그 시절 양담배와 껌팔이를 주로 했는데, 나의 장사 무대는 부산진역 다방가였다. 부산진역 주변에는 깡패들이 유난히 많았는데, 그들은 치졸하게도 어린 나에게도 온갖 행패를 다 부렸다. 하지만 나는 그들의 회유와 꼬임을 잘 넘겼다. 그렇지 않았다면 나는 공부를 계속할 수 없었을 것이다. 아마도 깡패의 꼬붕이 되어 선량한 장사꾼을 등치는 치졸한 인간이 되었을 성 싶다.

나는 그림에 약간의 소질이 있었다. 미술 대회에 나가 상을 탄 적도 몇 번 됐다. 그중에는 도지사 상도 있고 교육감 상도 있다. 나의 어릴 적 꿈은 당연히 화가였다. 그런 내가 이렇게 간첩 아닌 간첩이 되어 부끄러운 삶을 이어나가게 되다니. 참으로 인간의 살이는 예측할 수 없다는 생각이 든다.

하지만 모든 이의 살이가 그렇듯이 나의 살이도 이미 예상되었다고 할 수 있겠다. 외삼촌, 그리고 외삼촌의 사상과 그리고 수많은 나의 지우(知友)들의 붉은 사상.

중학교를 마친 나는 사범학교에 진학하려고 했다. 그러나 내 꿈은 좌절되고 말았다. 시험에 떨어졌던 것이다. 돈을 벌겠다고 철공소에 나가는데, 형이 말렸다. 형은 나를 윽박지르다시피 하여 부산고등학교에 진학시켰다. 고등학교를 다니는 동안 월사금을 내지 못해 등교 정지를 여러 번 당해야 했다. 신문을 돌려야 했으므로 공부하는 시간이 부족해 학업 성적도 나빴다. 그래도 세월은 흘러 3학년이 되었다. 하지만 월사금을 다 내지 못해 졸업장을 받지 못했다. 그러므로 대학진학을 할 수가 없었다. 나는 대학을 포기하고 5급 외무 고시에 응시했다. 그러나 그 시험에서 나는 보기 좋게 낙방하고 말았다.

나는 풀이 죽어 있었다. 그러나 이번에도 형의 도움으로 재기할 수 있었다. 형은 나를 재수시켰던 것이다. 그리고 그동안 밀린 월사금을 내어 졸업장을 받게 해주었다. 내게서 형이 없었다면 당연히 오늘의 나는 없었을 것이다. 그 형님에게 어떻게 사죄를 하여야 할지.

이듬해, 그러니까 1962년 나는 서울대학교 문리대 독어독문과에 입학했다. 그사이 우리 집의 사정은 조금 나아졌지만 아직도 가난에 허덕이고 있었다. 그래서 교복을 입어 보지 못했다. 때로 자취방에서 굶는 경우도 있었다.

다음해 12월 나는 입대하였다. 우선은 먹고 입는 게 해결되어 좋았다고 회상된다. 그러나 군대 생활을 하면서 붉은 사상과의 은밀한 만남이 있었는데, 군사정보부대 전방 파견대에 있을 때였다. 그곳에서 박종기를 만났고 나는 그의 선임 사병이었다. 그렇지만 나는 나이가 많아 고문관이라는 소리를 들었던 그에게서 마르크스의 ≪공산당 선언≫, 레닌의 ≪국가와 혁명≫, 스탈린의 ≪레닌주의의 제 기본 문제≫ 등에 대한 것들을 자주 들었다. 그리고 그런 류의 책을 접했다. 하지만 그때까지도 나는 사회주의를 막연히 동경만 하고 있었을 뿐, 온전히 그쪽으로 투신을 한다는 생각은 가지지 않았었다. 그저 모든 인민이 평등하게 산다는 그쪽 논리에 가슴을 떨었을 뿐이었다.

1966년 7월 제대를 하기까지 나의 머릿속에는 세 사람의 이론이 자리 잡았다. 그 세 사람이란 물론 마르크스, 레닌, 스탈린이었다. 그들의 이론이 내 정신을 뒤흔들면 뒤흔들수록, 이 나라 정체(政體)에 대한 불만이 자라났다.

다음해인 1967년 나는 서울대학교에 복학하였다. 3학년이 되어 그런지 가정교사 자리를 쉽게 구할 수 있었고, 그렇게 되니 예전과는 판이한 생활을 할 수 있었다. 때문에 내 성적은 처음으로 모두 A학점을 기록할 수 있었다.

그때의 생활을 풍요라고 해도 될지 모르겠다. 어쨌든 나는 가정교사를 하면서 그해를 풍요롭게 보내었다.

한 해가 지나 1968년이 되었다. 독일어 교환 강사로 있던 게하르트 골의 소개로 서독 프리드리히 에버트 재단의 서울 지부대표인 에리히 홀체와 인연을 맺게 되었다. 그의 부탁으로 내가 앞장서 노동조합 간부용 교재인 ≪노동조합 교육 강사 지침≫이라는 독일어판 책을 번역하여, 서울대학교 출판부에서 출간했다. 실행원으로 근무하면서 서강대학교 박영기 교수 등과 함께 ≪서독 경영 참가 제도≫라는 책도 번역했다. 그 책도 역시 서울대학교 출판부에서 발행하였다. 나는 그 밖에도 한국노총과 공동으로 서울 및 지방에서 개최하는 노동조합 중견 간부 교육 프로그램 실행에 참가했다. 1970년 6월 프리드리히 에버트 재단의 주최로 크리스천 아카데미 하우스에서 개최된 아시아 지역 노동조합·협동조합 국제회의의 기획 실행에, 영국·독일 대표의 통역원으로 참여했으며, ≪노동조합과 협동조합≫이란 독일어 판 책을 역시 번역하여, 1971년 서울대학교 출판부에서 출간하였다.

그 후에도 프리드리히 에버트 재단의 일을 도와주는 과정에서 나는 이런저런 국내에서 개최한 모든 행사에 참여하였고, 그 공로를 인정 받아 1970년 10월 프리드리히 에버트 재단 장학생으로 독일 유학의 길에 올랐다.

4 아내를 만나다

지금 북한의 어느 산마을에서 탈출한 남편이 구해 주기를 기다리며, 두 딸을 데리고 어렵게 살고 있을 나의 사랑하는 아내 신숙자와 만난 것은 독일에서였다. 이 상황 속에서도 농담 아닌 농담을 한마디 해도 좋다면 그러니까 우리는 국제적으로 만났던 것이다.

1972년 여름이었다. 어느 날 튀빙겐 한국 교포 사회에서 파티가 열렸다. 크지 않은 조촐한 파티였다. 그 파티를 주선한 사람은 교포 사회에서 최여사라고 하면 모두 통하는 파독 간호사였다. 나는 그녀의 이름을 온전히 기억하지는 못한다. 하기야 우리는 그녀의 이름을 부르지 않았었다. 그저 최여사라고 하면 다 통했으니까.

최여사는 파티를 자주 여는 사람이었다. 그것은 두말할 것도 없이 교포(유학생들과 파독 간호사)들의 향수병을 잠시라도 잊게 한다는 뜻에서였다.

내가 아내와 만났던 그 파티도 그런 뜻에서 마련된 것이었다.

그때 그 자리에 있던 튀빙겐 대학 한국 유학생들은 모두 귀국하여 여러 분야에서 학계의 중진이 되었다는 소식을 가끔 접한다. 단 한 사람 한신대학 철학 교수로 재직하고 있던 강돈구 박사만이 일찍이 저 세상 사람이 되었다. 나와는 남다른 교류도 있었는데 가슴 아프다.

그분이 일찍 돌아가신 것이 나 때문은 아닌지 모르겠다. 아니 분명히 그렇다고 나는 생각한다. 그분은 내가 마르크스, 레닌 사상에 학문적 관심과 다르게 흠뻑 빠져 드는 것을 우려하곤 했으니까.

나의 사상적 방황은 끝내 아내와 두 딸을 재앙에 몰아넣고 나만이 겨우 탈주해 나올 만큼 어리석은 것이었다. 그래서 강돈구 박사는 돌아가셨을 것이다.

그 당시 튀빙겐 대학병원에서 나의 아내 신숙자와 함께 일했던 파독 간호사들은 몇 명만 제외하고는 모두 귀국하여 열심히 그리고 행복하게 살아갈 것이라 믿는다. 그들이 내가 저질렀던 일들을 전해 듣고는 무어라 할는지 뻔하다. 나는 아내와 자식도 팽개친 채 혼자 도망왔으니까. 아내는 나와 악연을 맺지 않았더라면, 북에서 산마을에 끌려가 유폐당하는 기막힌 수모와 불행을 겪지 않았을 것이다. 하지만 지금에 와서 후회한들 무슨 소용이 있겠는가. 나는 주체사상을 믿었고 사회주의 사상을 동경했다.

아아, 그러나 아니었다. 이념은 그냥 이념으로 끝나야 할지도 모른다. 가족을 볼모로 모험을 할 건 더 더욱 못 된다. 다시 아내를 만났던 시간으로 돌아가야겠다. 지금의 나에게는 그것만이 행복이니까.

파티는 조촐했지만 그곳에 모인 사람들은 모두가 흡족한 기분으로 웃고 떠들며 마셨다. 나 또한 파티를 즐기고 있었다. 그런데 그때, 키가 자그마한(아마도 150cm도 못 되는 것 같은) 수수한 옷차림의 여자가 내 눈에 들어왔다. 그녀는 참새꼬리 같은 머리 모양을 하고 있었다. 그녀는 파티의 궂은일을 혼자 도맡아 처리하는 듯했다. 음식이 없으면 다시 가져오고 빈 그릇을 가지고 가 설거지를 하고. 그녀의 얼굴은 호기심을 일으킬 만큼 이쁘지는 않았다. 하지만 마음씨는 고운 것 같아 보였다.

나는 그녀가 설거지를 하기 위하여 주방으로 빈 그릇을 가지고 들어갈 때 슬며시 따라 들어갔다.

"제가 거들어 줘도 좋을까요?"

소매를 걷어붙이고 싱크대에 다가섰다. 우리는 함께 설거지를 하면서 웃었다. 설거지가 끝나고 나는 그녀를 담소하는 자리로 끌었다.

"우리, 얘기나 좀 해요."

그녀는 이번에도 웃으면서 나를 따라왔다. 그것이 나와 아내의 악연의 시작이었다. 그녀가 조금만 쌀쌀하게 나를 대했던들, 그리고 내 눈에 띄지만 않았던들.

사실 아내는 흉물인 내게 첫눈에 반했을 리가 없었다. 그리고 나 또한 그녀를 첫눈에 아내감으로 생각한 것도 아니었다. 나는 그저, 마시고 즐기며 노는 사람 따로 있고, 궂은일을 하는 사람이 따로 있을 수 없다고 생각하여 그녀를 담소하는 자리에 끌어들였을 뿐이었다.

그녀는 나의 그런 행동이 싫지는 않았던 모양이었다. 모두들 놀기에 바빠, 그녀가 설거지를 하든 청소를 하든 신경을 쓰지 않았던 것이다. 자신에게 관심을 가져 주는 사람을 싫어하는 사람이 어디 있을까.

그 후 나는 한국 사람들이 모이는 곳에서 설거지 전매특허를 내다시피 하였다. 지금 생각하면 나는 독일 생활 20년 동안 설거지에 화려한 이력을 쌓았다는 생각이 든다. 그것은 여자들만이 궂은 일을 해야 한다는 것이 마음에 들지 않았기 때문이었다.

서양인들은 부부가 나누어서 하는 일을 우리네 사람들은 아예 그 일이 여자들의 당연한 일거리인 것처럼 버려두는 데 서글픔을 느꼈던 것이다.

아내와 결혼 생활을 하는 동안에 나는 독일 남자들과 같이 아내의 일을 거의 매일 거들었다. 아내의 일을 돕는다는 것은 작은 행복이었다. 아마도 내가 아내를 만나던 첫 날을 오래도록 기억하고 있는 것도 그런 이유 때문인지도 모르겠다.

결혼을 하고 얼마 동안 나는 설거지를 아내의 눈을 피해서 해야 했다. 막상 결혼을 하자 아내는 한국의 보수적인 여자로 되돌아왔던 것이다. 하지만 나는 그렇지 않았다. 아내 몰래 부엌에 들어가 설거지를 하다가 아내에게 들켜 지청구를 들은 적이 한 두 번이 아니었다. 아내는 말했다.

"보다 큰 일을 하세요. 남자가 쩨쩨하게 설거지가 뭐예요. 여기까지 와서 설거지만 하고 말 참이에요?"

나는 머쓱하게 웃으며 부엌을 나오지만, 다시 기회가 오면 부엌으로 들어가 그릇을 닦고는 했다. 이것보다 큰일이 없어서가 아니라 설거지는 내게 묘한 안정을 줬던 것이다. 그릇을 닦으면서 나는 먹는 것을 생각했고, 그러기 위해서는 벌어야 한다는 것도 생각했던 것이다.

아이들이 먹은 그릇을 닦는 건 확실히 행복이었다. 돈이 부족해 음식이 초라한 날이나, 푸짐하게 차려 먹은 날의 기분은 상반되었다. 그러면서 아이들을 위해 내가 무엇을 해야 하는지 깊이 생각하게 했다.

내가 아내에게 바친 사랑의 징표는 내 전매특허나 다름없는 설거지 같은 자잘한 것과, 혜원과 규원을 내 목숨처럼 사랑한다는 맹세뿐이었다. 혜원과 규원은 지금 엄마와 북한에 있다. 나의 영혼인 혜원이와 규원이가 숨통이 막힐 정도로 완전히 정체(停滯)된 사회인 북한에서 살아야만 한다니. 이 글을 쓰면서도 내 가슴은 찢어질 듯이 아프다

북한도 엄연히 내 조국이다. 그러나 이름만이 조국일 뿐, 갈 수 없는 땅, 가족이 있어도 편지 한 장 마음대로 보낼 수 없는 곳이다. 못난 아빠로 인하여 그 불행을 겪어야 하는 게 가슴 아파 밤이면 나는 짐승처럼 울부짖는다.

5 유신반대 운동에 빠져들다

　　1970년대 초, 나는 유학생이었고, 딴에는 전망 밝은 계단을 한 칸 한 칸 정석대로 오르고 있었다. 당시의 튀빙겐 한국 교포 사회는 화기애애하고 오붓한 가정 같았다. 생업과 학업은 각자가 따로 따로였지만, 우리의 최종 목표는 같았다. 그것은 성공한 교포로 남는 것이었다.

　　젊은 측들은 자주 여행을 가곤 했다. 언제나 배낭을 짊어지고 나타나는 사람은 지금 연세대에서 헌법을 담당하는 허영교수였다. 그는 당시 우리들 중에서 가장 멋쟁이로 통했다. 아내가 된 신숙자를 두 번째로 만날 기회가 있었는데, 튀빙겐 교외로의 산행 때였다.

　　독일의 여름은 이 땅의 여름처럼 그리 혹독한 더위가 없다. 때문에 여름에도 산행을 하기에 적절했다. 그날도 우리는 아침나절에 모여 산행에 나섰다. 녹음 짙은 산길을 오르면서 우리는 독일의 풍요함을 얘기하고는 했다. 그때 고국은 경제 개발이 한창 진행되는 과정이었다. 재벌이 앞장서고 정부가 미는 방법, 후진 개발국이면 어디서나 있을 법 한 일들이 가끔 우리의 귀에 날아들었다. 그러나 우리는 가장 선진화된 땅에 살고 있었다. 그래서 솔직히 고국의 일을 잊어버리고 생활하는 수가 있었다.

　　그날도 그랬다. 젊은 남녀로 구성된 우리는 서로 은근히 눈 맞춘 짝을 찾아 손을 잡고는 산길을 올랐던 것이다. 앞에서 나는 아내의 이름을 신숙자라고 밝혔지만, 그날까지 나는 그녀의 이름을 몰랐다. 나는 그녀의 손을 잡고 있었다. 우리가 만난 첫날 최여사의 파티에서도, 그리고 그날의 산행에서도 우리는 서로의 이름을 밝히지 않았던 것이다.

서로가 마음이 통하면 됐지, 이름 따위는 중요하지 않다고 생각해서가 아니었다. 공통된 화제에 끼면서 우리는 깜빡 서로의 이름 묻기를 잊어버렸던 것이다.

그녀의 손을 잡은 내 손에 전류같은 느낌이 심장으로 전해졌다. 심장의 박동이 빨라졌고 내 얼굴은 붉어졌다. 나는 그녀의 얼굴을 살짝 들여다보았다. 그녀의 얼굴도 상기되어 있었다.

'아, 그녀도 나를 좋아하고 있다!'

나는 성급한 판단을 내리고 있었다. 나는 손에 가만히 힘을 가했다. 그녀는 그때, 내가 자신과 결혼하여 두 딸과 함께 인간이 질식해 죽어가는 사회에 팽개치고 혼자 줄행랑을 놓을 줄 꿈에도 생각하지 못했을 것이다. 그 생각만 하면 등줄기가 서늘해진다. 그리고 숨이 가빠지면서 죄의식을 가진 자만이 가질 수 있는 병이 악화되는 것을 느낀다. 이 병은 어떤 유능하고 뛰어난 의술을 가진이라도 고쳐 줄 수 없으리라. 오로지 이 병은 아내와 딸들이 내 곁에 돌아오는 날 자연 치유될 수 있으리라.

귀로에 나는 그녀의 이름을 물었다.

"이름이 알고 싶어요."

그러자 그녀는 볼을 붉히면서 대답했다.

"신숙자예요. 촌스러운 이름이죠."

"아니오. 가장 한국적인 이름이군요."

나는 그렇게 대답하고는 내 이름을 가르쳐 주었다. 덧붙여 나는 넉살좋게 말했다.

"인제 저녁 한끼 해주실 수 있으십니까?"

"그러죠."

그녀는 그라펜할데라는 풍치 좋은 언덕에 위치한 간호사 기숙사에 있었다. 나는 그녀가 있는 곳을 알고 있었으므로, 다음 주 중에 찾아가겠다고 했다. 그녀도 좋다고 말했다.

드디어 그날이 왔다. 그녀는 나를 정숙하게 맞아 주었다. 그녀의 방은 깨끗이 정돈되어 있었다. 그녀는 많은 고전 음반을 소유하고 있었다. 나는 음악에 문외한이었다. 그녀가 걸어놓은 레코드판에서 흘러 나오는 고고한 음악 소리에 취한 듯 위선을 부렸으나 그녀는 알았을 것이다. 내게 초보적인 음악지식도 없다는 걸.

나는 내 자신을 청각적인 인간이 아니고 시각적인 인간이라고 생각한다. 훗날 아내는 그래서인지 나를 동물적인 인간이라고 한 적이 있었다. 그녀의 말이 맞다. 나는 동물적인 인간이다. 내 자신만을 아는 그런 인간.

어쨌든, 그녀와 서로 알게 됐을 때 나는 만 서른을 넘긴 노총각이었고 (그때는 서른만 넘으면 노총각이라고 했다) 그녀 역시 혼기를 훨씬 넘긴 나와 동갑이었다. 그녀 쪽은 나보다 더욱 한심한 노처녀인 셈이었다.

나는 막내였다. 그건 그녀도 마찬가지였다. 둘 다 말띠였고 막내였다. 그러다 보니 거기에 대하여 할 말도 많았다. 그 밖에도 우리는 비슷한 게 너무 많았다. 둘 다 가난하고 외로우며, 이국에 나와 있다는 것이 그랬다. 그날 우리는 서로를 깊이 알았다.

"결혼하여 살 자신이 없어."

그녀의 몸에서 떨어지면서 나는 힘없이 말했다. 그러자 그녀는 내 가슴에 얼굴을 묻고는 흐느꼈다. 아아, 그녀의 눈물은 나를 당황하게 했고, 책임감에 떨게 했다. 나는 그녀의 눈물 앞에서 내 의지를 꺾었다.

"아니야, 결혼하겠어. 그래서 비록 없지만 사랑하면서 오래오래 같이 살겠어."

　그날의 내 맹세는 이제 구겨진 휴지가 되어 버렸다는 슬픈 생각이 문
득 든다. 옛사람들이 그랬듯이 검은 머리가 파뿌리 되도록 떨어지지 말고
같이 살자던 둘의 약속은, 보이지 않는 사상이라는 무서운 유령에 의해 파
괴되고 말았다. 그 유령의 질투에 의해, 갈라진 한반도의 슬픈 역사에 의
해, 우리는 때 아닌 이산가족이 되었던 것이다. 무서운 이산가족의 귀신이
우리를 잡아끌 줄이야, 아내도 나도 정말이지 몰랐다. 아, 우리를 하나로
묶어 준 가난이 다시 우리를 둘로 찢어 놓을 줄이야, 우리는 정말이지 몰랐
다. 알았다면, 조금의 예측이라도 했다면, 나는 그녀를 이토록 불행하게 만
들지는 않았을 것이다.

　아내는 경남 통영읍 신정(서호동)에서 태어났다. 그녀는 통영국민학
교와 통영여자중학교를 졸업했다. 학교 성적은 상위권에 들었단다. 1961년
마산간호학교에 입학하여 1965년 2월에 졸업했다. 그리고는 바로 부산 적
십자병원에서 간호사로 일했다. 그러다가 명동 성모병원으로 옮겨, 1970
년 3월 파독간호사로 튀빙겐으로 오게 되었다. 그녀는 성모병원에 오랫동
안 있으면서도 계속 기숙사에 있었다고 했다. 그녀는 영세를 받은 가톨릭
신자였다. 튀빙겐에 와서는 언어의 어려움 때문에 신앙에 조금 냉담했다고
그녀는 말했다. 그녀는 내게 가끔 윤형중 신부와 수녀들에 대한 얘기를 들
려주었다. 나는 시큰둥하게 받아들였다. 재미가 없어서였다.

　그녀의 아버지, 그러니까 나의 장인의 이름은 신용중이라고 했다. 60
년대에 세상을 떠나셨으니 나는 당신을 만나 볼 수 없었다. 장모의 이름은
김음전, 하지만 장모 역시 장인이 세상을 떠난 10년 뒤에 돌아가셨단다. 아
내는 아버지의 사진도 가지고 있지 않았다. 다만 객지 생활을 할 때 아버지
와 주고받은 편지 묶음이 있었다. 그녀는 그 편지를 귀중하게 보관했다. 지

금은 북한에서 그 편지를 읽을 것이다. 북으로 들어갈 때 그 편지 묶음을 가지고 갔으니까.

아내는 자신의 아버지, 그러니까 나의 장인되는 분의 편지를 내가 읽어 보지 못하게 했다. 필체를 흘끗 보니 공부를 많이 한 분 같았다. 하지만 문장력이나 탐구력 같은 것은 읽어보지 않아 알 수가 없었다.

장모는 사진으로 보았다. 아내의 말이 아니더라도 고고하고 깐깐한 성격인 것 같았다.

아내의 위로는 큰 언니가 있었다. 나이는 우리 어머니와 비슷했다. 그러나 사진으로도 본 적이 없다. 아내에게서 이종사촌이 몇 명 있다는 말을 들었다. 그러나 아내와 나이 터울이 너무 크다고 했다. 아내는 말했다.

"형부는 전쟁 때 부역을 했다고 해서 심한 고문을 받았어요. 그래서 풀려났어도 운신을 못 했죠. 너무들 해요. 당장에 살기 위해서 한 부역이었는데 말이에요. 형부는 앓다가 죽었어요. 그 밖에 오빠가 있었어요. 이름은 신인철인데, 나이는 나와 열 살의 차이가 나요. 6년제 통영 중학교를 졸업하고 육이오 사변을 만났어요. 그해 오빠는 밀항선을 탔죠. 그러나 첫 번째 밀항 기도는 실패하고 말았어요. 오빠는 다시 두 번째 밀항선을 탔어요. 성공이었어요. 그 오빠를 밀항시킨 건 사실 아버지와 엄마였어요. 왜냐하면 전쟁에 끌려가 죽을까 두려워서 그런 거죠. 오빠가 일본에서 잘 살고 있었으면 좋겠어요."

나는 그녀의 오빠가 조총련이라는 것을 나중에 알았다. 아내는 오빠가 보낸 일본어로 된 편지와 가족사진을 소중하게 보관하고 있었다. 1992년 자유의 몸이 된 내가 형님댁에서 며칠을 보낸 적이 있었는데, 형님에게서 처남이 조총련이라는 걸 처음 알았던 것이다.

아내는 통영의 큰 적산 가옥에서 살면서 어린 시절을 보냈다고 했다.

김지하의 장모 박경리의 고향과 한마을이었다. 아내의 말로는 그 때, 박경리의 남편도 사상 문제 때문에 실종되었다고 했다. 그래서 박경리는 혼자 자식을 키우면서 살았다고 했다.

나는 도독한 이후, 김지하의 시 이외에는 단편 소설 하나 읽지 못해 문학과는 높은 담을 쌓고 살고 있었다. 그래서 나는 독일의 작가나 한국 작가, 아내가 잘 안다는 박경리의 소설도 읽어 보지 못했다.

북에서 도망 나온 후, 김지하의 ≪남녘땅 뱃노래(1985년 출간)≫를 보았다. 나는 그 책에서 죽음의 신(김일성)에 자기의 생명을 비인간적 방법으로 잔혹하게 파괴하고 혈기만 뜨거운 한국 젊은이들에게 과감하게 경고하는 김지하의 힘찬 목소리를 들었다. 그의 생명 사상과 파시즘적인 수령관에 대한 심도있는 비판에 감명을 받았다.

이것은 다른 얘기지만, 나는 김지하에 의해 제시된 생명 사상을 통일 철학으로 보고 있다. 북한의 노동당 중앙위의 선전선동 필객으로 전락하고만 윤노빈의 신생 철학도 그 단초에 있어서는 어쩌면 김지하의 생명 사상과 일맥상통하는지도 모른다. 죽음의 신(김일성)이 군림하고 있는 북한이 질식사의 체제로 변모됐으리라고는 윤노빈도 입북 전에는 알지 못했던 것 같다. 김일성으로부터 '언감자 국수'를 받아먹고는 그것을 영성체처럼 착각한 송두율은 죽음의 신을 우러러 받드는 윤이상의 후계자로 서품 받았다. 송두율에 의한 김지하의 비판은 일반인들의 지지를 못 받고 오히려 거부되고 있는 실정이다.

다시 아내의 얘기로 돌아가야겠다. 나는 아내와 합의하여 1972년 11월, 튀빙겐에서 정말이지 초간편이라는 말이 실감나도록 결혼식을 치렀다. 나는 결혼식장을 좋아하지 않았다. 내 얼굴에는 볼거리 흉터가 있다. 그래서 사진 찍는 걸 병적으로 싫어하는 편이다. 예식장이란 요란하게 사진을 찍어댄다. 나는 예식장을 피하고 싶었던 것이다.

나는 아내도 요란하게 결혼식을 올리는 걸 달가워하지 않을 것이라고 내 편리한 대로 생각해 버렸다. 그래서 혼인에 필요한 서류를 구비해, 튀빙겐 시 호적계에 제출했다. 그리고 얼마 지나지 않아 호적계장 앞에서 OOO과 그의 약혼녀 OOO을 증인으로 삼아 결혼식을 올렸다. 시내 보석방에서 아내와 함께 산 금반지를 서로 교환하는 것으로 결혼식의 절차를 끝냈다. 아내에게 한없이 미안한 결혼식이었다. 다행히 날씨는 포근했다. 아내는 평소에 입던 옷을 그대로 입고 있었다. 말은 하지 않았지만 남들처럼 웨딩드레스를 얼마나 입고 싶어 했을까. 그녀의 얼굴에서 나는 그런 요망을 읽었다.

내 얼굴의 흉터는 오른쪽 뺨에 있었으므로 나는 증인으로 온 OOO에게 왼쪽 얼굴만 나오도록 사진을 찍어 달라고 부탁했다. 그는 기술좋게도 우리의 결혼사진을 흉터가 보이지 않도록 찍어 주었다.

나는 그렇게 결혼식을 올린 것이 부끄러웠다. 그래서 아무에게도 결혼식을 했다는 말을 하지 않았다. 도둑 장가라기보다는 시간이 지나면서 서서히 알게 하리라는 생각이었다.

그러나 아내는 그렇지 않았나 보았다. 그녀는 직장 동료들에게 우리의 결혼을 알렸고, 그 바람에 헬가라는 독일 노처녀를 비롯하여 젊은 독일 아가씨 서너 명이 호적계 건물 앞에서 우리를 기다리고 있었다.

"축하해요!"

그녀들은 그렇게 말하면서 아내에게 꽃다발을 안겨 주었다. 순간 아내의 눈이 질척해졌다. 나는 머쓱해 하고 아내는 눈물을 흘리고.

"결혼식 축하연은 하지 않을 거예요?" 그녀들은 독일어로 말하면서 나를 쳐다보았다. 나는 그냥 빠져 나가지 못할 걸 알았다. 그렇게 된 바에야 기분 좋게 사는 수밖에 없었다.

"좋아요. 갑시다."

"어디로 가죠? 크게 얻어먹어야 하는데. 이렇게 아름다운 신부를 가만히 데려가 살 줄 알았는가 보죠?"

"레스토랑으로."

"하하, 좋아요."

우리 부부는 그녀들과 같이 가까운 곳에 있는 레스토랑으로 갔다. 포도주를 일단 한 잔씩 돌렸다. 그녀들은 그것으로 만족한다고 하면서 우리를 끝없이 웃기고 이국에서의 조용한 결혼식을 축하했다. 이를테면 한턱 쓰라는 말은 그저 해본 소리였나 보았다.

더 사라고 해도 나에게는 돈이 별로 없었다. 포도주 한 잔에 5마르크였다. 우리는 모두 열 잔을 마셨다. 열 잔의 값을 우리 돈으로 환산하면 2만 5천 원쯤 되리라. 다행히도 그보다는 내가 가진 돈이 더 많았다. 그래서 식사를 하자고 했지만 그녀들은 경비가 많이 든다면서 거절하였다. 독일인의 억척스런 생활 습벽이 나를 다시 한 번 감동시켰다.

"포도주 잘 먹었어요. 후로이라인(영어로 미스에 해당) 신을 행복하게 해주어요."

"행복하게 해주겠습니다."

그 시절 나는 학생이었으므로 결혼식을 번듯하게 치를 경제적인 여유가 없었다. 다른 유학생들처럼 고국에서 돈을 부쳐 주는 것도 아니었다. 아내는 그런 내 사정을 누구보다도 잘 알고 있었다. 그 이해가 그토록 초라한 결혼식을 불평 없이 갖게 한 것이었다. 나는 학기 중에 있었으므로 번거롭게 시간을 빼앗기고 싶지 않다고 겉으로 내세우고는 있었지만, 기실은 돈이 없어 전전긍긍하며 겨우 금반지를 마련한 입장이었다.

신혼여행은 꿈도 꿀 수 없었다. 우리는 결혼하기 전에도 일주일에 한 번씩 만나 은밀한 밀월의 시간을 가져 왔다. 그래서 새삼스럽게 밀월여행을 떠나지 않아도 된다고 내가 우겼던 것이다. 아내의 속내를 알 수는 없지만, 그녀는 필경 아쉬워했으리라. 웨딩드레스도 입지 못하고, 신혼여행도 하지 못한 채 아내는 내게로 왔던 것이다. 같이 동거를 하던 사람들도 결혼식을 하면 신혼여행을 떠난다. 그 동안의 살 섞음과 신혼여행이란 이름 속에 떠난 여행중의 살 섞음은 분명히 다른 맛이 있을 거였다. 누가 그런 걸 모르는가. 알면서도 나는 신혼여행이 필요 없다고 했고 아내는 내 말을 쫓았다.

나는 신혼여행 따위를 못 간 아쉬움보다 지금은 돌아가신 어머니가 결혼식에 참석하지 못한 것이 가슴저렸다. 어머니는 나와 오래 떨어져 살았다. 대학에 다닐 때 나는 서울에 어머니는 부산에 계셨고, 그 뒤 얼마 안 있어 나는 독일로 건너왔던 것이다. 내가 어머니를 초청한다고 해도 당신은 올 수가 없었다. 어머니는 둘째 아들인 나를 늘 못 잊어 하시다가 눈을 감았다고 했다. 당신께서는 어렵게 사시면서도 죄를 질 유혹은 멀리하시고자 했고, 그 결과 카톨릭 신자가 되셨다.

영세명은 헬레나, 당신은 이제 천주님의 품에 안기시어 계실 것이다. 아내도 나의 그런 마음을 이해했다. 그녀도 부모를 초청할 수 없는 처지였다. 둘 다 아버지가 없다는 약점 아닌 약점이 우리를 보다 밀접하게 맺어지게 하였다. 서로가 말을 하지 않으면서 서로의 마음을 이해하는 게 그리 쉽지는 않다. 하지만 우리는 가능했다. 우리는 너무도 지난 살이가 닮아 있었다.

우리는 불가능한 줄 뻔히 알면서도 고향에 돌아가 두 어머니를 모시고 친지, 하객들 앞에서 축하를 받으며 결혼식을 올리겠다고 여러 번 굳게 약속했다. 아무리 늦어지더라도 나는 그렇게 해주고 싶다. 그리고 이제는 내 얼굴의 흉터 따위는 아랑곳하지 않고 사진을 여러 장 찍어 앨범도 만들고 싶다.

아아, 그때, 우리 서로 말을 하지 않았지만 서로의 마음을 읽을 수 있었듯이, 지금도 나는 북에 있는 아내의 마음을 읽을 수 있다. 아내도 내 마음을 읽을 것이라고 믿는다. 비록 몸은 서로가 만날 수 없지만 마음은 만날 수가 있다. 하지만 자조적인 이런 억지가 무슨 소용이 있는가.

결혼은 했지만 신혼 생활에 들어갈 아파트를 얻을 돈이 없었다. 그리고 필요도 없다고 생각했다. 사람들은 전방이 불분명할 때 절망감을 느끼게 된다. 하지만 우리는 절망할 이유가 없었다. 나는 공부를 계속하면 장래를 보장받을 수 있을 것이고, 아내는 당분간만 열심히 일하면 박사의 아내가 될 것이기 때문이었다. 고국으로 돌아가 그동안의 고생을 상쇄하는 생활을 하리라. 나는 늘 그렇게 말했고 아내는 그 말을 굳게 믿었다.

살 공간이 없으니 살림살이를 준비할 필요가 없었다. 아내는 간호사 기숙사에서, 나는 하르트마이어 가에 있는 학생 기숙사에서 각각 남처럼 생활했지만, 엄연히 우리는 부부였다. 우리는 결혼 전에 그랬던 것처럼 일주일에 한 번씩 아내의 기숙사에서 만나 운우의 정을 나누었다.

그래도 우리는 행복했다. 하지만 헤어질 때는 아쉬웠다. 우리는 내일을 위하여, 내일을 위하여, 하면서도 같이 있고 싶었다. 그러나 이를 악물고 나는 그녀의 기숙사를 나와야 했고, 그녀는 나를 정부처럼 보내야 했다.

나는 법적으로는 가장이었지만, 실제로는 뭐 하나 갖춘 게 없는 늙은 학생이었다.

튀빙겐에서 경제학 학사 과정에 해당하는 과정의 시험을 거쳐 수료한 내게는 신고전파(나는 이 학파를 반고전파라고 부르고 있다)와 통화론

자들만이 득실거리는 튀빙겐의 경제학풍이 영 마음에 들지 않았다.

그래서 나는 영국·이태리 학파 또는 영국 케임브리지 학파로 불리우는 후기 케인즈 학파 교수가 있는 북부 독일의 킬 대학으로 학교를 옮기기로 했다. 에리히 프라이저치 제자 알버트 예크 교수를 찾아갔던 것이다.

킬 대학의 정식 명칭은 크리스치안 알브레히드 대학이다. 장서 3천만 권을 자랑하는 굴지의 세계경제연구소를 가지고 있는 대학. 독일에서 국민 경제학이 가장 세다는 말을 듣는 곳.

내가 대학을 킬로 옮기려고 하자, 아내는 조금 당황했다. 그녀는 유서 깊은 아름다운 대학 도시 튀빙겐을 떠나고 싶지 않았던 것이다. 그러나 노사 문제에 큰 관심을 가졌던 내게는 안돈하고 평화로운 대학 촌이 마음에 차지 않았다. 우리는 서로의 입장 차이로 갈등을 겪어야 했다.

"나도 그곳으로 가야 하나요?"

아내가 그늘진 얼굴로 내게 말했다. 나는 짜증이 났다.

"여기서는 죽도 밥도 안 돼. 킬에 가야만 뭔가 이룰 수가 있다구.

그리고 당신 왜 그래? 남편이 가면 당연히 아내는 따라와야 되는 거 아냐? 독일에 와서 좀 살았다고 아주 독일여자가 된 거야 뭐야?"

"……."

"잔말 말고 사직서를 내. 킬 대학병원에 당신 일자리도 알아봐 달라고 했으니까."

나는 아내를 윽박질렀다. 심성이 착한 아내는 내가 워낙 완강하게 나오자 묵묵히 고개를 끄덕였다. 1973년 3월, 우리는 북부 독일의 항구 도시 킬로 떠났다. 세간을 장만하지 않았으니 짐은 많지 않았다. 그러므로 그리 서두를 필요도 없었다. 그러나 나는 어서 빨리 킬로 가고 싶었다. 그래서 아내를 재촉해 서둘러 떠났던 것이다.

킬에서 나는 자그마한 방을 하나 세 얻었다. 살림을 하려고 얻은 것이 아니라 나 혼자 공부를 하려고 얻은 방이었다. 아내는 튀빙겐에서와 같이 대학병원 기숙사로 들어가 생활했다. 아내로서는 기가 막히는 일이었다. 아내는 피를 걸러 내어 깨끗하게 하는 부서에 소속되었다.

우리 부부의 나이 만 서른넷이 되었다. 아이를 갖고 싶다고 아내는 말했다. 나도 마찬가지였다. 독일에 살고 있지만 우리는 어쩔 수 없는 한국인이었다.

결국 아이를 갖고 싶어 아파트 한 채를 세내었다. 독일에는 한국처럼 엄청난 금액을 요구하는 전세 아파트가 없다. 결혼한 지 어느덧 3년이란 세월이 지나 있었다.

"드디어 우리 방이 생겼군요!"

아내는 이사를 하고 방으로 들어서자 들뜬 목소리를 내었다. 나는 얼굴이 달아올랐다. 무능한 남자의 여자는 늘 고달프고 힘겹다. 돌아서서 담배를 입에 물고 달아 오른 얼굴을 아내로부터 숨겼다.

이사를 하고서도 나는 책만 팠다. 노력한 대가로 나는 장학금을 받았다. 아내의 월급도 많이 올라 있었다. 그래서 다른 한국 교포에 비해 사는 형편이 괜찮은 편이었다.

나는 외곬의 성격이었다. 그러므로 나는 공부 외에는 관심이 없었다. 때문에 남들보다 뒤처지는 게 많았다. 아내는 나를 대신하여 그 모든 것을 해야 했다. 그녀는 아이가 생기면 필요할 것이라며 자동차 운전을 배웠다. 운전면허를 따려면 우리 돈으로 2백만 원 정도가 들었다. 그만큼 시내 연수를 많이 해야만 운전 면허증을 주는 까닭이었다. 아내는 힘들다는 시내 연수를 꾸준히 받아 운전 면허증을 따내었다.

그러는 사이에 한해가 지나갔다. 1974년, 나는 독일 교포사회에 일기 시작한 유신 체제 반대 운동에 적극적으로 가담하였다. 유신 체제 반대 운동뿐 아니라 민주 통일 운동에도 깊이 빠졌다. 나는 지식인으로서 내 행동이 당연하다고 생각했다. 그러나 너무 깊이 빠져 들다 보니, 아내가 번 돈과 내가 탄 장학금이 엉뚱한 데로 들어가고 있었다. 나라가 유신체제로 들어가는 마당에 공부를 하면 무얼 하는가. 우선 나라부터 올바르게 만들어놓고 보자, 그게 내 생각이었다. 그렇게 되니 공부도 잘 되지 않았고, 조금씩 하던 아르바이트도 손을 놓게 되었다.

뿐만이 아니었다. 운동에 빠져 들고부터는 나는 가정을 더욱 등한시했다. 그렇지 않아도 가정에 그리 힘이 되지 않았던 나는 아내가 일에 지쳐 쇠약해져 가는 것을 모른 체 했다. 나는 모르고 있었다. 세상은 어느 한 개인이나 한 집단의 주관적 의지에 의해, 그것도 빠른 시간내에 변할 수 없다는 걸. 자연 필연성의 객관적인 법칙에 따라 세상은 변한다는 걸 모른 채, 역사나 사회 발전의 과정을 주관적인 판단으로만 이해하고 있었던 것이다.

시장 경제를 한국 사회에 정착시키려는 한국형 개발 독재가 경제, 정치, 사회, 문화 등 모든 분야에서 긍정적인 변혁을 가져오려면 진통과 난산의 시간이 있어야 하고, 그 과정이 때로는 잘못 비춰질 수도 있었다. 하지만 그런 대승적인 생각으로 영구 집권을 눈감아서는 안 된다고 나는 생각했다. 때문에 나는 냉정을 잃고 있었다. 내 개인적으로 보면, 그래도 다른 사람보다 훨씬 유리한 여건 속에 살고 있었지만, 나는 그래서 더 더욱 운동에 열성적이었다. 또 그래야만 한다고 나는 믿었다. 아내는 그런 나를 염려하였다. 지켜보고 있다가 너무도 빗나간다 싶자 나에게 충고를 했다.

"당신 너무 그 운동에 빠져 드는 게 아니예요? 운동하려고 독일에 온 건 아니잖아요?"

"당신은 몰라. 당신같이 모두 생각하고 있으니까 독재가 가능한 거야.

국민을 무서워하면 어떻게 그런 일이 벌어질 수 있어. 지금 한국에는 어떤 일이 벌어지는지 알아? 인권은 아예 말살되었고 지식인들은 너나없이 구속되는 판국이란 말이야. 그런데 어떻게 가만히 보고만 있나?"

　나는 아내의 안일한 사고를 오히려 공박했다. 그리고는 무슨 독립 투사라도 된 것 마냥 설쳐댔다. 아내는 나의 부화뇌동(附和雷同)이 불만이었지만, 워낙에 내가 강하게 나오자 결국은 울며 인종(忍從)하기에 이르렀다. 그러나 매서운 경고를 잊지 않았다.

　"당신은 당신의 망상에 가까운 이상 때문에 언젠가는 스스로를 파탄의 구렁텅이에 매몰시키고 말 거예요."

　나는 발끈하였다.

　"침묵은 양심의 적이라는 걸 모르는가! 암탉이 울면 집안이 망한단 말이야. 가만있어. 당신 몫까지 내가 뛰고 있으니까."

　내 말은 아내를 모멸하는 것이었지만, 아내는 눈물을 삼키며 참고 있었다. 하지만 내가 더욱 빠져 드는 것 같으면 앙탈을 부리기도 했다. 아니, 그건 타이름에 다름 아니었다. 그러나 내게는 앙탈로 들렸다.

　"다른 사람들은 다 자기 할 일을 해가면서 민주니 통일이니 하는 운동에 나서는데 머리 나쁜 당신은 당신의 코밑도 못 닦으면서 그저 들떠 있어요. 그렇게 막무가내로 덤벼들지 말고 지금과 같은 기회와 여건을 이용하여 자기 본분에 매진해야 해요. 여보, 다시 생각하세요."

　지금에 와서야 나는 아내의 말이 맞았다는 걸 인정한다. 그러나 그 때는 아니었다. 나는 내가 하는 생각과 행동이 올바르다고 굳게 믿었던 것이다. 하기야 사상운동을 하는 사람치고 자신이 걷는 길이 궤도에 어긋난다고 생각하는 사람이 누가 있을까만. 그런 사람이 있다면 그는 이미 회의주의에 빠져 있어 운동과는 멀어졌다고 봐야 할 것이었다.

아내가 워낙에 성화와 앙탈을 부리자 나는 조금은 달라져야 했다. 아내의 그런 충고와 간청이 없었다면 나는 아무것도 이루지 못하고 얼치기 유학생으로 살았을지도 모른다. 이제야 아내의 그때 그 충고를 고맙게 생각하고 있다. 하지만 지금 아내는 내 곁에 없다. 그녀는 두 딸과 함께 북한에 남아 있다. 바로 아내가 내게 한 충고가 그대로 들어맞았던 것이다.

"당신은 당신의 그 망상에 가까운 이상 때문에 언젠가는 스스로를 파탄의 구렁텅이에 매몰시키고 말 거예요."

6 두 딸이 태어나다

1976년 9월 17일, 아내는 딸을 낳았다. 너무도 기뻤다. 결혼한 지 4년 만에 첫아이를 본 것이었다. 나는 세상에 갓 나온 아이를 내려다보면서 잠시 정신없이 보낸 몇 년을 생각했다. 그 시간의 묶음들은 학문의 길에서 벗어난 세월이었다. 나는 가만히 아이에게 약속을 했다. 그 약속은 공부를 열심히 하겠다는 것이었다.

아내와 나는 딸에게 혜원이라는 이름을 지어 주었다. 나는 딸을 가만히 불러 보았다.

"혜원아!"

아이의 탄생과 아내의 묵묵한 인종이 나의 잠자던 학구열을 부추겨 나는 다시 책상에 앉아 학문 탐구에 혼신의 노력을 기울였다. 그 결과 두 차례의 낙방을 거치고, 겨우 턱걸이를 하였지만, 디플롬 시험에 합격의 영광을 차지했다. 쉽다면 쉽고 어렵다면 어려운 관문이었다. 혜원의 백일이 지난 지 얼마 되지 않은 1976년 12월이었다.

두 해가 지난 1978년 6월 21일, 킬 대학병원 산부인과에서 전화가 걸려 왔다. 아내가 아기를 분만했다는 것이었다. 아내는 전날 진통이 있자, 곧 분만을 할 것이라고 판단하고 혼자서 택시로 병원으로 갔다. 나는 남자냐 여자냐를 물었다. 간호사는 딸이라고 대답했다. 나는 약간 실망했다. 딸은 이미 하나 있으니 은근히 아들을 기대하고 있었기 때문이었다. 그러나 그뿐, 나는 기뻤다. 딸이면 어떠랴. 서양에는 아들과 딸을 구별하지 않은 지 오래 되었다. 그런데 나는 아직도 고루한 사고 방식을 가지고 있다니.

아내와 나의 나이는 어느새 만 서른일곱이 돼 있었다. 나는 아내가 제왕절개를 하지 않고 정상 분만을 해 준 것만도 고마웠다. 그 나이에 정상 분만은 몹시 힘들었을 것이라는 생각과 함께였다.

아내는 분만 전에 열심히 짐나스틱(체조) 코스에 나갔었다. 아마도 그 덕을 톡톡히 본 모양이었다. 나는 전화를 끊고는 자괴감에 빠져 들었다. 독일 남자들은(현대적인 생활 감각을 지닌 한국 남자들도 그럴 것이지만) 부인이 분만하는 것을 지켜보면서 그 아픔과 고통을 함께 나누어 가진다는 걸 알고 있었기 때문이었다. 그런데 나는 그렇게 하지 못했다. 아니, 그보다 병원으로 아내를 데려다 주지도 못했다. 용기가 없었다고 스스로 자위를 해보지만 그것은 나의 내부에서도 거부감을 느꼈다. 이번에는 실생활에 어두워서 그렇다고 생각했다. 하지만 이번에도 고개가 스스로 저어졌다.

그러나 사실은 내가 병원으로 가 아내의 고통을 조금이라도 위로해 주지 못한 이유가 있었다. 그것은 혜원이를 보살펴야 했기 때문이었다. 하지만 그것도 마음만 먹으면 해결할 수 있었다. 아이를 잠시 맡기면 됐던 것이다. 나는 아내가 오해하지 않기를 빌었다.

그날 정오에 나는 아내와 내 둘째딸을 만나기 위해 병원으로 갔다. 새 생명을 낳느라 진통을 겪은 아내의 얼굴은 무척 수척했다. 마치 길고 험난했던 항해에서 방금 돌아온 사람 같았다. 아내의 그런 모습은 나를 숙연하게 만들었다. 여자의 고통을 통해 인간의 삶이 시작되고 인간의 역사 또한 전진한다고 하지 않던가. 나는 그 말이 진리라는 생각이 들었다.

"여보 고생했어. 내가 없어서 속상했지?"

나는 아내에게 다가가 진심으로 그렇게 말했다. 아내는 웃을 뿐이었다. 그 웃음을 보면서 내 고개는 더 숙여졌다. 아내는 나보다 속이 넓고 용기 있는 사람이었다.

아내와 나는 둘째딸이 세상에 나오기 전에 이미 이름을 지어 놓았다. 그 이름은 규원이었다. 아들이든 딸이든 나는 그 이름을 줄 작정이었다. 당연히 둘째 딸의 이름은 규원으로 되었다.

"규원이는 어디 있지?"

"신생아실에 있어요. 아직은 밖으로 나올 수 없으니 우리가 가서 만나야 돼요."

아내는 그렇게 말하더니 눈시울을 적셨다. 참고 있던 눈물이 남편을 대하자 자신도 모르게 흐르는가 보았다. 아니면 혜원이가 보고 싶어 우는지도 몰랐다. 그도 아니면 못된 남편이 한심해서 그러는 것일까? 나는 조금 당황했다.

"혜원이는 아직 너무 어려서 병원에 들어 올 수 없대. 그래서 맡기고 왔어."

"알아요. 우유 잘 먹고 아프지는 않죠?"

"응. 동생이 생기는 것이 기쁜지 아주 잘 놀아."

나는 거짓말을 했다. 사실 혜원이는 엄마의 보살핌이 없자 몹시 보챘고, 열도 조금 있는 것 같아 약을 먹였다. 그러나 그런 말을 회복 중에 있는 아내에게 곧이 곧대로 얘기할 필요는 없었다. 그래봐야 아내의 걱정만 부풀릴 뿐이었다.

혜원은 지금 아빠와 엄마를 찾고 있는지도 모른다. 아마도 그럴 것이다. 늦게 본 아이라 우리 부부의 사랑을 독차지하면서 살았기에 다른 사람의 손이 거칠게 느껴질 것이다. 혜원은 동생의 탄생을 모르고 이틀 동안 보이지 않는 엄마가 야속해 올 것이다. 천지개벽이(생명이 탄생되는 것이 바로 천지개벽이리라) 있었는지를 그 어린 게 어찌 알겠는가.

아기를 분만한 여자는 심리적인 현상으로 눈물을 흘리게 되어 있다고 하던가. 아내는 처음 나를 대할 때와 달리 오래도록 울었다.

여담이지만, 직장 여성들을 위한 독일의 산전 산후 휴가 제도는 모자를 잘 보호하게 되어 있어 정말이지 본받을 만하다. 이러한 사회 정책적 고려는 개별 기업에 부담을 가져오겠지만, 그 비용과 따르는 효용을 비교해 볼 때, 축적하기 위한 성장 궤도상에서 경련하는 국민 경제를 안정화하는 데 큰 기여를 한다고 보여진다. 북한에도 그러한 사회 정책적 고려가 명문화되어 있지만, 결핍 경제라는 취약성 때문에 물적 · 기술적 토대가 안정되게 뒷받침되어 있지 않다. 모든 것이 허무다. 기껏해야 그림의 떡(선전)일 뿐인 것이다!

집으로 돌아와 혜원을 데리고 병원으로 갔다. 그러나 혜원이는 병원으로 들어갈 수가 없었다. 갓난아이들이 전염당할 염려가 있기 때문이다. 나는 아내와 이미 연락을 했으므로 병실 밑에 있는 잔디밭에서 혜원을 안고 위를 쳐다보게 했다. 아내는 창가에서 아래를 내려다 봤다.

"혜원아? 엄마 곧 갈게!"

아내가 소리쳤지만, 혜원이가 알아들을 리 없다. 그래도 아내는 계속하여 소리쳤다.

"우유 잘 먹고, 장난치지 말고, 아빠하고 잘 있으면 엄마 곧 갈게!"

그러자 어린 눈에도 엄마가 보였던지 혜원이가 갑자기 손을 내저으며 우왕, 울음을 터뜨렸다. 딸은 소리치며 울고, 엄마는 소리없이 울고 있다. 여자들의 울음 앞에서 초연해지지 않는 남자가 있을까. 어느덧 내 눈가도 축축해졌다.

그때의 그 모습이 떠오르면 나는 견딜 수가 없다. 어느새 내 양볼은 눈물에 젖고 참다 참다 끝내는 오열을 쏟아 놓아야 한다. 가족과 떨어져 산다는 것, 그것도 물리적인 힘에 의해 떨어져 산다는 것은 소리 없는 통곡의 나날이다. 아무리 마음을 강하게 먹어도 하루도 눈물없이 살 수가 없다. 늦가을 비가 소리없이 내리는 날이다. 북에도 비가 내리고 있을까. 이 비가 그치면 날씨가 추워질 것이라고 중앙기상대는 예보했다. 북에는 아마도 벌써 추위가 왔는지도 모르겠다. 내 가족은 어찌 사는지.

누구나 그렇겠지만 나는 너무 고통스러우면 멍청해져 버린다. 아노미 현상이 몇 시간이고 며칠이고 계속될 때도 있다. 수척해 보였던 아내의 모습이 눈앞에서 도통 떠나지를 않는다. 엄마를 부르던 세 살짜리 혜원이. 그리고 핏덩어리 새 생명 규원이의 모습이 교차한다. 그 모습은 갑자기 커다란 둔기로 변하여 내 머리를 두들긴다. 머리가 아프다. 그러나 그 아픔이 오래가 주기를 은근히 나는 기다린다. 그러다가 나는 멍청해진다.

7 아이들이 바이올린을 배우다

혜원은 1983년 9월 1일에 크론스하겐에 있는 초등학교에 입학했다. 입학할 수 있는 법적 나이에서 16일이 모자라 전년도에 입학할 수 없었던 것이다. 혜원의 국민학교 입학이 아니더라도 83년은 내게 특별한 해였다. 마르크스 사후 100년이 됐고, 경제학 혁명을 했다는 '피에로 스라파'와 후기 '케인즈 학파'의 거두 존 로빈슨 여사가 영국 케임브리지에서 영면(永眠)했다.

얘기가 빗나가지만, 훗날 나의 스승인 마르크스, 스라파, 존 로빈슨 여사에 관해 학술적인 에세이를 쓸 날이 오기를 나는 기대한다. 그것이 제자된 자의 도리이리라.

아내는 깽깽이(바이올린)수업을 받지 못한 것이 무슨 한이라도 되는 듯이 딸들에게 깽깽이 수업을 강요하였다. 혜원은 아빠를 닮아 시각적이어서 그림을 잘 그렸고, 규원은 엄마를 닮아 갓난아기 때부터 음악에 귀가 들려 청각적이었다. 나이가 마흔을 넘어 건강이 시들시들하는 아내는 두 딸을 킬 필하모니 오케스트라 악장에게 깽깽이 수업을 받게 했다. 유명한 사람이라 수업료도 비쌌다. 그래도 아내는 생활비를 줄여서 꼭 그에게 수업을 받아야 한다면서 보냈던 것이다. 음악에 조예도 취미도 없는 나는 그저 멍할 뿐이었다.

아내는 애들에게 깽깽이 수업을 처음에는 반강제로 시켰다. 그도 그럴 것이 아이들이 그 심오하고 어려운 바이올린을 배우기가 쉽지 않았던 탓이었다. 그러나 시간이 지나자 애들도 재미를 붙였는지 엄마를 기쁘게 해주었다. 기쁘게 해 준다는 것은 열심히 배운다는 뜻이다. 아내는 정말이지 기뻐했다. 엄마의 기뻐하는 모습을 보자 아이들은 더욱 열성이었다.

규원은 앞에서도 말했듯이 엄마를 닮아 음악을 좋아했다. 좋아하는 만큼 바이올린에 남다른 재능을 보였다. 그러자 교습을 맡은 악장이 규원의 재능을 발견하고는 좋아서 열성껏 가르쳤다.

악장 이름은 이반 페트코프였다. 불가리아 태생 집시 출신인 그는 규원을 여덟 살이 되는 해 콘테스트에 내보내겠다는 야심을 가지고 있었다. 그러나 규원은 못난 아빠 때문에 그 콘테스트에 나가지 못했다. 아빠를 따라 북으로 갔기 때문이었다. 규원은 아무것도 몰랐지만, 페트코프는 나 때문에 꿈이 무산되었다고 간혹 나를 원망할지도 모르겠다. 그만큼 규원의 바이올린 연주 실력은 뛰어났다.

혜원과 규원은 둘 다 파가니니를 좋아했다. 나는 무식해서 아무것도 모르고 애들이 협주하는 곡을 심드렁하게 듣기 일쑤였다. 그러나 아내는 즐거움에 흠뻑 젖어 고생도 잊어버리는 것 같았다. 아내와 두 딸을 위해 음악을 이해하려고 악보 보는 것을 배우려고도 해봤지만, 콩나물 대가리처럼 생긴 악보는 나를 질리게 했다. 나는 악보 보는 걸 포기했다. 그 밖에도 아내는 두 딸의 예의범절 교육에 엄격했다. 이에 반해 나는 딸들에게 그저 짐승같은 사랑만 줄 뿐이었다. 그러나 나는 그것이 아비의 진정한 사랑이라고 믿었다. 내 사랑은 딸들의 얼굴을 내 혀로 핥고 입술과 볼을 빠는 사랑이었다. 아이들도 나의 그런 사랑에 불만이 없는 것 같았다. 그도 그럴 것이 엄마는 엄격한 반면 아빠는 친구 같았으니까.

혜원이 2학년이 되었다. 머리가 좋은지 학급에서는 언제나 일등이었다. 나는 독일 애들을 제치고 내 딸이 학급에서 1등을 한다는 사실에 무한한 기쁨을 맛봤다.

주위에서도 한국 사람은 머리가 좋다고 곧잘 말하고는 했다. 게다가 아빠를 닮아(그림에는 나도 꽤 소질이 있다고 생각한다) 그림을 잘 그려 대회에 나가면 상장과 상품을 언제나 한아름 안고 오곤 했다.

머리카락 색이 까만 한국 아이 혜원은 크른스하겐에서 독일 사람들한테 무척 사랑을 받았다. 공부를 잘하고 그림을 잘 그리는 이유도 있었지만 무엇보다 싹싹하고 발랄해서였다. 혜원은 소녀 소설을 즐겨 읽었다.

독서 분량도 꽤 되었다. 작문에도 뛰어났다. 지금은 이름을 기억해 낼 수 없어 안타깝지만, 혜원이의 글이 실린 학예지를 보고 유명한 독일 여류 작가가 바이에른 지방에서 혜원을 만나러 일부러 온 적도 있었다. 그녀는 자기가 쓴 소설을 혜원에게 사인하여 선물로 주었다. 그 때 딸애가 좋아하던 모습이란. 아마도 혜원은 아빠를 따라 도서관에 들락거리면서 독서에 재미를 붙였던 것 같았다. 도서관으로 데리고 다닌 것이 조금은 그 애를 도운 것 같아 내 가슴이 뿌듯했던 적이 여러 번 있었다. 전공을 공부하려고 도서관에 갈 때, 나는 혜원을 자주 데리고 갔던 것이다.

내가 북에서 도망쳐 나와 한국으로 귀국하기 직전, 혜원의 담임 선생님이었던 슈프렝거 여사가 앞장서 킬에서 가족 송환운동을 벌이면서 독일 연방 외무 장관에게 탄원을 한 적도 있었다. 우리 가족을 위해 애쓰신 분들에게 감사를 드린다. 아내와 두 딸이 내 품으로 돌아오는 날 정중하게 감사를 드리리라.

그렇게 귀엽고 똑똑했던 내 두 딸은 이 어리석은 아비의 정신적인 방황에 대한 볼모로 김일성 김정일 수용소에 유폐되어 있다. 이 글을 쓰고 있는 오늘도 구원의 길은 보이지 않는다.

8 독일로 정치 망명하다

　나는 1970년 10월 중순, 프리드리히 에버트 재단의 장학생으로 독일에 유학하게 됐다고 이미 말했다. 독일에 온 나는 튀빙겐 대학에서 그해 겨울 학기부터 정식 학생으로 등록했다. 전공은 경제학이었다. 3학기에 학점을 이수하고 넷째, 다섯 번째 학기에는 경제 이론 및 경제 정책 분야에서 좋은 성적의 학업 수료증을 취득하리만큼 공부에만 전념하였다.

　유학을 떠나오기 직전 1970년 3월부터 나는 권중동(權重東)씨와 함께 독일 체신노동조합 DPG 정기대회에 참가했다. 권중동씨는 노동부 장관과 국회의원이 되기도 했다. 1971년 가을, 나는 독일 사민당 SPD 에 정식으로 입당하여 당원으로서 80년대 중반까지 활동했다. 그 사이 1972년에는 노총 위원장 배상호씨와 함께 베를린에서 열린 독일 노총정기대회(DGB)에 참가하기도 했다.

　나는 2년 6개월간 독일 노동조합과 공동결정제도를 열심히 연구하면서 노동 문제 전문가가 되리라는 큰 꿈에 젖어 있었다. 나는 튀빙겐 지구 독일 체신노조 사무실에서 학생 신분으로 실무 경험을 쌓으면서 당시 경제 정책을 담당했던(주로 임금 정책 및 사회 정책) 교수에게서 '독일노동조합의 요구 – 경제(산업) 민주주의와 공동결정제' 란 주제의 논문을 제출하여 인정도 받았다. 그러므로 나의 앞날은 그야말로 환히 트인 탄탄대로처럼 보였다.

튀빙겐 대학 유학 시절 가장 절친했던 사람 중에는 고(故) 강돈구 박사가 있다. 그분은 앞에서도 말했듯이 나를 아끼고 염려하여 충고를 많이 했다. 같은 기숙사에 있으면서 우리는 자주 만났고, 나는 그분의 고견을 항상 들을 수 있었다. 그분은 겉보기엔 볼품이 없었다. 키가 작았고, 몸피도 크지 않았다. 그러나 많은 사람들이 그분을 존경했다. 그 분의 높은 학식과 예의바름 때문이었다.

내가 북에서 도망쳐 나오고 얼마 있지 않아, 그분은 그만 영면(永眠)하시고 말았다. 앞에서도 말했지만 나 때문인 것 같아 이 글을 쓰고 있는 동안에도 몹시 가슴이 아프다. 그를 존경했던 사람들은 프랑크푸르트에도 베를린에도 많이 있었다. 두 곳에서 그분의 추도식이 열렸다.

내가 강교수와 처음 알게 된 것은 1970년 말이었다. 아마도 2월달이라고 기억된다. 이삼열, 송두율을 위시한 서울대 문리대 철학과 출신들이 강돈구씨 집을 방문한 때였다. 나도 그들과 함께 갔었다.

강돈구씨는 당시 독일에서 상당히 수익성 높은 장사를 하고 있었다. 그러나 그는 돈벌이 그 자체에 싫증을 냈다. 학문에 전념하고 싶다고 몇 번이고 말하는 걸 들었다. 그의 소망처럼 그는 학문의 길을 걷기 위해 1983년 귀국했다. 그러나 그때 나이 벌써 마흔일곱으로 중년에 접어들고 있었다.

나는 강박사에게 귀국하지 말라고 했다. 그러나 그는 가야만 한다고 비행기를 탔다. 만약, 만약에 말이다. 그가 귀국하지 않고 내 곁에 있었다면, 나는 북한으로 가지 않았을지도 모른다. 왜냐하면 그분이 나를 북한으로 들어가게 놔두지 않았을 것이니까.

하지만 그런 생각이 이제 와서 무슨 소용인가. 머리를 흔들지만, 다시 아쉬움과 안타까움이 내 가슴을 채운다. 모든 것이 운명인데. 이렇게 힘없이 중얼거리는 수밖에 없는 내 자신이 한없이 원망스럽다.

나는 그 당시 반정부적 성향이 대단히 강했다. 그러므로 역시 그런 성향을 갖지 않았던 김연수라는 이에게 많은 도움을 받았다. 도움을 받으면서도 나는 고맙게 여기기는커녕 그를 경멸했었다. 지금에 와 생각하면 참으로 몰상식한 일이었다. 두 번 조국을 등지고 배신한 나. 나로 인하여 우리 집안은 패가망신했다. 지금 와서 성급하고 어리석었다고 자신을 탓하기에는 너무 늦었다는 생각이 든다. 그리고 후회한들 무슨 소용이 있는가. 그걸 알면서도 후회를 않을 수가 없다. 모든 것은 지나갔다. 아니다, 시작이다. 아내와 두 딸을 찾을 때까지.

　　1974년 3월 1일, 나는 송두율, 강돈구, 김길순, 배동인 등의 참여 아래 이삼열이 기초한 '민주 사회 건설을 위한 선언'에 서명했다. 나와 같이 이보영 씨가 서명했다. 그녀는 독일인과 결혼하여 지금도 킬에서 살고 있다고 들었다. 그리하여 나는 그날부터 '민주사회건설협의회' 창립 회원이 된 것이었다. 한국의 독일 유학생들이 민건회(민주사회건설협 의회)를 설립할 때만 해도 독일이나 타 유럽 지역에는 한국 정부에 반대하는 단체가 거의 없었다.

　　5·16혁명으로 집권한 박정희 정권은, 영구 집권을 위해 1972년 10월, 소위 유신헌법을 제정하였다. 국내에서 재야인사와 학생들이 영구 집권을 막으려고 일어섰다는 소식이 들렸다. 그들의 정부에 대한 항거가 우리에게 자극제가 되었다. 그때까지만 해도 국내 정치에 무관심했던 독일 유학생들도 국내 반정부 세력에 동조하기 시작했던 것이다. 베를린을 중심으로 55명의 유학생들이 주축이 되어 '유신반대, 군사 독재 타도'라는 명분으로 민주사회건설협의회를 창설했던 것이다. 지식인임을 자처하는 나는 당연히 거기에 가담했고 당당히 창립 회원이 되었다. 그것이 불행의 태동이라고 하면 억지일까. 아니면 비겁한 것일까. 그 시절 배웠다는 이 쳐놓고 누군들 유신을 반대하고 싶지 않았을까. 그런 자위도 해본다.

1974년 4월경, 민건회원들과 함께 당시 국내에서 반공법 위반으로 구속 수감되었던 시인 김지하, 지학순 주교 그리고 언론인 장준하의 석방을 위해 탄원서를 준비했다. 독일인 교수 및 대학생들에게 그 취지를 설명하고 약 3백여 명에게서 서명을 받았다.

우리는 그 원본을 국제사면위원회에 제출하고, 사본은 한국 대통령 관저인 청와대에 발송하였다. 그러나 청와대에서는 소식이 오지 않았다. 여전히 한국 국내는 살벌한 독재 정치가 계속되고 있었고, 우리는 그 소식을 매일처럼 들었다. 우리 유학생들은 고국의 정치에 깊은 회의를 느꼈다. 그러나 그렇다고 해서 허무주의자들처럼 모른 체할 수는 없었다.

1978년 4월, 본에서 개최된 유신 독재 타도를 위한 궐기대회에 참석하여 독립지사인 양 설쳐대던 나는, 그해 12월 민건회 부회장에 피선되었다. 나는 부회장이 되자 더욱 바빠졌다.

독일인들에게 내 조국의 정치인들의 작태를 매도하고 세계는 독재 타도를 위해 힘을 합쳐야 한다고 역설하면서 다녔다. 말하자면 집안의 흉을 남에게 알리고 그 힘을 빌리려고 했던 것이다.

나는 같은 민건회 회원이었던 송두율이 작성한 '민건 제2선언'을 심의하고 각종 반정부 집회를 주동했다. 나는 80년 3월 독일에 정치적 망명을 할 때까지 적극적인 반정부 활동을 하였다. 그리하여 알게 된 윤이상, 송두율과는 악연이었다. 내 입북 분위기를 그들이 조성하였기 때문에.

송두율은 당시 민건회장이었다. 나는 그가 기초한 '민건 제2선언'을 심의 토의코자 베를린으로 갔다. 그러나 그때는 아직도 송두율이 북한을 드나들고 있다는 것까지는 알지 못했다.

내가 송두율이 부인과 함께 북을 드나든다는 걸 안 것은 1986년 6월 평양에서였다. 나는 이창균(칠보산연락소 고문)의 아내 오군임(그녀가 북한에서 얻은 이름은 오덕희였다)과 대화를 한 적이 있었다.

그때 나는 그녀의 말을 들으면서 아, 송두율이 부인과 함께 북을 드나들었구나, 하는 느낌을 받았다. 나는 그러면서도 자신을 철저하게 은닉해온 송두율에게 깊은 증오를 품었다. 그러나 이미 나는 평양에 있었다. 나는 그가 가증스러운 인간이라고 생각했다.

왜냐하면 유학생 신분으로서 반정부 활동을 한다고 하여 모두 북과 가까운 것은 아니기 때문이다. 우리가 반정부 활동을 하는 것은 오직 나라의 장래 때문이었다. 반정부 활동을 한다고 하여 북과 내통한다고 하는 것은 독재 정권이 반정부 인사를 탄압하는 구실이었다. 그렇게 믿고 있는 내게 송두율은 충격이었다.

나는 그가 언제부터 북과 긴밀한 관계를 유지했을까 생각했다. 1978년 전후일까? 아니면 훨씬 전부터였을까? 알 수 없었다. 그렇다고 물을 수도 없었다. 물어도 대답을 해주지 않겠지만.

나는 혼자 고민하다가 이삼열(전 숭실대 교수)에게 말했다.

"송두율은 절대로 한국으로 돌아가지 않을 것이다. 왜냐하면 그는 벌써부터 김일성의 은총을 받고 있었다."

이삼열도 놀랐다.

"그럴 리가?"

나는 그에게 내가 보고 느낀 것을 말해 주었다. 덧붙여 오군임과의 대화를 얘기했더니 그도 신음을 삼켰다.

"까맣게 모르고 있었구나."

나는 송두율이 언젠가 스스로를 뉘우치고 죄값을 받겠다고 나서기를 기다리고 있다. 송두율도 이제는 깨달았을 것이다. 북에서는 학문 연구 활동이 불가능하여 대학이 제대로 기능하지 않는다는 걸. 그러므로 그는 살기 위해 북으로 가지는 않을 것이다.

언제였는지 정확히 기억은 나지 않지만, 나는 어릴 때의 이름인 오상태로 '민주 한국(민건회 기관지)'에 한국 경제 상황에 대하여 기고한 적이 있었다. 아쉽게도 나는 그 글을 지금은 기억하지 못하고 있다. 분명히 엉터리같은 소리를 지껄였을 것이다.

또 1979년에는 김길순(金吉淳)이 미국에서 나온 자료들을 나한데 보냈다. 분석해 보라는 편지와 함께였다. 그 자료들은 한국의 독재가 위험하다며 경고하는 거였다. 나는 그 자료들을 세밀히 분석하고는 역시 '민주 한국'지에 박대통령이 제거돼야 한다는 기사를 썼다.

그런데 마치 나의 예언이 맞아 들어간 듯이 그 기사가 나오고 일 주일쯤 지나, 박정희 대통령이 시해(弑害)되는 사건이 일어났다. 유신 체제의 장본인이며 강권 통치의 대명사로 불리면서 대한민국을 오직 잘살게 만들어야 한다고 외치던 장본인도 부하가 쏜 총에 쓰러지고 말았던 것이다.

역사는 또다시 바뀌려고 꿈틀대고 있었다. 그러나 나는 다음 역사보다 내 앞에 닥친 일이 더 급했다. 나를 반정부 활동에 끌어들인 장본인이 죽었으니 나도 조금은 뒤를 돌아다봐야 할 때였다.

나는 심각하게 정치 망명을 생각했다. 그래야 초연하게 학문에 전념할 수 있다고 믿어서였다. 나는 독일 정부에 정치망명을 신청했고 받아들여졌다. 나는 사태 발전을 장기적으로 관망하기로 하고 경제학 이론에만 몰두하였다. 민건회 등 반정부 집회에도 서서히 빠지기 시작했다.

그것은 또 다른 이유가 있어서였다. 온통 살림을 꾸려 가던 아내가 간염을 앓아 건강이 악화된 까닭이었다. 나는 아내 때문이라도 반한 단체가 주도하는 집회에 자주 나갈 수가 없었다. 집회뿐만이 아니라 활동도 뜸해졌다.

독일에서의 혜원 규원

독일에서의 혜원 규원

1991년 1월 20일 작곡가 윤이상이 오길남에게 "다시 월북하라"고 종용하며 가족의 육성이 담긴 카세트테이프와 함께 이 사진을 건넸다. 요덕 출신 탈북자의 증언을 통해 이 사진의 배경이 요덕정치범수용소 내 부라는 것이 확인됐다.

9 브레멘에서 박사학위를 받다

　나는 그동안의 부진을 씻고, 앞에서도 얘기했듯이 1976년 12월 킬대학의 경제학부에서 디플롬 시험에 합격하여 겨우 학위를 취득했다. 불합격을 여러 번 맞은 뒤라 그 기쁨은 형용할 수 없는 것이었다. 그 덕에 학문 연구에 대한 열정도 되살아났다. 나의 열정은 태양처럼 불타 올랐고, 그 기세를 타고 케인즈 좌파라고 할 수있는 영국 케임브리지 대학을 중심으로 형성된 후기 케인즈 학파와 신(新)리카도파의 경제 이론에 파묻혔다.

　나는 학문을 탐구하면서 과학으로서의 경제학 건설에 객관적 가격 이론(Objektivistisch Preistheorie)의 연구가 절실하다고 느꼈다. 그래서 한 해전인 77년부터 브레멘 대학 경제학부의 연구원을 자청하여 고전파와 신리카도파, 그리고 마르크스 경제 이론에까지 본격적인 경제 연구를 시작하였던 것이다.

　본격적인 경제 연구를 하면서 킬대학 세계경제연구소에서 가장 유명한 오키시오 N.Okishio 란 수리경제(數理經濟) 학자한테서 가격 문제 접근에 관한 이론적 단서를 발견하였다. 그것으로 논문을 쓰기로 작정한 나는 오랜 시간 매달렸다. 그 결과 달디단 열매를 딸 수 있었다. 나는 논문과 구두 시험을 거쳐 박사 학위를 취득하였던 것이다. 그날을 어찌 잊으랴. 그날은 1985년 7월 12일이었다. 논문의 내용은 마르크스의 노동가치설과 생산가격론을 현대 경제학의 입장에서 재조명한 것이었다.

나의 지도 교수는 영국 케임브리지와 이태리 로마에서 객원교수를 지냈던 영국·이태리 학파에 속한 소장파로, 이름은 크루츠였다. 그는 학계에서 신리카도 학파 또는 스라파 학파로 불리워지는 신예 경제 이론가로 괄목할 만한 연구 학술 논문을 줄줄이 발표하고 있었다. 그는 고전파 복원을 통한 정치경제학의 재구성에 뜻을 두고 기여하고 있다.

나는 논문을 1983년에 이미 제출했다. 마르크스 사후 1백주년을 기념한다는 뜻에서였다. 하지만 나의 지도 교수 일 크루츠가 1년간 로마 대학으로 가 있었다. 크루츠 교수는 로마에서 현대 고전파의 거두 가레그 나니와 함께 영국 고전파를 현대화하는 복원 작업에 들어갔던 것이다. 그래서 그는 내 논문을 읽고 검토할 시간을 가질 수 없었다. 때문에 나의 학위취득은 늦어졌다.

스라파 이후 노동가치설은 매장됐고, 영원히 사장해도 좋다는 주장과 논의가 팽배하고 무성한 시절이었다. 크루츠 교수도 이러한 주장에 동의하고 가세하고 있었는데, 나의 논문은 그러한 주장과 논의에 반대하고 반박하는 것이었다. 예상은 하고 있었지만, 크루츠 교수는 내게 재검토를 하라고 요청하였다. 나는 그 말에 따르지 않을 수 없었다. 그래서 1984년 현재, 노동가치설 그 자체는 유효하며 현대적으로 복원하면(스라파와 오키시오의 이론적 발상에 따라) 오히려 논리적으로 시종일관성을 가질 수 있으며, 사실을 정확히 반영할 수 있다는 논증에 역점을 둔 학위 논문을 다시 제출했다.

나는 1시간 반이 넘도록 계속된 콜로크네(구술 시험)에서 여러 교수들이 지켜 보는 중인환시(衆人環視) 속에서 진땀을 흘리며 내 주장을 개진하였다. 뿐만 아니라, 여기저기서 날아오는 이론적 공박에 이론적 응수를 해야 했다. 애를 쓴 끝에 나의 이론은 그들을 설득하기에 이르렀다.

마침내 내 학위 논문은 통과되었다. 크루츠 교수와 그에게 동조했던 많은 교수들이 자기들의 선언이 잘못된 것이라고 결국 시인했다.

기뻤다. 그 순간 내 눈에는 아내의 수척해진 모습이 떠올랐다. 나의 연구를 뒷바라지하느라 건강이 나빠져 가고 있는 아내. 나는 실루엣으로 떠오른 아내의 모습을 향하여 마음속으로 감사했다. 마음은 당장에 아내에게 달려가 학위를 취득했다는 걸 알리고 그동안의 노고를 위로하고 싶었다. 그러나 내 앞에는 크루츠 교수를 비롯하여 세상이 알아 주는 학자들이 있었다.

크루츠 교수가 내게 말했다.

"오늘 저녁 우리 집에서 학위 취득 축하연을 열고 싶은데 어떻소?"

나는 거절할 수가 없었다. 아내의 생각이 자꾸 났다. 그런데 그가 어떻게 내 마음을 읽었던지, 아니면 우연인지 내 귀가 시원해질 얘기를 했다.

"부인도 초청하고 싶은데 괜찮겠지요?"

나는 너무도 기뻐 소리치듯이 말했다.

"교수님이 초청해 주신 걸 아내는 기뻐할 것입니다."

교수들이 자리를 뜨자마자 나는 뛰듯이 밖으로 나왔다. 아내에게 전화를 걸기 위함이었다.

"여보, 논문이 통과됐어. 모두가 당신 덕이야."

"당신 축하해요. 이렇게 기쁠 수가."

아내는 너무도 기뻐 말을 잇지 못했다. 나는 그런 아내에게 덧붙였다.

"크루츠 교수가 저녁에 자기 집에서 축하연을 열어 주겠대. 당신도 초청했어, 당신 올 수 있지?"

그러자 아내의 목소리가 처졌다.

"가고 싶어요. 하지만 혜원이와 규원이를 데리고 갈 수는 없고, 봐 줄 사람이 없어요. 어쩌지요? 여보, 그러지 말고 당신만 참가하세요. 저는 여기서 마음속으로 축하를 할게요. 당신 돌아오면 우리 식구끼리 축하연을 열죠, 뭐."

아내는 말을 하지는 않았지만 이미 애들 둘을 데리고 브레멘으로 달려 올 건강이 아니었다. 지아비의 학위 취득 축하연에 오고 싶지 않은 아내가 세상에 어디 있겠는가. 이미 사랑이 식은 아내라면 모르되, 아니 사랑이 식었다 할지라도, 옛사랑의 그림자가 조금이라도 남아 있다면 누구든 오려고 할 것이다.

그러나 아내는 절제와 인내가 누구보다도 강한 사람이었다. 나는 아내에게 다시 한 번 고맙다는 말을 하고 전화를 끊었다. 공중전화 부스를 떠나는 내 가슴은 기쁨과 허전함이 교차하고 있었다. 학위 취득과 아내의 건강.

축하연은 크루츠 교수의 집 정원에서 열렸다. 미국 뉴욕에서 온 교수 두 분, 영국에서 온 교수 한 분, 콜로크비움에서 내 논의를 지켜봤던 독일인 교수 네 분, 내 논문을 검토하고 평가서를 쓴 교수와 크루츠교수 부부가 나를 축하해 주었다. 모인 사람들은 얼마 되지 않았지만 내게는 세계적으로 비쳐졌다. 실제로 거기에 모인 사람들은 모두 마르크스 이론에 밝고 또 대단히 명성이 있는 사람들이었다.

10 어둠의 공화국으로 초대받다

아내의 건강은 날이 갈수록 나빠졌다. 결국 의사는 아내에게 요양을 권유하기에 이르렀다. 나는 아내가 혹시라도 요양을 떠나지 않겠다고 할까봐 구실을 붙였다.

"나도 지쳤어. 좀 쉬고 싶어. 우리 아무 생각 없이 훌쩍 떠나자고."

"……."

아내는 말이 없었지만 이미 내 속내를 모두 읽고 있었다. 그녀의 말없음은 싫다는 표시가 아니었다. 사랑하는 사람들은 서로 눈빛만 봐도 그 사람의 기분이나 마음을 어느 정도 느낄 수가 있다. 하물며 부부 사이에야. 나는 아내가 자신 때문에 경비를 써야 한다는 것에 고민한다는 걸 알았다.

"돈을 많이 쓰지 않아도 식구들과 여행을 하면 행복할 거야. 자, 긴 생각 말고 가자구."

아내는 얼마 전에 택시를 들이받는 교통사고를 낸 적이 있었다. 그 사고로 정신적으로 받은 충격이 컸던지 갑자기 건강이 나빠지고 있었던 것이다. 아내는 건강이 나쁘면서도 자동차를 몰고 가겠다고 했다. 그래야 경비가 덜 든다는 것이었다. 그것까지는 말릴 수가 없었다.

또 나는 운전을 할 줄 몰랐다. 아내는 내가 술을 많이 마신다고 하여 운전을 하지 못하게 했고, 나도 운전이 별로 하고 싶지 않은 사람이었다. 볼일이 있으면 나는 자전거를 타고 다녔고, 브레멘으로 나갈 때는 기차를 탔다. 그러므로 나는 운전을 하여 아내를 도울 수도 없었다. 누가 보면 아내가 멀쩡하고 내가 아픈 사람이 되어 길을 떠났다.

2주 동안의 정양 여행이었다. 오랜만에 가져 보는 아니, 처음 가져 보는 가족 여행이었다. 그래선지 나도 아내도 마음이 들떠 있었다. 어린 혜원이는 깔깔거리고 규원이는 그 나이의 아이가 그렇듯이 함박 웃어 기쁨을 표시했다. 부대끼며 살아가는 사람들이 본다면, 그보다 얼마 전에는 나와 아내도 호강스런 여행이라고 말하곤 했던 여행을 우리가 하고 있었다. 아내의 옆에 앉아 그런 생각에 나는 젖어 있었다.

자동차는 잘 달렸다. 한 시간 정도 달리자 플렌스부르크가 나타났다. 북부 독일의 작은 도시였다. 그곳에서 다시 한 시간 정도를 더 달렸다. 우리가 닿으려고 하는 곳은 바로 덴마크 해변이었던 것이다.

해변에서 아내와 나는 2층짜리 휴양의 집 한 채를 빌렸다. 그림같은 집이었다. 창가로 다가서면 탁 트인 바다가 눈앞에 누워 있는 그런 집.

아내의 병은 간염이었다. 다행히 치유되었지만 그 후유증으로 끊임없이 시달려야 했다. 킬로 남편을 따라와 무려 7년 동안이나 대학병원에서 환자들의 피를 깨끗하게 거르는 일을 하다가 그만 B형 간염의 공격을 받았던 것이다. 간염에 걸리자 무시무시한 황달이 아내를 괴롭혔다. 옆에서 보기가 딱할 지경이었다. 그러나 다행히 아내는 노동 불능 판정을 받기 일보 직전에 겨우 치유되었다.

간염이란 병은 무서운 병이었다. 치유가 되었다고는 하지만, 아내는 그 후로 예전 같지 않았다. 시들시들한 식물과 견줄 수 있을 만큼 아내의 건강은 계속하여 좋지 않았던 것이다.

"관절이 아파요! 아니, 허리가 아파요!"

고통을 호소하는 아내의 목소리를 듣는 것은 고문과 같았다. 따라서 온 신경을 집중해도 공부에 진도가 나가지 않았다. 때로 화가 나고 짜증스러웠다. 참고 있다가 나도 모르게 소리치는 경우도 있었다. 그 잠깐의 짜증을 억누르지 못해 화를 내고 후회했던 적이 얼마나 많았던가. 그리하여 아내의 마음을 아프게 했던 적이 또한 얼마나 많았던가. 생각하면 미안하고 죄스러울 뿐이다.

정양 중에도 아내는 계속하여 아픔을 호소했다. 우리 부부는 간염이 정말 무서운 병이라면서 몸서리를 쳤다. 관절이 아프고 허리가 아픈 것은 어쩌면 교통사고의 후유증인지도 몰랐다. 그렇게 말하고 싶었지만, 아내의 마음 다른 부분을 할퀼지 몰라 말하지 않았다. 그저 아픔을 호소하는 아내를 측은하고 답답한 눈으로 바라보기만 할 뿐이었다. 그동안 서생원 노릇만 하는 남편을 뒷바라지하기 위해 온갖 궂은 일만 도맡아 온 아내. 그 아내의 건강이 이제 무너지고 있었다. 남편은 박사가 되었지만 그 박사를 만들기 위해 애썼던 아내의 건강은 무너지고 있었던 것이다.

어느 날 저녁, 식구들과 함께 해변을 걸으면서 나는 그동안 마음속에서 굳혔던 결심을 아내에게 말했다.

"나, 이제는 한국으로 돌아가겠어. 박사가 됐으니 취직이 될 거고, 그럼 당신이 이렇게 고생하지 않아도 될 거야."

아내는 가만히 있었다. 노을이 서쪽에 길게 띠를 형성하고 물빛을 붉게 물들이고 있었다. 아래만 내려다 보면서 걷던 아내가 말했다.

"저도 생각해 왔어요. 하지만 아직은 이르다는 생각이 들어요. 우선은 세계경제연구소나, 킬대학의 이론경제연구소에 취직해서 경험과 연륜을 쌓는 게 나을까 해요. 그리고 지금 한국은 정치적으로 시끄러워요. 당신 그 괄괄한 성격으로 돌아갔다가 무슨 일 저지르면 어떡해요. 당장 입에 거미줄 치는 것도 아니고 하니, 좀 더 관망하면서 결정을 하도록 해요."

아내의 조언은 언제나 내게 힘이 되어 주었다. 이번에도 아내의 뜻을 따르는 것이 좋을 듯했다. 직언을 서슴지 않는 나와는 달리 아내는 잔잔하고 참을성이 많은 사람이라고 나는 벌써 여러 번 말했다. 그것이 내가 아내의 조언을 따르는 이유 중의 하나였다.

그러나 그날은 그랬어도 시간이 지나자 한국으로 돌아가고 싶은 마음이 간절해졌다. 내가 돌아가고 싶어 하는 것은 단순히 회귀 본능(回歸本能)만이 아니었다. 그 속에는 내가 얻은 지식을 고국에서 써먹고 싶다는 강한 욕구도 포함되어 있었다. 거기다가 정치 후진국인 고국으로 돌아가야 내 존재가 빛날 것도 같았던 것이다.

나는 고국에 있는 친지들에게 귀국하고 싶다는 편지를 띄웠다. 아내도 그것까지는 말릴 수 없었다. 나는 한국의 정치 상황이 마음에 들지 않았으며 그만큼 불만이 팽배해 있었다. 돌아가면 본때를 보여 주리라 나는 시간 시간 작정하고 마음을 불태웠다.

거기다가 요양 생활이 계속되자 건강한 나는 지루해졌다. 아이들과 놀아 주는 것, 아내의 짜증을 받아 주는 것이 내 하루 일과로 변한 것이었다. 그 지루한 생활이 귀국하고 싶은 욕구를 부채질했는지도 모른다. 돌아간다는 마음을 먹자 휴양지가 지겨워지고 덧붙여 독일의 생활 자체가 지루해졌다. 너무도 잘 정제된 사회에서의 생활이란 때에 따라서 따분하기도 한 것이다.

혜원이는 독일말 밖에 할 줄 몰랐다. 그곳에서 유치원을 거쳐 학교에 다니니 생각하는 것도 독일 아이들 식이었다. 우리말을 가르치려 해봤지만 힘이 드는 것에 비해 너무 진도가 느렸다. 아빠와 엄마의 말을 알아듣지 못하는 것이 가슴 아팠지만, 나 역시 억지로 우리말을 가르치려고 하지는 않았다. 그만큼 나는 고국을 사랑하고 있지 않았다는 말도 된다.

그러나 내 귀국 열정이 되살아나면서 나는 규원이가 초등학교에 입학하기 전에 귀국하리라고 마음먹었다. 하지만 고국에서 나의 자리가 나야 하는데 소식이 오지 않았다. 나는 불만과 불안에 휩싸인 채 세월을 보내야 했다. 내가 가진 학위 정도면 대학이 줄을 서서 기다린다고 생각하지는 않았지만, 취직 그 자체가 힘들다고는 생각하지 않았던 것이다.

그러나 이미 1980년 5월에 광주 민주화 운동이 터졌다. 당시에는 광주 사태라고 이름 붙여진 그 거대한 사건은 시간이 훨씬 지났음에도 무슨 병균처럼 내 의식에 달라붙어 나의 귀국 의지를 서서히 꺾어 갔다. 게다가 나는 이미 정치 망명을 한 몸이었다.

내 나이는 어느새 만 43살이 넘어 있었다. 아내의 건강은 나빠졌고 나는 아직도 취직을 못 한 상태에서 한 달에 두 서너번 세미나 참석을 위해 브레멘에 다녀오는 것 외에는 하는 일이 없었다. 집에 처박혀 책을 보면서 대부분의 시간을 보냈다. 편한 살이 같지만 오히려 정신적으로는 고달픈 살이였다. 나는 나를 찾는 곳이 있을 것이라 믿으며 기다리는 수밖에 없었다. 지루한 나날이었다.

다행이라면 혜원이가 아빠를 따라다니며 독서를 하는 버릇을 가졌다는 것이다. 그 외에는 이렇다 할 기쁜 일도 펄쩍 뛸 일도 없이 세월은 자꾸 내 나이와 지식을 잡아먹고 있었다.

독일 생활 15년, 그 세월이 내게 엄청난 지식을 쌓게 했다. 하지만 그에 덧붙여 따분하고 지리함도 더불어 줬다. 지친 나는 모든 것을 정리하고 홀홀 독일을 떠나 귀국하고 싶다는 생각과 돌아가고 싶지 않다는 생각에 갇혀 땀을 흘렸다.

아내는 한국 정치 상황의 발전이 달갑지 않으니 좀 더 시간을 기다리다 살기등등한 기세가 꺾이면 돌아가자는 것이었지, 내 귀국 자체를 반대하는 것은 아니었다. 나도 그러고 싶었다. 하지만 나는 늙어가고 있었다. 안타까운 일이었다.

부산의 형님이 귀국해서 함께 살자는 간절한 소망을 적어 보냈다. 나는 형님의 편지를 읽으면서 흐르는 눈물을 멈출 수가 없었다. 그동안 너무도 부대끼며 공부하느라 잊고 있었던 형님이었다. 그러나 나는 아직도 결심을 굳히지 못하고 있었다.

나는 이미 정치 망명을 한 몸이었다. 내 정치 망명은 따지고 보면 그동안의 독재 정치 때문이었다. 그리고 난 후 광주 사태가 터졌던 것이다. 광주 사태는 내 의식을 다시 한 번 송두리째 뒤흔들어 놓았다.

잔혹 행위를 하고 권좌에 앉은 자들에 대한 나의 분노는 걷잡을 수 없었다. 나는 광주 사태의 소식을 들을 때마다 고국을 그 모양으로 이끌어 가는 정치인들에게 욕을 바가지로 퍼부었다. 그래도 여전히 가슴은 답답하고 독일인들에게 부끄러웠다.

지금도 독일 텔레비전에 비쳐지던 충격적인 장면들이 눈에 선한데, 그건 아마도 동원된 병력이 경찰이 아니라 군(軍)이어서일 것이다.

하루는 킬대학에서 법학 연구차 독일에 체재하고 있던 판사 부부와 얘기를 나눈 적이 있었다. 1979년부터 박정희 대통령 시해 사건 후 1980년 5월까지의 한국에서 전개되는 불안한 시국에 대해서였다. 우리는 열띤 논쟁을 벌였다. 아니 논쟁이 아니라 순전히 불만을 털어놓았다.

그 때였다. 텔레비전에서 광주 사태의 잔혹한 장면이 나왔다. 그러자 만 네 살이 되지 않았던 혜원이가 무섭다고 소리치며 옆방으로 도망을 치는 것이었다. 누구는 무섭지 않겠는가. 나는 정치 망명을 한 것을 당연하게 생각했다. 그러나 시간이 지나면서 나는 망명을 후회하였다. 그 이유는 아내의 건강과 남의 나라에서 자라는 두 딸 때문이었다. 학위 취득도 했으니 나는 고국으로 돌아가 보람있게 살고 싶어졌던 것이 다.

　게다가 한국에서의 독재 체제는 이념적인 문제에는 냉혹한 반면 과학만은 차단하지 않고 그 영역을 넓혀 가고 있었다. 그러므로 나는 돌아가 활동할 영역이 있다는 판단이 들었다. 그렇게 마음먹으면서도 막상 떠나지 못하고 있는 것은 알량한 내 자존심 때문이었다. 지금에 와 생각하면 내가 왜 그때, 그토록 체면이나 저주받을 지조의 문제로 고뇌했는지, 왜 그렇게 멍청했는지 이해가 되지 않는다. 참으로 알다가도 모를 일이었다.

　망명을 포기하고 귀국하려면 과거에 한 일을 뉘우치며 굽신거려야 한다는 생각들. 그 아무짝에도 쓸모없는 자존심 때문에 나의 인생 그 자체가 망가져 버렸다. 그렇다고 해서 내 망명 생활이 그리 떳떳했던 것도 아니었다. 대단한 자존심과 지조를 내세울 만한 근거는 사실상 아무 것도 없었다. 꼭 있다면 주변 사람들의 눈을 의식하여 사고와 행동에 제약을 받았고, 분위기에 휩쓸렸던 것 뿐이었다.

　나와 비슷한 의식을 가지고 있던 친구들은 고국에 자술서를 쓰고 귀국했다. 그러나 나는 그러지 않았다. 내 귀에 그들의 빈정거리는 소리가 돌고 돌아 들려 왔다.

　"새끼, 지조가 있는 것처럼 꽤나 설치고 돌아다니더니 오도가도 못 하는구나. 박사를 하면 뭘 해, 누가 받아 주나."

　독일 북부의 크론스하겐(내 딸들이 자란 이곳은 전원 마을로 정말이지 목가적이고 아름다운 곳이었다)에 틀어박혀 있던 나는 그들의 빈정거리는 말을 듣고 미칠 것 같았다. 독일 교포 사회는 좁고도 좁았다. 박정희가 쿠데타를 했지만 양민의 피는 흘리지 않았다. 그러나 그가 비명횡사를 하자 광주 사태가 일어났고, 양민은 피를 흘렸던 것이다. 그리고 제 5공화국이 들어섰다.

민주 통일이란 기치 아래서 굳세게 반유신 운동을 했던 내가 이러한 정권에 고개를 숙이고 항복해야 한다고 생각하니 기가 막혔다. 그것은 심각한 양심의 지조와 맞물려 있다고 나는 그때 생각했던 것이다.

귀국 결단을 내리기가 그래서 쉽지 않았다. 나는 당시 귀국하기 위해 누구를 만나 자술서를 쓰고 논의해야 할지 알지 못했다. 또 알려고도 하지 않았다. 그저 마음만 귀국하고 싶고, 내가 박사가 됐으니 모셔 가라는 배짱이었는지도 모른다.

1985년 8월 초, 나는 크론스하겐으로 돌아와 학위 논문 출판이 진행되는 과정을 알아보았다. 그리고 박사 학위 구술시험을 칠 때 몇 차례 읽었던 재정학 관계 서적들을 우선 포장했다. 그 책을 부산의 형님댁으로 부치면서 나의 마음은 굳어져가고 있었다. 누가 뭐라 하든, 나는 귀국한다. 벌을 줄 테면 주고 마음대로 해라.

그러나 나는 여전히 빈둥거리고 있었다. 학위 논문이 출판될 때까지 움직일 수도 없었다. 두 아이를 데리고 도서관에 나가 독서로 시간을 보내는 것이 내 일과였다. 규원이는 아직 글을 잘 읽을 줄도 모르면서 도서관에서 투정부리지 않고 놀아 주었다. 아빠를 닮아 좀 덜렁덜렁한 성격인 혜원이와는 달리 규원은 야무지고 침착했다. 나는 그것도 제 엄마를 닮아 그렇다고 생각했다. 실제로 아내와 둘째 딸의 성격은 너무 닮은 점이 많았다.

도서관에는 아이들이 볼 만한 책도 많았다. 규원이는 그림책을 종일 보면서도 싫증을 내지 않았다. 아마도 제 언니가 책을 읽는 것이 샘이 났던 모양이었다. 아이들은 엄한 엄마보다 싱거운 아빠를 더 따랐다. 그것은 엄마가 깽깽이(바이올린) 켜는 연습을 너무 엄하게 시켰기 때문일 것이다.

어느 날 송두율에게서 전화가 왔다. 아마도 8월 둘째 주 같다. 그는 아내와 아들 둘을 데리고 휴양을 왔다고 말했다. 그러면서 만나자고 했다. 나는 좋다고 했다. 킬에서 그가 있는 휴양지까지는 자동차로 한 시간 거리였다. 이번에도 아내가 운전하여 휴양지로 갔다.

송두율도 나처럼 운전을 못 한다. 살아가는 일에 눈이 어둡기는 나와 마찬가지라고 생각한다. 단지 나와 다른 것은, 그는 인생 역정을 굴절없이 살아와서 늘 침착하고 학처럼 단아하다. 그러나 가만히 살피면 그것도 아니었다. 그의 속으로부터는 차고 매서운 기운이 흘러 나오는 듯하다. 그의 글은 너절하지 않고 날카로운 칼로 무엇을 자르는 맛이 난다. 그리고 읽을 때 톡 쏘는 맛이 느껴진다. 수사(修辭)도 지나칠 정도로 논리적이다.

송두율은 이리저리 휴양을 잘 다니는 것으로 교포 사회에서 알려져 있었다. 나이는 나보다 두 살 아래였다. 부인이 두 살이 많아 나와 동갑이었다.

우리는 오랜만에 두 집 부부가 만나 오붓한 시간을 가졌다. 술을 마셨다. 송두율과 나는 주량이 비슷했다. 그러나 나는 술이 들어가면 된 소리 안 된 소리 떠드는 반면, 그는 아무리 마셔도 실언을 하지 않았다. 술을 마시지 않을 때는 어린애처럼 천진난만한 말을 하여 우리를 놀라게 한 적도 많았다.

그러나 그는 시대 상황에 맞지 않은 이념 체계에 틀어박혀 안주하고 있었다. 그는 북으로부터 사랑받는 사람이었던 것이다. 나는 그때까지 그걸 몰랐다. 그저 나와 같은 의식을 가지고 있는 학자인 줄만 알고 있었다.

밤이 깊도록 우리는 술을 마시면서 내 귀국 문제에 대해 무거운 얘기를 나누었다. 나는 우왕좌왕하고 있었다. 그가 이렇게 말하면 이렇게 하는 게 좋을 듯했고, 저렇게 말하면 또 그것이 좋을 듯했다. 하지만 그는 딱 부러지게 조언을 하지 않았다. 그 밤, 우리 부부는 송두율 가족이 있는 휴양지의 별장에서 묵었다.

아내와 송두율의 아내는 각별한 사이였다. 나이도 동갑이었고 마음도 서로 맞나 보았다. 아내는 그들 부부를 우리 집으로 초청했다. 그러자 그들 부부도 기꺼이 응해, 우리는 모두 킬로 돌아왔다. 다시 우리 집에서 하룻밤을 묵으면서 우리는 얘기를 나누고 술을 마시고 독재를 욕해댔다. 그러나 그때까지도 이렇다 할 얘기는 없었다.

송두율은 이튿날 떠났다. 다른 곳으로 간다는 말만 남기고였다.

드디어 학위 논문이 출판되었다. 책이 나온 날은 8월 15일이었다. 그날은 고국이 일제의 사슬에서 해방된 날이기도 했다. 나는 3백30쪽짜리 학위 논문 1백20권을 브레멘 대학에 제출했다. 학위증 원본을 받으려면 그렇게 해야 되는 관례 때문이었다. 그러나 그날은 총장이 출타하고 없었다. 학교에서는 내게 돌아가 있으면 우편으로 보내 주겠다고 했다. 나는 그냥 돌아오는 수밖에 없었다.

다시 우울한 날이 이어졌다. 그러던 어느날 김종한의 처 신사순에게서 전화가 왔다. 친구 둘과 독일 북부 휴양지 섬에 휴가를 온다는 것이었다.

"혜원 엄마의 건강이 안 좋아서 절대 안정이 필요합니다. 그러니 우리 집에 들르지 않았으면 좋겠어요."

나는 그녀가 야속하다고 할 만큼 냉정하게 말했다. 그러자 그녀도 더는 집에 오려고 하지 않았다. 기분이 이래저래 우울해진 나는 식구를 데리고 킬을 떠나 대서양에 있는 휴양지 섬에 가 하루를 보내고 돌아왔다. 물론 김종한의 아내가 휴가를 온다는 섬은 아니었다.

나는 휴가를 가도 마음이 조급해 견딜 수가 없었다. 돌아와 생각난 김에 계명대학 교무처장으로 있는 백승균 교수와 한신대 강돈구 교수, 그리고 인하대학 이영희 교수에게 직장을 알선해 달라는 부탁의 편지를 썼다. 그래도 마음이 놓이지 않아 친구 반성완의 부산 형님에게도 취직을 부탁했다.

얼마 지나지 않아 그들에게서 연락이 왔다. 백승균 교수는 경북대 학교에 직장 알선을 해놨다고 했고, 형님은 부산여대에 자리를 마련해 놓았다면서 귀국만 하라고 했다. 그러나 강돈구 교수와 이영희 교수에게서는 연락이 오지 않았다. 나는 강돈구 교수와 이영희 교수가 마르크스 경제학을 공부한 나를 위험하게 생각하여 기피한다고 생각했다. 몹시 섭섭했다. 그러나 한 발 뒤로 물러나, 그들 나름대로 무슨 사정이 있었겠거니 생각하는 측면에서 해석하기 시작했다.

'그들은 나에게 귀국하면 안되는 무언의 메시지를 보내는지도 모른다.' 나는 갈등했다. 그러나 시작은 있어도 끝이 없는 갈등이었다.

며칠 후, 대구의 백승균 교수에게서 전보가 왔다.

'우선 전화를 해주시오.'

그렇게 씌어 있었고 그의 집 전화번호가 있었다. 아내와 두 딸은 내가 취직이 되었다고 좋아했다. 나도 마음이 설레었다. 전화를 했다. "오형 자리가 경북대학교에 날 것 같아요. 빠른 시간내에 학위 사본을 한 통 보내주셔야겠습니다." "그러지요. 당장에 보내 드리겠습니다. 고맙습니다. 백형!" 나는 진심으로 그에게 감사했다. 그러나 나는 그에게 학위사본을 보내지 못하고 말았다. 미루고 재다가 그리 된 것이었다. 8월 말 베를린으로 나갔다. 김종한에게 학위 논문 출판에 들어간 1500마르크를 빌렸던지라 빚도 갚을 겸, 또 오랫동안 만나지 못한 옛 친구들을 만나 귀국 문제를 보다 심층있게 얘기해 보고 싶어서였다. 킬에까지 찾아온 친구는 그동안 송두율과 김종한 밖에 없었다. 김종한은 김해가 고향으로 성균관대학교를 졸업하고 독일에 왔다. 그를 나는 1974년경 반유신 시위 때 처음 만났다. 우리는 만나자마자 가까워져서 계속 좋은 관계를 유지해 왔다.

그는 나를 일 년에 한 번은 꼭꼭 방문했다. 그는 나와 인간적 정치적 측면에서 많은 공감대를 유지하고 있었다. 일부러 그런 것인지 아니면 그의 철학이 그런 것인지는 알 수 없다. 하지만 우리는 시쳇말로 죽이 맞는 사이였다. 그래서 그는 내 인생에 절대적인 영향을 미쳤다.

그는 야채 장사를 하고 있었다. 내가 그의 집을 방문할 때 그는 팔다 남은 야채를 챙겨 주고는 했다. 또 우리 집을 방문할 때 가져오기도 했다. 듣는 사람은 어떨지 모르지만 내게 많은 도움이 되었음은 말할 필요 없다. 피부색 다른 이국땅에서 한국에서나 있음직한 그런 인정은 나를 감동시키기에 충분했고, 때문에 나는 그의 말이라면 우선 믿고 보는 편이었다.

그런데 이상하게도 민건회(민주사회건설협의회)에서는 그를 좋아하지 않았다. 민건회 사람들의 말로는 그가 너무 따진다는 것이었다. 다시 말해 이론적 논쟁을 좋아하는 형이기에 부드럽지 않다는 것이었다. 그러나 나는 그런 그가 오히려 좋았다. 게다가 우리는 같은 사투리를 쓰는 보리문딩이었다. 그래서 나는 그를 항상 우호적으로 대했다. 나는 김종한을 찾아가기 전에 먼저 이종수라는 친구를 찾아갔다. 그날 밤 술을 마시면서 이 얘기 저 얘기 하다가 그 집에서 잤다.

다음날 아침(아마도 토요일이라고 기억된다) 이종수가 김종한에게 내가 와 있다는 전화를 하였다. 그러자 김종한이 나를 바꾸라더니 말했다.

"거기 그냥 있어요. 오후에 내가 그리로 갈 테니까. 가서 오형하고 이형한테 한턱 낼게."

나는 기뻤다. 누가 와 있다는 말을 듣고 그렇게 말하기란 해외 생활에서 흔치 않은 법이었다. 나는 은근히 김종한을 기다렸다. 그러나 바로 그날이 내 인생에 붉은 선을 횡으로 긋는 계기가 될 줄은. 김종한은 우리를 데리고 나가 정말이지 한턱 푸짐하게 냈다. 오랜만의 포식이었다. 식사를 마치고 김종한은 나에게 자신의 집으로 가자고 말했다. 안 그래도 나는 그럴 참이었다.

"갑시다."

어둠이 베를린 시가지를 덮어 가고 있었다. 그 시가지의 반은 자유 민주주의 진영이었고, 나머지 반은 이제는 사라졌지만 소위 동독이라는, 공산주의 이데올로기가 장악하고 있었다.

차가 어느 숲속 근방을 달릴 때였다. 우리가 탄 차는 메르세데스벤츠였다. 김종한이 말했다.

"여기서 좀 얘기를 하다가 가지."

그리고는 차를 세웠다. 김종한이 내리면서 나에게 내리라고 했다. 나는 뭐가 뭔지 모르는 상태에서 그를 따라 내렸다. 그가 나직이 속삭이듯이 말했다.

"오형, 북쪽에서 온 사람과 한번 만나 보지. 무슨 구멍이 뚫릴지도 모르니까."

"북쪽에서 온 사람이라니?"

"놀라기는, 북한도 몰라."

"그럼 북한에서 온 사람을 만나란 말이야?"

"그렇다니까. 그냥 한번 만나만 보라구."

미리 밝혔지만 나는 그를 철석같이 믿는 사람이었다. 소리없이 고개를 끄떡였다. 그가 50마르크를 주면서 말했다.

"그럼 사람을 만나고 이따가 택시를 타고 우리 집으로 와. 먼저 갈게. 내가 있으면 얘기도 서로 깊숙이 할 수가 없을 거고."

나는 그가 떠나자 작은 흥분으로 몸을 떨었다. 비록 외국에 나와 살지만 우리나라 법은 북한 사람과 만나기만 해도 끝장이었다. 잠시 내 눈에는 어릴적 보고 들었던 것들이 떠올랐다가 사라졌다. 경찰서에 끌려가 피투성이가 되어 돌아온 어머니. 경주의 작은아버지의 죽음.

솔직히 고백하면 나는 김종한과 만나면서 남한을 헐뜯고 은근히 북한을 추켜세우는 말을 많이 했다. 그리고 마르크스 경제학을 공부한 사람답게 사회주의를 동경하였다. 김종한이 나를 북한에서 온 사람과 만나게 해 준 건 그러니까 내가 조르지는 않았지만, 이미 예약이 되어 있었다고 봐도 좋으리라. 그렇지 않다면 자신의 정체를 드러낼 일을 하는 사람은 없을 테니까.

나는 숲에 혼자 남았다. 베를린의 지리에 익숙치 못한 나는, 지금도 그곳이 어딘지 정확히 기억하지 못한다. 그저 김종한의 집으로 가는 도중의 어느 공원이라는 것뿐.

두려움과 호기심이 교차되는 시간이었다. 짧지만 나는 몹시 긴 시간이 흘렀다고 생각했다. 벤치의 감각이 몹시 딱딱하다고 느껴졌다. 주위를 둘러보고 싶었으나 누군가 지켜보고 있을 것 같아 느긋하게 보이려고 애썼다.

이윽고 차 소리가 들렸다. 역시 벤츠였다. 차는 저만큼 앞에서 멈춰섰고, 두 사람이 내렸다. 그들은 곧바로 내게 다가왔다. 두 사람은 똑같이 색깔이 진한 갈색 선글라스를 쓰고 검은 양복을 입고 있었다. 둘은 내 옆으로 오더니 나를 사이에 두고 앉았다.

"나는 백서기관이고 이쪽은 김참사라고만 알고 계십시오. 오박사님의 얘기는 많이 들었습니다."

"오, 오길남입니다."

내 가슴은 너무도 뛰어서 터질 것만 같았다. 두려움, 그리고 왠지 알지 못할 자랑스러움이 심장이 뛰는 걸 가속시켰다. 한편으로는 큰일을 저지르고 있다는 생각이 싹을 틔웠다.

"공화국에 와 일할 의향이 있으십니까? 우리 공화국은 오박사님같은 분을 위하여 언제나 문을 활짝 열어 놓고 있습니다."

나는 대답을 할 수가 없었다. 담배를 꺼내 물고 불을 붙이는 내 손이 떨렸다. 백서기관이 다시 물었다.

"혹시 재산이 있습니까? 재산이 있다면 반입해도 좋습니다. 영웅으로 대접받을 것입니다."

"재산은 없습니다. 재산이 있다면 책 뿐입니다."

이번에는 확고하게 대답했다.

"그럼 그 책을 가지고 오십시오. 그래서 그 책으로 많은 연구를 하여 공화국의 경제 발전에 이바지해 주시오."

"생각해 보겠습니다."

나와 얘기를 나눈 백서기관이 꼭 흉노 이창균을 닮았다고 생각했다. 그러자 마치 내가 이창균의 소식을 궁금해 한다는 걸 알기라도 한 듯 그의 얘기를 해주었다.

"이창균 씨는 공화국으로 들어와 지금 잘살고 있습니다. 공화국에서 벤츠도 한 대 받았습니다. 그는 고위 간부로서 뜻있는 일을 하고 있습니다. 공화국은 과학하는 여러분들을 각별히 대접하고 있으니 한번 깊이 생각해 보십시오."

어두운 숲 속 공원에는 우리 밖에 없었다. 우리 세 사람을 지켜보고 있는 건 하늘에 총총히 박힌 별과 그리고 이지러진 달과 지치지도 않고 빛을 뿌리는 가로등 뿐이었다.

"우리는 돌아가겠소. 오박사님의 올바른 선택을 바라오."

백서기관이 손을 내밀었다. 그의 손을 잡은 내 손에 땀이 배었다. 김참사와도 악수를 했다. 그들은 타고 온 벤츠로 돌아갔다. 곧이어 시동이 걸리는 소리가 들렸다. 잠시 후 차의 전조등이 공원의 어둠을 뚫더니 곧이어 차가 달려 나갔다.

11 윤이상으로부터 편지를 받다

그들이 가고 얼마 후, 나는 공원을 나왔다. 어디가 어딘지 도무지 분간을 할 수가 없었다. 행인도 없었고 지나가는 차도 없었다. 나는 오랫동안 공원 부근을 헤맸다. 공원이라고 하지만 도시 외곽이라 마치 시골 같았다.

다행히도 택시 한 대가 지나가는 게 보였다. 나는 택시를 세우고 쫓기듯이 올라탔다.

김종한의 집으로 가자, 부부가 나를 반갑게 맞이했다. 식탁에는 음식이 푸짐하게 차려져 있었다.

"우선 술부터 한잔 하지."

나는 김종한이 따라 준 독한 위스키를 물마시듯이 마셔 버렸다. 속이 떨려 견딜 수 없었던 것이다. 김종한은 숲 속의 일은 묻지 않고 계속 술을 따라 줬다. 위스키 반병을 마시고서야 나는 겨우 진정이 됐다. 그러나 마음은 진정이 됐으나 육체는 취해 있었다.

식사를 하고도 김종한은 숲 속에서의 일은 묻지 않았다. 그저 나를 편안하게 해주려고 애쓰는 것이 보였다. 나는 쉬고 싶었고 김종한은 귀신같이 그걸 알았다. 나는 그 밤 술에 취해 정신없이 잤다.

날이 밝았다. 태양을 바라보면서 어젯밤의 일을 떠올리자 앞이 아득하였다. 김종한은 나에게 하루 더 머물렀다 킬로 돌아가라고 했다. 그는 나이가 나보다 많았으므로 나는 그를 바로 위의 형처럼 생각하고 있었다. 그리고 늘 도움을 줬었으므로 그 고마움에 내 눈은 멀어 있었다. 그의 계산된 친절도 나는 도움으로 생각했던 것이다. 아아, 그러나 아니었다.

나는 지금도 김종한이 나를 대남 공작 기구의 올가미에 악의를 가지고 씌웠는지 아니면, 사의(邪意)로 그리했는지 잘 분간이 되지 않는다. 어찌 생각하면 당시의 내가 처한 급박한 생활을 미끼로 낚시를 던졌을 수도 있다. 아내는 병의 후유증으로 싸우고 나는 일자리를 구하는 처지였으니까. 아니면 김종한이 북한에 속아 나를 구제한답시고 소개했을 수도 있었다. 나는 솔직히 그가 후자에 해당되기를 바랐다. 그리하여 그 역시 가해자가 아닌 피해자이기를.

김종한이 북의 공작원으로 북한을 들락거렸지만 그는 초대소나 휴양지의 밀폐된 곳에서 지냈을 것이다. 나는 그것을 안다. 왜냐하면 북한에 갔었으므로. 그러므로 그는 북한의 내부를 속속들이 투시할 수 없었을 것이다. 그리하여 북한을 잘못 이해했을 것이다. 그러나 남을 이해한다는 것은 아름다운 것이지만 이번에는 다르다. 그는 나를 북한으로 보낸 사람이었다. 무조건 이해를 할 수도 용서를 할 수도 없다.

나는 하룻밤을 자고 월요일 새벽 그와 함께 그의 사업장(야채 상점)을 들러보았다. 처음이었다. 그동안 나는 기껏해야 상점에 진열된 야채나 과일을 보는 것이 전부였다. 그러나 이번에는 그 뒤의 이런저런 장사 방법과 야채나 과일이 적재된 창고도 볼 수 있었다.

"야채 장사도 이렇게 갖추고 해야 되는 줄 몰랐어요."

내가 말하자 그는 웃었다. 아마도 그 웃음은 먼저 올라선 자의 느긋함에서 나오는 웃음인 듯했다.

"이제 돌아가야겠소. 장사 잘 하시오."

"송두율을 만나지 않고 가려고?"

"그냥 전화만 해주지요, 뭐."

나는 송두율에게 전화를 하여 시간이 없어 그냥 돌아간다고 말했다. 그는 알았다고 말했다.

나는 킬로 돌아가는 기차를 탔다. 다른 때와 달리 기분이 묘했다. 한 번 만나고 싶었던 북의 공작원을 만났다는 것과 그러므로 해서 다가 오는 두려움이었다.

집으로 돌아가자 식구들은 나를 반갑게 맞이해 주었다. 가족의 얼굴을 대하자 두려움이 한층 증폭됐다. 그들의 반가운 맞음도 내 기분을 풀어 주지는 못했다. 며칠 동안 나는 아노미 상태로 보내야 했다.

내 머리 속에는 하나의 생각이 똬리를 틀고 들어앉기 시작했다. '이젠 귀국하기는 틀렸다. 남한의 안기부가 내가 북한사람을 만났다는 걸 모를 리가 없을 것이다.' 한번 그렇게 마음먹자 귀국하겠다던 굳은 의지에 서서히 균열이 가기 시작했다. 아내도 귀국을 그리 달가워하지 않은 것이 그 균열의 폭을 넓히는 계기가 됐다.

그렇게 고민하는 사이, 열흘이 훌쩍 지나가 버렸다. 그날도 아침에 일어나 하릴없이 신문을 뒤적이는데 편지가 왔다. 윤이상에게서 온 것이었다.

"윤이상씨가 내게 편지를?"

나는 놀람 반 불안 반으로 편지를 받았다. 왜냐하면 윤이상이 북과 내통한다는 걸 독일에 사는 우리들은 모두 알고 있었던 것이다. 게다가 그는 거물이었다. 편지를 뜯었다.

'간난신고 끝에 학위를 취득한 것을 축하합니다. 이제는 민족통일운동에 보다 적극적으로 나서야 할 때라고 생각하오. 그러니 북한으로 가서 그 동안 배운 지식을 동포를 위해 썼으면 하오.'

그리고 북에 대해서 자랑을 늘어놓고 있었다. 편지는 짧은 것이었다. 이제 나의 고민은 보다 더 구체화되어 갔다. 앉으나 서나 오직 나의 생각은 한 가지였다. 북으로 가느냐, 아니면 작살날 걸 생각하고 귀국하느냐.

북의 사상에 동조하는 학자들이 어떻게 알았는지 자신의 저서 중에서 사회주의 사회에 대한 것들을 사인하여 보내 주었다. 내 눈과 귀는 서서히 멀어 갔다. 드디어 나는 북한이야말로 유토피아라는 생각을 하기에 이르렀다. 게다가 그들도 우리의 동포라는 것이 필요 이상으로 다가왔다. 나는 자신에게 말하고 자신에게 묻고 자신에게 대답했다.

'북에 있는 사람들도 모두 단군의 피와 정기를 받은 한민족이야. 단지 남한과 이념 제도의 차이만이 있을 뿐이다. 남한은 엉터리다. 민주주의 민자도 모르는 정치를 하는 곳이다. 거기에 비하면 북한의 체제는 남한과의 괴리를 인정하면서 민족 통일을 그들 나름대로 추진하고 있다. 자기중심적인 발전 모델의 궤도에 따라 인간다운 사회를 성공적으로 건설해 가고 있는 것이다.'

나의 이런 북에 대한 견해와 시각에 결정적인 영향을 미친 사람은 기독교 경건주의자인 게르하르트 브라이덴슈타인이었다. 그의 저서들과 북한을 방문하고 쓴 몇 편의 학술 논문들에 깊숙이 빠져든 탓이었다.

지금에 와서야 그가 북한을 방문하고 책을 쓴 것이 사실은 모두 북한의 대외 공작 기구의 작전에 놀아나서란 것을 알지만, 당시의 나는 그런걸 알 리 없었다. 게다가 김종한의 꼬드김이 나를 돌이킬 수 없는 선택을 하도록 만들었다.

"북한에서는 오박사를 경제학자로 무겁게 쓰려고 모셔가려 하고 있소."

그 말은 너무도 달콤한 꾐이었다. 파토스(격정)로 가득 차있는 나에게, 그리고 그 어느때보다 궁핍한 상황에 처해있는 나에게 있어 그 말은 하나의 서광이자 한 줄기 희망과 같았던 것이다.

윤이상씨도 내게 거듭 권했다.

"고생하지 말고 북한으로 가시오. 거기 가면 오박사는 대접을 받으면서 학문을 이룰 수가 있소."

기회를 보다가 아내에게 내 심중을 얘기했다.

"여보, 우리 이럴 것이 아니라 북한으로 갑시다."

"아니, 당신!"

아내의 눈이 토끼눈처럼 커졌다.

"왜 놀라? 거기도 사람이 사는 곳이야. 그리고 어려운 상황에서 더 뜻있게 할 일이 있는 거야."

"전 싫어요. 정 가고 싶으면 당신 혼자 갔다 오세요."

"다녀오는 게 아니라 살러 가자니까."

당신 미쳤어요? 거기가 어디라고 가자는 거예요? 텔레비전에서 보니 거기는 천편일률적인 사회예요. 그런 곳에서 어떻게 살 수 있겠어요? 가난은 참아낼 수 있을지 모르지만 획일화된 사회에서 살 수는 없어요. 애들을 생각하세요.

"이 여자가 알지도 못하면서 무조건 안 된다는 건 뭐야? 아, 윤선생같은 분이 나한테 거짓말하겠어."

아내는 울음을 터뜨렸다. 나는 우는 아내를 계속하여 윽박지르다 안되면 달래고는 했다. 얼마 후, 아내가 울음을 그치고 고개를 들었다.

"당신 이제 빼도 박도 못 하는 처지에 놓인 거지요?"

나는 말없이 고개를 끄덕였다.

"결국 이렇게 됐군요. 그럼 이렇게 하세요. 우선 당신이 직접 한번 그곳에 들어가세요. 그래서 정말 사람들이 말하는 것처럼 그곳에서 당신의 학문을 활용할 수 있는지 알아보도록 하세요. 그때 식구가 가도 늦지 않을 거예요."

나는 아내의 말을 이해할 수 있었다. 그러나 내 생각은 달랐다.

"여보, 내 나이 벌써 마흔셋이야. 이렇게 만년 학생으로 남아 있을 수는 없어. 지금 당신은 나와 잠자리도 함께 할 수 없을 만큼 건강이 엉망이야. 나는 당신을 살리고 싶어. 거기다가 사회주의는 나의 이상적 이데올로기야. 여보, 다시 한 번 생각해 줘."

나는 계속하여 아내를 달래고 설득했다. 결국 아내는 내 설득에 졌다.

"당신의 결정이 훗날 큰 불행으로 다가올 거예요."

아내는 그렇게 말하더니 흐느꼈다. 나도 아내의 그 말을 듣자 묘한 기분과 두려움이 일었다. 하지만 내가 아내를 위해, 아니 식구들을 위해 할 수 있는 길은 북행 뿐이라고 믿었다.

아내의 울음은 이제 오열로 바뀌어져 있었다. 그 밤, 아내는 오래도록 울었고 나는 집에 남아 있던 술을 모조리 마시고서야 잠이 들 수 있었다.

12 막다른 골목에 이르다

    85년은 유난히 내게 있어 빠른 해였다. 나는 시간이 좀더 천천히 간다면 내 결정을 보다 신중히 할 수 있었다는 웃기는 생각을 했다.

    어느 새 10월 중순이었다.

    김종한에게서 전화가 걸려 왔다.

    "오형 내가 왕복 차비를 댈 테니 베를린에 좀 다녀가지?"

    "그럽시다."

    나는 너무도 지쳐 있었다. 어디든지 가고 싶었다. 그래서 당장에 승낙했다. 그러나 사실은 내 마음의 닻은 북행을 하겠다는 지점에 이미 내려져 있었다. 그랬기에 나는 김종한의 전화가 오히려 반가웠던 것이다.

    베를린으로 가, 김종한을 찾아갔다.

    "잘 왔어. 우선 어디 같이 갈 데가 있어."

    김종한은 나를 자신의 차에 태우더니 직접 운전을 했다. 내게 어디로 간다고 말하지 않아 나는 목적지를 알 수 없었다.

    "어디를 가는 겁니까?"

    "가보면 알아."

    차가 섰다. 둘러보아도 어딘지 분간이 안 됐다.

    "여기 조금 있으면 누가 올 거야."

    "누구?"

"오형도 아는 사람이니까 너무 걱정하지 말라고."

김종한이 차를 출발시키면서 손을 흔들었다. 나는 얼떨떨한 기분이었다.

한 3분이나 지났을까, 어디에 있었던지 백서기관이 내 앞으로 걸어왔다.

"어?"

"오래간만이오, 오선생."

"……."

"우선 차를 타십시오."

백서기관은 그렇게 말하더니 나를 자신의 차로 끌었다. 나는 그의 차에 올라탔다. 운전사는 못 보던 사람이었다. 나중에야 그 운전사가 서베를린에서 무역업을 하는 북한 사람이라는 걸 알았다.

백서기관은 어느 중국 음식점 앞에 차를 세웠다.

"식사나 하면서 얘기합시다."

나는 대답없이 그를 따라 중국 음식점으로 들어갔다. 오랜만에 대하는 중국 음식이었다. 기름지면서도 동양인의 입맛에 맞는 중국 음식을 백서기관은 푸짐하게 시켰다. 식사를 하면서 백서기관이 물었다.

"가족은 어떻게 됩니까?"

내가 대답하자, 그는 작은 수첩을 꺼내어 메모를 했다. 그는 고국에 있는 가족과, 내가 공부한 전공 등을 묻더니 마지막으로 물었다. 그의 얼굴엔 웃음이 그득했다.

"언제쯤 북조선으로 들어올 생각이오?"

"12월 초가 좋겠습니다. 준비를 하려면 그 정도의 시간은 있어야 될 것 같습니다."

"좋습니다. 그럼 어수갑을 만나시오."

어수갑은 베를린에 있었다.

"그렇게 하겠습니다."

이제 내 운명을 결정하는 주사위는 던져졌다. 나는 내가 선택한 북행이 제발 실수가 아니기를, 잘못된 선택이 아니기를 빌었다.

칼 마르크스를 공부하면서 사회주의 사상에 대한 동경은 싹텄다. 경제학에 몰두하다 보니 마르크스에 빠져 들게 된 것이리라. 그리고 변명이 아니라 당시의 국내의 정치 상황이 내가 사회주의를 선택하는 데 큰 몫을 하였다. 유신 체제라는 독재 정치가 나를 그쪽으로 내몰았던 것이다. 당시 국내의 정치 상황이 좋았다면 나는 그렇게 쉽게 북행을 결정하지 않았을 것이다. 동경하는 것과 그쪽으로 간다는 것은 엄연히 다르니까.

나는 북행과 귀국하여 교수를 한다는 걸 오래 오래 생각했다. 그러나 뭣에 씌웠던지 나는 귀국을 포기하고 말았다. 그 알량한 자존심과 받게 될지도 모를 약간의 불리(不利) 때문에.

내 갈등의 끝은 너무도 빨리 왔다. 북한은 각 분야, 즉 농업과 공업 등이 균형을 유지하면서 상당한 수준에까지 발전되었고 사회복지 측면에서도 그에 못지않은 발전을 했을 것이라고 나는 생각했고 믿었다. 그러므로 무상 의료 제도, 무상 교육 제도 등 인간다운 생활을 할 수 있는 제도가 이미 마련되어 활용되고 있다고 믿었던 것이다.

내가 입북하면 당장에 국가 경제 계획에 참여할 수 있을 것이며, 내가 연구해 온 가격 결정 분야는 당연히 국가 경제에 받아들여질 것이다. 한 나라의 국가 경제에 참여한다는 것은 얼마나 값어치 있는 일인가.

나는 마치 어린애가 동심의 세계를 그리듯이 북한에 대하여 무지개색 희망으로 칠하며 혼자 들떴다. 나는 어서 빨리 북한으로 가고 싶어 몸이 근질거렸다.

아내는 성치 않은 몸으로 여전히 간호사로 활동하고 있었다. 게다가 교통 사고를 당한 후에는 부부 관계를 맺지 못할 만큼 아내의 건강은 엉망이었다.

유럽 어디에고 마찬가지지만 독일의 성생활은 개방적이다. 때문에 성에 메말라 있는 사람은 극소수라고 할 수 있다. 그런 사회에서 아내의 건강 때문에 성생활을 못한다는 것은 내게 있어 참을 수 없는 일종의 고통이었다. 그래서 마을에 있는 몸이 헤픈 여자를 데리고 가끔 놀아나기도 했다. 내가 애를 쓸 필요도 없이 여자들이 남자를 유혹하는 사회였다.

그러나 아내가 건강하고 가정이 평화로울 때와 아내의 건강이 성관계를 못 가질 만큼 악화된 상태에서 바람을 피우는 것은 달랐다. 보통 때보다 몇 배의 양심적 가책을 받게 되는 게 그랬다.

나는 물고기가 되어 그물에 걸려 생존을 위해 발버둥치는 꼴이었다. 나로서는 도저히 난관을 헤쳐 나갈 지혜가 떠오르지 않았다. 오로지 현실을 도피해야 한다는 강박관념만이 나를 지배하고 있었다. 탈출해야 한다. 탈출해야 한다. 그런 말들이 내 내부에 가득 들어차서 한시도 나를 그대로 놔두지 않았다. 결국 나는 북행을 결정함으로써 현실에서 도피하려고 했던 것이다.

평생을 책을 읽으며 학문에만 열정을 쏟으면서 살아온 나였다. 때문에 나는 어리석지 않아야 함에도 어리석었다. 지식이 머리속에 꽉 차, 생각이 깊어야 함에도 그렇지 못했다. 마치 새가 둥지 속에서만 자라 깃털과 몸뚱이만 어미새가 되었을 뿐 날지 못하는 것과 같았다.

13 동베를린 북한대사관에 머물다

1985년 11월 29일은 나의 운명을 송두리째 바꾼 날이었다. 우리 식구가 서독을 떠나는 날이었으니까.

나와 가족은 새로운 인생의 출발점에 서서 약간은 흥분하고 있었다. 나를 인정해 주고 대우해 준다면 어느 나라이고 어떻겠는가. 게다가 북한은 사회주의 국가였다. 나는 마르크스 경제학을 공부했다. 모든 것이 맞아떨어진다고 생각했다.

북한과 독일간의 무역에 관여하는 운송업자가 보낸 차가 도착했다. 짐이 많지 않았다. 대부분 나의 책이었다. 나는 마치 새집을 사서 떠나는 가장처럼 일꾼들을 지휘하여 짐을 실었다.

마르크스의 경제학과 국제경제학, 수리통계학, 계량경제학 등의 책들이 유용하고 무겁게 쓰이기 위하여 실리고 있었다. 책은 모두 1천 권이 넘었다. 아, 언제나 통일이 되어 그 책을 되찾을 수 있을는지! 아니, 그 책이 그대로 남아 있기나 할는지!

오후에 킬을 출발하여 함부르크 비행장으로 갔다. 함부르크 비행장은 내가 독일에 처음으로 오면서 거쳤던 비행장이었다. 그날 나를 맞아 준 사람은 에버트 재단에서 나온 독일인이었다. 그는 유학 기간 동안 내내 나를 물심양면으로 도와주었다. 하지만 오늘 그를 만날 수 없었다. 나는 그들이 이해하지도 못할 곳으로 떠나고 있기 때문이었다.

함부르크에 있는 선배며 후배들에게 아무런 연락도 하지 않은 채 나는 서베를린으로 갔다. 그리고 베를린 역의 초오(동물원이라는 뜻)라는 이름의 레스토랑을 찾아갔다. 전날 송두율과 만나기로 약속했기 때문이었다.

송두율이 가족과 함께 기다리고 있었다. 그는 아들만 둘이었다. 물리학자인 할아버지와 수재인 아버지를 닮아 공부를 뛰어나게 잘한다는 준과 린이 혜원과 규원을 반갑게 맞았다. 아내는 송두율의 처와 밀린 얘기를 나누었다.

송두율이 내게 말했다.

"북한도 이제는 변해야 해. 그렇지 않고서는 통일의 출구가 열리지 않아. 오형은 경제학자니까 활약을 해줘야겠어. 한 번 맘먹고 세상을 바꿔 보라고."

"내게 맡기면 해보지."

나는 심중의 말을 할 수가 없었다. 사실은 조금 두렵다든가, 정말 북한이 내게 그렇게 중요한 일들을 맡기겠는가 따위의 말을.

한때 파시즘이라고 격렬하게 비난받던 박정희식 개발 모델이 곧 세계 시장으로의 진출을 통해 한국 경제를 일으켜 세웠던 반면, 소위 인간 · 민족 · 계급 해방이라는 거창한 구호를 전면에 내걸었던 김일성의 주체사상 모델은 생산력 발전 자체를 질곡으로 빠뜨려 버리고, 궁극에는 북한 경제 자체를 뒷걸음치게 만들었다는 걸 나는 아직 모르고 있었다. 이제 와서 그걸 알았지만 그때는 아니었다.

우리가 일어나자 송두율의 아내가 울먹였다. 그러자 아내도 울먹였고 혜원이와 규원이도 울먹였다. 아, 나는 그때 알았어야 했다. 그 울음이 긴 불행의 서곡이었음을.

나는 송두율이 한 말을 되새기고 있었다. 북한이 변해야 한다는 말은 무슨 뜻일까? 김일성과 김정일을 중심으로 형성된 체제가 일순에 붕괴될 수밖에 없다는 걸 염두에 두고 그렇게 말한 것일까? 모를 일이다.

우리는 6시에 약속 장소에 도착했다. 흥분이 되었다. 열흘 전에 백 서기관과 약속을 해두었지만 혹시라도 나오지 않으면 어쩌나 엉뚱한 생각이 들기도 했다. 약속 장소에서 기다리는데 얼굴이 동그랗고 눈웃음을 치는 김참사가 나타났다.

"어서 오십시오."

"나오셨군요."

나는 그의 손을 잡고 흔들며 심호흡을 길게 하였다. 이제 나는 조국으로 돌아간다. 북한도 내 조국이다. 그곳에서 나는 무겁게 쓰일 것이다.

서베를린에서 동베를린으로 가는 데 200마르크가 들었다. 이를테면 저승으로 가는 차비인 셈이었다. 우리의 행선지는 조선인민민주주의공화국 대사관이었다.

그들이 식구들에게 여행증명서를 나누어 주었다. 내 것은 물론 아내와 아이들 것까지 사진을 제외하고는 기재되어 있는 모두가 가짜였다. 이름이 달랐고 주소와 출생지와 생년월일이 모두 틀렸던 것이다. 나는 아내와 애들에게 창피하여 김참사에게 말했다.

"왜 이러십니까? 내가 원해서 들어가는데 꼭 이럴 이유가 있나요?"

그러자 김참사가 싸늘한 목소리로 받았다.

"이래야만 말썽없이 동독으로 나갈 수 있습니다."

더 할 말이 없었다. 다행히도 아내는 여행증명서에 대하여 말하지 않았다. 좁은 문을 통하여 공항을 나왔다. 좀 낡아 보이는 승용차 두 대가 우리를 기다리고 있었다. 한 대는 볼가였고, 또 한 대는 너무 낡아 모델을 알아보기 어려웠다. 우리 가족은 분승하여 북한 대사관을 향하였다. 승용차

안에서 꾀죄죄하게 생긴 촌늙은이가 자신을 소개했다.

"오선생님, 북조선의 품으로 온 걸 환영하오. 당중앙위원회에서 친애하는 지도자 김정일 동지의 지시를 받고 환영하러 나왔습네다."

나는 그가 상당히 높은 줄 알았다. 그러나 알고 보니 아니었다. 윤이상의 부인 이수자가 훗날 말했듯이 그 촌놈은 겨우 나이가 마흔이었으며, 직위도 겨우 대외연락부 제13과(독일과) 중앙당 지도원이었다. 1986년 5월 그의 이름이 백치완이라는 것도 알았다. 그걸 알려 준 사람은 이창균의 처 오덕희였다.

이수자는 그 촌놈에 대해 이렇게 말했다.

"북에서도 보기 드문 깐깐하고 치밀한 자요. 아마 신상옥과 최은희도 혼줄깨나 났을 걸."

그녀의 말대로 백치완은 수완이 좋았다. 부부장이나 과장들도 그의 손에서 논다는 느낌을 받았다. 미루어 생각하면 아마도 김종한, 송두율, 어수갑, 김성수, 이영준을 위시한 무수한 사람들이 그의 손에서 놀아났으리라.

이윽고 우리는 북한 대사관에 도착했다.

건물과 대지는 본에 있는 한국 대사관보다 훨씬 컸다. 그들은 우리 가족에게 대사관 안에 있는 아파트 2층을 제공했다. 방이 셋이었다. 큰 방에는 아내와 두 딸이, 두 개의 침대가 있는 조금 작은 방은 내가 사용했고, 나머지 하나에는 우리 가족을 평양까지 안내할 중앙당 지도원이 사용했다. 아파트의 복도에는 '외국 출판물을 허락없이 함부로 읽어서는 안 됩니다'라고 붉은 글씨로 된 경고문이 붙어 있었다. 방에는 텔레비전도 라디오도 없었다.

"여보 이상해요. 왜 방에 텔레비전이나 라디오가 없죠?"

"글쎄 말이야. 그런 게 없이 갑갑해서 어떻게 지냈을까."

나는 아내에게 심중을 말해 줄 수가 없었다. 나는 이들이 북한에서 나온 방문자에게 바깥 세상과 단절을 시키기 위하여 그렇다고 생각했던 것이다. 내 생각은 맞았다. 나중에 알고 보니 독일 대사관을 거쳐 가는 북의 고위급 인사들에게도 바깥 세상의 일들을 보고 듣게 하지 못하게 하는 것이었다.

북한의 이데올로기는 주체사상을 종교화(그러니까 김일성을 신격화)시키려고 하고 있었던 것이다. 때문에 다른 나라의 뉴스를 접하거나 문화를 접하면 안 되었던 것이다. 북한의 권력자들은 국민들이 혹시라도 비판적인 것에 눈을 뜰까 신경질적인 불안감을 가지고 있었다. 그러므로 당기구에 의해 여과되지 않은 진실한 외부 정보를 접하는 걸 결코 허락하지 않았다.

우리 가족은 그렇게 외부와 단절된 채 열하루 동안 북한대사관 아파트에서 묵어야 했다. 그래도 식사는 귀빈 식당이라고 쓰인 특별실에서 할 수 있었다. 나는 귀빈 식당에서 식사를 하는 것으로 외부의 소식을 듣지 못하는 불만을 삭였다.

아파트에는 대사관 직원의 가족이 살고 있었다. 그러나 그들은 허락 없이는 외출을 못하는 것 같았다. 식사를 같이 하지 않아 그들이 어떻게 먹는지 나는 알지 못했다.

우리 식구도 그들과 똑같았다. 외출을 몇 번 하려고 해봤지만 그때마다 대기를 해야 된다면서 거절했다. 언제 떠날지 모른다는 것이었기 때문에 목소리를 높여 항의를 할 수도 없었다.

백서기관이 내 방으로 찾아와 식구들의 여행증명서를 달라고 했다. 가짜지만 웬지 이상했다.

"무슨 일이 있습니까. 여행증명서를 달라니요?"

"사진을 다시 찍고 새걸로 만들어 드릴려고 그럽니다. 그러니 걱정말고 주십시오."

여행증명서를 그에게 주었다. 그리고 그를 따라가 우리 식구는 사진을 찍었다. 대사관이란 여권을 줄 수 있는 곳이었다.

동베를린을 통해 북한으로 들어갔다 온 소위 정의의 통일운동가들도 그랬을 것으로 여겨진다. 세월이 한참 지난 89년 여름, 이화선 목사와 얘기를 나눌 기회가 있었는데, 그의 경우도 그랬다는 것이었다. 구미 지역에서 소위 통일 운동을 한답시고 북한과 접촉을 모색하는 분들에게 그리고 지금도 북한의 공작 기구와 비밀 관계를 맺고 있는 분들에게 충심으로 경고하고 싶으나, 내 말을 믿지 않을 것 같으니 안타까울 뿐이다. 그들이 이 책이라도 읽어 주기를 나는 바란다. 그리하여 조금이라도 북한의 음모를 감지할 수 있기를.

우리 식구는 대사관 정원에 나가 거니는 것이 운동의 전부였다. 정원을 거니는 사람들이 많았는데 주로 대사관에 근무하는 남자 직원들이었다. 그들은 하는 일이 없어 보였다. 그들은 에티켓이 없었다. 담배 꽁초를 마구 버렸으며, 숙녀 앞에서도 칵칵, 가래를 돋구어 뱉았다.

정원에는 담배꽁초가 여기저기 떨어져 있어 지저분했다.

아내는 나에게 그들처럼 아무 곳에나 담배꽁초를 버리지 말라며 잔소리를 해대었다. 그러던 어느 날 하루는 묘한 광경을 목격했다.

아침 식사를 하러 가기 전이었다. 나는 창문으로 정원을 내려다보고 있었다. 한참 정원의 나무를 내려다보는데 웬 노인이 눈에 들어왔다. 그 노인은 쇠꼬챙이로 담배꽁초를 찍어 들고 있는 봉지에 담았다. 하도 열심히 하기에 나는 그 노인을 계속하여 내려다보았다. 그러다가 아내를 불렀다.

"여보 이리 와봐. 대사관에서 정원이 더러우니까 청소부를 고용했나 봐. 직원들이 돌아가면서 청소를 하면 될걸."

"어디요. 가만, 독일 사람은 아니네요."

"북에서 데려온 노동자겠지 뭐. 그렇다면 저 노인은 담배꽁초를 주으려고 머나먼 길을 온 거로군."

나는 담배꽁초 때문에 사람을 쓴 걸 이상하게 생각했다. 북이 그 정도로 잘산단 말인가?

그러나 아니었다. 식사를 하면서 아침에 본 노인에 대하여 물었더니 식당 종업원이 놀라면서 말했다.

"그 노인네는 청소부가 아닙네다. 그분은 대사입네다."

"아니 뭐라고요? 그 노인이 대사?"

"그렇습네다."

나는 무엇으로 뒷머리를 느닷없이 얻어맞은 사람처럼 멍하게 앉아 있었다. 직원들은 버리고 대사는 줍다니. 민권과 자유가 보장된 독일에서 나는 오래 살았다. 그러므로 권위주의에 대하여 욕지기를 느낄 만큼 심한 저항감을 가지고 있었다. 인간의 권리. 직업이 무엇이든 재산이 많든 적든, 잘생겼든 그렇지 않든, 인간에게는 기본적인 권리라는 게 있다.

그 속에는 자유와 평등이 있으나 평등은 사실상 책 속에나 있는 것이었다. 그러나 러시아 혁명 이후에 처음으로 사회 경제적 권리가 규정되었다. 내 눈에 비친 대사의 청소는 바로 그런 식으로 인식되었던 것이다.

그 사람이 심심풀이로 그렇게 할 수도 있고, 나이든 사람의 공통적인 부지런함으로 그리할 수도 있다. 그러나 당시의 나는 사회주의 사상에 힘차게 이끌리고 있었기 때문에 그런 생각이 비집고 들어올 틈이 없었다. 나는 과연 사회주의 국가의 대사답다고 생각했고 만족했던 것이다. 이 대사는 훗날 김일성고급당 학교 교장이 되었다.

　나는 대사와 면담을 한 적이 없어 그를 가까이서 만나 보지 못했다. 정원에서 부대사와 초급당 비서라는 사람은 가끔 만날 수 있었다. 하지만 그들은 인사 정도를 건넬 뿐 나와 깊은 얘기를 하려고 하지 않았다. 그들의 눈은 내가 다른 세계에서 온 사람같이 보이는 모양이었다. 말을 걸어도 슬슬 피하기만 했다.

　훗날 깨달았지만 나는 공작 기구의 손아귀에 들어 있었다. 부대사라는 사람은 루이제 린저와 김일성의 대화를 통역했던 사람이었다. 그는 나중에 오스트리아 대사가 되었다고 한다.

　이 책을 읽으면서 사람들은 내가 북한에 들어갔다가 나온 자신을 합리화시키기 위해 자꾸 북한을 부정적으로 평가한다고 질책할는지도 모른다. 하지만 그렇게 생각하지 말라. 내 후회는, 그리고 북한을 부정적으로 평가하는 이 글은 나의 진심이다. 이렇게 깨닫게 되기까지 나는 많은 대가를 치러야 했다. 그 중에서도 가족과의 생이별은 참기 어려운 고통이다. 오늘도 그 고통은 이어지고 있다.

　여행증명서를 가져갔던 백서기관이 사흘 후에 다시 아파트로 찾아 왔다.

　"오선생님이 가지고 있는 독일 돈을 전부 내놓으시오. 달러로 바꿔야 합니다. 제가 바꿔다 드릴 테니 전부 주십시오."

　나는 순간적으로 망설였다. 왜냐하면 내가 한 공부는 경제였다. 그러므로 딴에는 세계 경제의 동향을 파악할 줄 알았다. 그리고 환율 변동 관계를 개연성을 가지고 어림짐작[推計]할 수 있었던 것이다. 나는 앞으로 달러가 마르크에 비해 상대적으로 폭락할 것으로 예상하고 있었다.

　"그냥 마르크로 가지고 있는 게 나을 거 같은데요."

"안 됩니다. 조선에 들어가면 달러가 힘이 있지 마르크는 힘이 없어요. 그러니 내 말을 들으시오." 같이 온 중앙당 지도원도 같은 말을 했다. 나는 하는 수 없이 가지고 있던 4000마르크를 내놓았다.

백서기관은 이튿날 1200달러를 내게 갖다 주었다. 나는 그가 얼마에 바꾸었는지 알지 못했다. 속으로 고금리로 미국으로 자금이 크게 유입되고 있구나 생각하고 받았다.

다음날 나는 중앙당 지도원을 찾아갔다.

"외출을 좀 해야겠습니다."

그러자 중앙당 지도원은 무엇 때문이냐고 물었다.

"카메라를 한 대 사야겠고 또, 애들이 먹을 걸 자꾸 졸라서 과자를 사 오려구요."

"그럼 시간이 오래 걸리지 않겠군요."

"그렇습니다."

"김참사의 차를 타고 다녀오십시오."

동베를린의 백화점으로 김참사가 우리 식구를 안내했다. 같은 독일이면서 백화점은 너무도 달랐다. 조선민항 유니폼을 입은 북한 승무원들이 보였다. 그들은 내게 북한에도 백화점이 있다고 자랑했다.

애들의 과자와 카메라를 사가지고 돌아오면서 나는 알 수 없는 아득한 절망 같은 것을 느꼈다. 무엇 때문인지 꼭이 꼬집을 수 없는 것이었다. 그저 불안하고 기분이 좋지 않은.

대사관으로 바로 들어오지 않고 서점을 들렀다. 신문과 독일어로 출간된 크룹스까야의 아동용 전기를 세 권 샀다. 혜원이가 몹시 갑갑해 했으므로 읽게 하기 위함이었다. 레닌의 아내인 크룹스까야의 전기를 사서 돌아오면서 나는 당당했다. 봐라, 나는 딸에게도 이런 책을 읽게 한다는 식이었다.

언제 동베를린을 떠날지 우리는 모르고 있었다. 물었더니 대답을 빙빙 돌렸다. 그래서 하루는 중앙당 지도원에게 말했다.

"너무 지루하고 갑갑하니 베를린이나 교외를 좀 구경시켜 주십시오."

중앙당 지도원은 암담한 표정으로 있더니 말했다.

"경비를 가급적 절약해야 하므로 그렇게 할 수가 없어 유감입니다. 대신 부인께서 볼 수 있는 책을 갖다 드리겠습니다."

그리고는 책을 가지고 왔는데 신판 김일성 전기인 ≪은혜로운 태양≫ 두 권이었다. 나는 아내가 지루해 하고 있었으므로 읽으라고 줬다. 그러나 아내는 두 장을 읽더니 책을 내던지면서 말했다.

"도저히 언어 정서가 안 맞아서 읽을 수가 없어!"

나는 얼굴을 붉혔다. 몹시 민망했던 것이다.

"그래도 북에 들어가 살려면 읽어 두는 것이 좋지 않을까."

"맞아야 읽죠. 모두 위대한 수령 김일성 동지 어쩌구 하니."

아내가 책을 읽지 않고 있는 걸 대사관 직원들은 알고 몹시 당황해 했다. 백치완이 아내에게 독후감을 물었다가 오히려 한바탕 당한 것이었다.

백치완이 뭐라고 보고를 했는지 대사관에서는 3일 동안 우리 가족을 관광시켰다. 이번에도 안내자는 김참사였다. 차도 메르세데스 벤츠였다. 대사관에 올 때는 몹시 낡은 볼가차였으나 이번에는 보기에도 탐이 나는 새차였다. 단지 기분이 구겨지는 일이 있다면 중앙당 지도원이 따라붙은 것이었다. 그 밖에는 모두가 좋았다. 식사도 고급 식당에서 하는 때가 많았다. 우리 식구는 고위급 인사 가족처럼 그들의 안내를 받으면서 관광을 다녔다.

김참사는 독일어를 잘했다. 아마도 오랜 세월 독일에 있은 듯했다.

거기다가 혈색도 좋고 살집도 적당했다. 혜원과 규원이는 대사관에 있는 사람들 중 김참사를 제일 좋아했다. 그것은 서로 말이 통했기 때문이었다. 두 아이는 어느새 독일 아이로 커 가고 있었던 것이다.

토요일이었다. 북한에서 동베를린으로 유학온 학생들이 모이는 날이라고 했다. 식당에는 유학생들로 북적였다. 한 유학생은 내가 곧 평양으로 간다는 말을 듣더니 말했다.

"평양은 날씨가 좋디요. 공기도 여기보다는 맑디요."

나는 유학생들의 표정들이 밝다고 느꼈다. 그들과 인사를 하면서 다니는데, 나보다 더 나이가 많아 뵈는 사람이 하나 눈에 띄었다. 그는 머뭇거리더니 내게 다가왔다.

"나는 평양적십자병원 외과 과장이외다. 평양으로 가신다니 언제 우리 병원에 한번 오시라요."

나는 그러마고 대답했다.

평양에 있을 때 그가 생각나 찾아가려고 했던 적이 있었다. 그러나 지리를 잘 몰랐고 또 시간적 여유도 없었다. 아니, 함부로 이 사람 저 사람을 찾아 다닐 수가 없었다. 통일이 되어 '평양의 봄'이 오면 한 번 수소문하여 찾아보리라.

그날 저녁 유학생들과 함께 강당에서 '안중근 이등박문을 쏘다'라는 영화를 보았다. 혜원과 규원이는 우리말을 못 알아들어 내게 묻고는 했다. 나는 영화를 설명하면서 마지막에 김일성이 조선 민족이 목마르게 기다리던 구주로 등장하게 된다는 대목에서는 입을 다물어 버렸다.

드디어 우리 식구가 떠나는 날이 왔다. 그날은 잊을 수 없는 12월 10일이었다. 우리 식구가 탄 비행기는 동독 아에로플로트였다.

비행기가 이륙할 때 나는 베를린을 내려다보았다. 그러면서 동서독은 통일이 불가능하다고 생각했다. 된다면 우리나라가 먼저 통일이 될 것이라고 믿었다.

가짜 여권을 가지고 나는 베를린을 떠나고 있었다. 이제 오길남과 그 가족은 동독에서 실종된 것이었다. 동베를린 공항에서도 내 이름은 기록되지 않을 것이다. 그러나 나는 북한에서 값지고 보람 있는 일을 하게 되리라 굳게 믿고 있었다. 그 확신은 세찬 힘으로 내 몸을 채우고 있었다.

우리를 태운 아에로플로트기는 대형 일류 여객기였다. 기내는 넓었고 서비스도 좋았다. 중앙당 지도원은 오석근씨가 발간하는 '우리나라'라는 신문을 읽고 있었다. 신상옥씨가 뮌헨에서 오석근씨와 했던 인터뷰 기사가 실린 신문이었다. 신문을 읽던 그가 분개하여 소리쳤다.

"이 새끼, 친애하는 지도자 동지께서 얼마나 큰 배려를 베풀었는데 이럴 수가 있어. 배은망덕한 자식, 뭐라고 친애하는 지도자 동지가 외국에 나가 견문을 넓혀야 된다고. 어떻게 이런 말을 함부로 할 수 있는 거야!"

나는 흥미를 느꼈다.

"나도 좀 봅시다."

그가 신문을 넘겨주었다. 신문을 읽으면서 나는 그가 왜 그렇게 화를 냈는지 이해할 수가 없었다. 모르면 나가서 견문을 넓혀야 하지 않는가.

아내는 애들과 얘기를 나누고 있었다. 그녀가 잠자코 있는 게 나는 고마웠다. 애초에 그녀는 내게 혼자가라고 했었다. 하지만 내 설득에 넘어가 지금 모스크바로 날아가고 있는 것이었다.

비행기에 탄 소련 사람들이 일어나서 노래를 불렀다.

"조국을 사랑하는 노래입네다."

중앙당 지도원 백치완이 말했다. 나는 가만히 앉아 있었다. 얼마나 지났을까. 비행기는 모스크바 상공에 있었다.

14 모스크바를 거쳐 평양에 들어가다

모스크바 공항은 거대하고 웅장하다는 느낌을 내게 주었다. 과연 사회주의 종주국답다고 나는 생각했다.

우리를 마중 나온 사람은 모스크바에 거주하는 북한 공작 기구 책임자다. 그는 최고급 메르세데스 벤츠에 우리 식구를 태웠다. 차는 널찍한 모스크바 거리를 달려 나갔다. 아직도 평양은 멀기만 한 모양이었다.

모스크바의 웅대하고 거대한 건물들과 지나가는 사람들은 내 기억에 각인되어 있다. 모스크바의 건물에 비하면 독일의 건물들은 성냥갑 정도라고 생각되어질 정도였다. 사람들도 바쁠 것 없이 유유히 마치 한 곳으로 흐르는 물처럼 걸어가고 있었다. 눈 내리는 모스크바 거리를 차창으로 내다보는 내 마음은 희망에 가득 차 있었다.

북한 대사관은 공항에서 멀었다. 그러므로 많은 거리를 지나갔다. 나는 북한에 가 현실 사회주의의 재생산 문제를 다루리라 마음먹고 있었다. 고전 경제학을 비판적으로 완성한 칼마르크스의 경제학 체계를 현대 경제학의 입장에서 검토했지만, 아직도 나는 단언을 못 내리고 있었다. 북한 대사관으로 가는 동안 나는 내내 흐뭇한 기분이었다.

마르크스 경제학을 공부한 사람이 사회주의 국가로, 그것도 경제학을 하기 위하여 들어간다는 것은 당연한 것이라고 생각되었던 것이다.

대사관에 도착하니 어두웠다. 우리를 안내하는 북한 공작 책임자가 꼭 김두한처럼 생겼다고 나는 생각했다. 어릴 적 부산에서 나는 김두한을 본 적이 있었다. 수정국민학교에서 있은 대통령 유세 때였다. 조봉암은 손가락 하나가 없었다. 손가락 하나가 없는 그가 풍년초를 말아 피우던 장면은 선명하게 남아 있다. 그런데 서상일은 양담배를 피웠다. 김두한이 욕지거리를 해대면서 사람들을 웃기던 장면을 나는 떠올렸던 것이다.

거구의 공작 책임자는 우리 식구를 숙소로 안내했다. 대사관저의 맨 꼭대기층이었다. 북한의 고위 간부들이 배당 받는 곳이라고 했다. 이번에는 텔레비전과 라디오가 있었다. 그러나 둘 다 먹통이었다. 고장이라고 생각한 나는 왜 수리를 하지 않았는지 툴툴댔다. 지금 생각하면 너무도 북한을 모르는 행동이었다. 라디오와 텔레비전은 처음부터 기능하지 않았고, 북이 변하지 않는 한 아직도, 그리고 앞으로도 기능하지 않을 것이다. 나는 북에 들어가서야 그 이유를 알았다.

우리 식구는 휴식을 취할 시간도 없이 식당으로 안내되었다. 나는 식당으로 들어가면서 식당 안에 있는 텔레비전이 켜져 있는 걸 보았다. 식당에는 우리 말고도 니카라과 출신의 우람한 체격의 젊은이 세 사람이 자리를 잡고 있었다. "어서옵세." 요리사가 평안도 말로 인사를 하였다. 그는 영화배우도 가끔 한다고 했다. 실제로 우리 식구는 평양에서 그를 '월미도'란 영화에서 봤다. 초대소에서였다. 공훈 배우였다. 그러나 그때는 그걸 알 리 없었다.

이틀을 모스크바 북한 대사관에서 묵었다. 대사관은 넓었고 정원도 훌륭했다. 우리 식구는 첫날 침대에 누워 지내다시피 했다. 아내도 마음이 편한지 두 딸과 아기자기한 얘기를 종일토록 나누었다. 가장으로서 그들의 행복한 모습을 보는 건 그야말로 진짜 행복이었다.

나는 가끔 승강기로 혹은 계단을 오르내리면서 대사관의 분위기를 파악해 보았다. 많은 사람들이 들어오고 많은 사람들이 나갔다. 마치 도떼기 시장과 같은 분위기였다. 활기에 차있어 보기 좋았다.

그러나 사람들이 많이 들어오니 숙소 사정도 여의치 않나 보았다. 세도를 부리던 중앙당 지도원 백치완이 우리 옆방에 들었다가 쫓겨나는 판이었다. 그는 그날 시멘트 바닥에 매트리스를 깔고 잤다고 했다. 그러나 우리 식구에게 방을 비우라는 말은 없었다.

아프리카에서 왔다는 초라한 차림의 북한 여자는 아이를 업고 있었는데, 그 아이의 목이 비틀려져 있었다. 그녀는 조국으로 기차를 타고 돌아간다고 했다. 그러면서 그녀는 잠자리가 배정되지 않았다며 울먹였다. 혜원과 규원이가 울먹이다가 그녀가 내지르는 소리에 놀라 움츠리고는 했다. 나는 그녀의 소동을 자유로운 표현으로 보았다. 자유가 없다면 어떻게 대사관에서 저렇게 항의를 하겠는가.

이틀째가 되는 날, 오전에 우리는 레닌 산과 레닌의 묘지가 있는 붉은 광장에 안내되었다. 거리는 온통 눈으로 덮여 있었다. 추운 날씨였다. 바람이 붉은 깃발들을 찢어 버릴 듯이 날렸다. 붉은 깃발은 찢어질 듯 찢어질 듯하면서도 찢어지지 않았다. 그것이 찢어진다면 그것은 바람에 의해서가 아니라 인간의 발전된 사고에 의해서만이 가능하다고 나는 생각했다.

광장과 거리를 몇 군데 관광하고 돌아오자 저녁이었다. 겨울이라 해가 빨리졌던 것이다. 중앙당 지도원 백치완이 식사를 하고 비행장으로 간다고 말했다.

"오래 기다리셨지요. 이제 평양으로 갑네다."

문득 온몸에 자잘한 소름이 끼쳤다. 나는 심호흡을 한 번 크게 하였다. 원했지만 웬지 가기가 두려웠던 곳. 한번 들어가면 남한의 일가들과는 이제부터 오랫동안 인연을 끊어야 서로가 편하게 살아갈 수 있 는 곳.

비행장으로 가면서 아내는 말이 없었다. 나 또한 할말이 없었다. 두 아이도 아빠와 엄마의 기분을 알았는지 역시 아무 말이 없었다.

조선민항을 탈 때 잠시 현기증이 났다. 그러나 내가 흔들리면 안 되었다. 나는 아내를 보고 웃었다. 그러나 아내는 내 웃음을 받아 주지 않았다.

비행기가 뜨자 두 아이는 잠에 떨어졌다. 아내도 눈을 감고 있었다. 기내에는 담배 연기가 자욱했다. 주패놀이를 하는 사람들이 많았다.

백지도원이 여승무원을 불러 신덕 샘물과 룡성 맥주를 시켰다. 여승무원이 가져오자 그는 내게 권했다.

"한번 드셔 보시라요. 물맛이 좋아 맥주맛이 좋을 겝니다. 독일에 사셨으니 참, 맥주맛을 잘 아시겠구만."

"고맙습니다. 뭐 읽을 게 좀 없을까요?"

내가 물었다.

백지도원이 자신의 주머니를 뒤지더니 붉은 표지의 책을 내게 건네주었다. 중앙당 지도원급 이상에게만 배포된 《비합법교시》였다. 그러니까 일종의 대외비인 셈이었다. 김일성은 통일이 자신이 살아 있는 동안에는 이루어지지 않을 것으로 보고, 김정일 시대에는 꼭 이루어야 한다는 유언아닌 유언을 적어 놓았다. 나는 조금 읽다가 슬그머니 책을 내려놓고 눈을 감았다. 그러나 잠이 올 리 없었다.

아버지나 다름없는 형님, 어머니나 다름없는 누님의 애틋한 사랑을 팽개치고 수많은 친구들의 우정도 단절한 채, 나는 지금 동토의 땅을 향하여 날아가고 있는 중이었다. 밀려났던 두려움이 다시 서서히 고개를 들었다.

얼마나 지났을까. 중국 만주 대륙을 날고 있다는 안내 방송이 나왔다. 여승무원이 껌을 나누어 주었는데 이름이 해당화였다. 딱딱한 고체(固體)

였다.

다시 얼마 후, 신의주 상공이었다. 이제 평양까지 30분 정도가 남았다고 했다. 백지도원이 내게 말했다.

"오선생님, 저기를 보기요. 저게 십대 전망 목표의 하나인 삼십만 정보 땅얻기 간석지 사업을 하는 곳이디요."

창 밖으로 내려다보니 제법 눈에 띌 만큼 사업은 진척되어 있었다. 나는 대단하다고 생각했다. 그러나 훗날 평양에서 이창균에게 들은 얘기로는 그 간석지 사업 때문에 생태계의 파괴가 심각하다는 것이었다. 이창균은 당의 고위 간부였다.

아아, 잊지 못할 1985년 12월 13일이여! 그날 아침 8시에 우리 가족이 탄 소련제 일류신 비행기는 순안비행장에 착륙했다. 백지도원은 우리 가족에게 앉아서 기다리라고 했다. 다른 사람들은 썰물처럼 비행기를 빠져 나가고 있었다.

한 십 분쯤 지났다. 다섯 사람이 기내로 들어왔다. 그들을 따라 우리 식구는 내렸다. 차가운 바람이 얼굴을 사정없이 때렸다.

셔틀버스를 탔다. 몹시 낡은 도라무통을 망치로 두들겨 펴 만든 하동완식 버스보다 못하다고 생각했다. 하기야 서양의 공항에도 셔틀버스는 낡은 것이 많았다. 그랬기에 나는 그리 신경을 쓰지 않았다. 물자를 아낀다는 것은 나쁜 것이 아니었다. 무조건 새것만을 비치해 놓는다고 하여 잘사는 나라가 아니라는 걸 나는 알았던 것이다. 우리의 모습은 무비 카메라를 든 사람이 열심히 찍고 있었다.

대기실로 안내되었다. 여자 어린이 넷이 우리 식구들에게 일일이 꽃다발을 안겨 주었다. 아내가 울음을 터뜨렸다. 나는 그녀가 기뻐서 우는 줄 알았다. 그러나 나중에 들어보니 애들의 영양 상태가 너무 부실한 것 같아 자신도 모르게 울음이 터졌다고 했다. 혜원이와 규원이가 바로 그 애들처럼 된다면 어떡하나 하는 모성의 울음이었던 것이다.

해외동포원호위원회 부위원장이 대기실로 들어왔다. 대기실은 이를테면 귀빈실인 셈이었다. 그는 소련식으로 나의 왼쪽 오른쪽 뺨에 입을 맞추었다.

"조국은 선생의 입국을 진심으로 환영합네다."

카메라가 열심히 그런 모습들을 찍고 있었다.

부위원장은 우리의 60년대에 흔히 볼 수 있었던 평범한 신사였다. 지금도 그를 떠올리면 예식장에서 돈을 받고 주례를 서주는 사람이 떠오른다. 그만큼 그는 꾸어다 놓은 보릿자루처럼 어색하게 행동하고 있었다. 나중에 들으니 해외동포원호위원회라는 것은 상설기구가 아니고 북의 공작기구에 의해 그때 그때 필요에 따라 즉흥적으로 만들어지는, 그러니까 내가 부위원장을 돈 받고 주례를 서는 사람이라고 느낀 건 맞는 셈이었다.

접견실로 중절모를 쓴 꽤 거만한 사내가 들어섰다. 이상하게도 부위원장이 그에게 주눅이 들어 있었다. 아마도 중앙당간부 같았다.

"오선생의 조선 입국을 환영하오."

부위원장이 접견실을 나갔다. 인삼차를 다 마신 걸 보자 중절모가 말했다.

"나갑시다."

순안비행장 밖으로 나왔다. 메르세데스 벤츠 두 대가 우리를 기다리고 있었다. 세 사람이 찬 공기를 마시며 서 있다가 우리를 맞았다.

"타시디요."

중절모가 남색 차를 가리켰다. 우리가 타자 자신도 앞자리에 타고는 출발을 명령했다. 차가 출발했다. 순안—평양 도로라는 안내판이 보였다.

처음 보는 거리, 처음 보는 하늘, 처음 보는 사람들인지라 눈에 설었다. 포근하다기보다는 삭막한 느낌이 들었다. 그러면서도 어쩐지 불안했다. 그 불안을 삭이려고 나는 담배를 한 대 피웠다.

나를 순안까지 안내했던 차 지도원이라는 가명의 백치완은 뒤 차에 타고 우리를 따라오고 있었다. 그 새 정이 들었기 때문일까. 차라리 백치완이 같은 차에 타고 중절모가 뒤 차에 탔더라면 좋았을 거라고 생각했다.

말없이 얼마쯤 달렸다. 중절모가 돌아보더니 입을 열었다.

"나는 조선노동당 중앙위원회 최과장입네."

그리고는 이런 저런 얘기를 늘어놓았다. 나는 건성으로 고개를 끄떡였다. 그의 말이 자세히 귀에 들어오지도 않았다. 내 눈은 열심히 북의 산하를 더듬고 있었고 귀는 멀리 있는 형님과 누님의 목소리를 들으려 하고 있었다.

최과장은 처음 인상과는 달리 여성적인 사람이었다. 그러나 눈매는 날카로웠다. 그는 계속하여 자랑을 늘어놓았다. 여전히 나는 눈으로 산하를, 귀로는 내 혈육의 목소리를 듣고 있었다.

독일은 가꾸어진 땅이라고 해도 틀리지 않았다. 모든 유럽이 그렇듯이 풍요롭게 가꾸어져 있었다. 왜 독일을 얘기하는가 하면, 순안의 시골 풍경이 너무 초라하고 찌들어 보여서였다. 독일의 풍요로움, 그리고 모스크바의 웅대함에 비하면 내 사랑하는 조국은 너무도 초라했던 것이다. 게다가 어깨를 움츠린 가난한 차림의 사람들이 눈에 자주 띄었다. 내 가슴은 흥분과는 다르게 울렁였다. 어쩌면 이곳에서 내가 배운 학문의 진가(眞價)가 나올지도 모른다. 보람차게 할 일이 많다고.

15 산장에 남겨지다

그런데 이상했다. 평양 시가지를 저만큼 두고 외곽으로 들어서는 것이었다. 시외의 아늑한 곳으로 눈 덮인 밭을 통해서 가는 것인가?

그러나 아니었다. 평양 시가지를 뒤로 하고 차는 계속 달려 나갔다. 이제는 산길이었다. 차는 느려졌고 내 시야에는 눈 덮인 산만이 들어왔다. 완전히 산속이었다. 두려워졌다. 이들이 나를 어디로 데려가는가? 그러나 불안해하는 티를 낼 수는 없었다. 아내를 슬쩍 살폈다. 아내도 뭔가 심상치 않은 눈치다. 하지만 말은 하지 않았다. 최과장에게 행선지를 묻고 싶었지만 억눌러 참았다. 경솔하게 행동하면 오히려 불리로 작용할지도 모른다는 생각때문이었다.

저만치 초소가 보였다. 이미 무슨 연락을 받았는지 초병들이 경례를 붙였다. 오른쪽으로 얼어붙은 강이 보였다. 나는 그 강이 대동강이라고 미루어 짐작했다. 산길을 굽이굽이 얼마나 돌았는지 기억도 없을 지경이었다. 그러다가 드디어 소나무밭 속에 무슨 복병처럼 숨어 있는 산장 앞에 차가 섰다. 건물은 단층이었고 보기에 아담했다.

차에서 내리자 두 사람이 우리를 맞았다. 할머니와 20대 초반의 어여쁜 아가씨였다. 그들은 우리를 돗자리가 깔린 응접실로 안내했다. 전기 히터 두 대가 안간힘을 쓰며 열을 내뿜고 있었지만 워낙에 추운 날씨라 응접실은 썰렁했다. '목단'이란 상표의 중형 텔레비전이 놓여 있었다. 모양도 좋은 것이어서 나는 북에서도 이 정도로 훌륭한 텔레비전을 생산하는구나 생각하고 흐뭇했다.

우리 뒤차로 온 백지도원과 검정옷을 입어 마치 카톨릭 사제같다는 인상을 주는 부과장이란 사람이 그 때 응접실로 들어와 자리를 잡았다.

최과장이 말했다.

"오선생님 가족은 앞으로 이 집에서 사실 겁네다."

나는 이 산속에서 왜 살아야 하느냐고 말하려다가 가만히 있었다.

아가씨가 들어와 우리를 식당으로 안내했다. 식당에는 진수성찬이라고 표현해야 할 상이 차려져 있었다. 그러나 내게는 진수성찬이지만 두 아이에게는 아닌 모양이었다. 그 애들은 한국 음식에 길들여 있지 않았던 것이다.

최과장이 내 옆에서 설명을 곁들이며 음식들을 접시에 담아주었다. 그 덕에 나는 배불리 먹었다. 아내도 애들을 먹이면서 독일말로 음식 설명을 하고 있었다. 부끄러운 모습이었다. 부모가 모두 한국 사람이면서 애들이 우리말을 못 한다는 것이.

식사가 끝나자 최과장은 우리 부부가 기거할 방과 아이들이 지낼 방, 그리고 욕실과 서재를 안내해 주었다.

"그럼 피곤하실 거니 며칠 푹 쉬시라요. 저는 이만 가봐야겠습네다."

"그럼 언제 다시 오시나요?"

나는 그가 다시 와야 여기서 떠나게 된다고 믿었다. 그리고 그가 가고 우리 식구만 달랑 이곳에 남는 게 두렵기도 했다.

"곧 찾아뵙게 될 겁네다."

그리고는 산장까지 수행했던 일행과 함께 떠났다. 한 사람이 남았는데 그는 황해도가 고향인 김지도원이었다.

16 북한 속을 들여다보기 시작하다

　　산장에 두 명의 여자가 있었다는 얘기는 이미했다. 요리를 맡은 사람이 할머니였다. 나이는 예순을 넘었고, 열성 당원이었다. 그는 말을 할 때마다 언제나 위대한 수령님, 혹은 어버이 수령님이라고 앞쪽에 다 붙였다. 언젠가는 실수를 하는 수가 있겠지 하며 유심히 살폈으나 할머니는 단 한 번도 실수를 하지 않았다. 나는 할머니가 진심으로 김일성을 경모한다고 생각하기에 이르렀다.

　　그니는 개성에서 태어났다. 가난해서 어려서부터 남의 집으로 들어가 아기를 돌봐 주거나 부엌데기로 일하면서 자랐단다. 조국해방전쟁 (6 · 25) 때 남편을 잃었으며, 그때부터 인민군 장령의 작식(취사, 요리)을 담당했단다. 하지만 그 중간에 보육원 원장을 한 경력도 가지고 있었다.

　　그니는 예순이 넘으니 그 지긋지긋한 반복 학습에서 면제되어 제일 좋다고 했다. 아마도 그 학습을 하느라 어지간히 곤욕을 치렀나 보았다. 그니는 산전수전을 다 겪어 경험이 풍부했다. 게다가 상당히 말을 논리적으로 구사했다. 뿐만 아니라 기억력도 상당히 좋았다. 텔레비전에서 본 영화 대사를 줄줄 외는 건 아무것도 아니었다. 그니는 고향을 얘기할 때면 바다에 있는 돌 하나까지 말할 정도로 정말이지 기막힌 기억력의 소유자였다.

　　나는 그니가 공부를 했다면 상당히 성공했을 것이라고 생각한 적이 몇 번 있었다. 기억력만 좋다고 학문을 탐구할 수는 없지만 그래도 학문의 기본은 우선 총명하고 배운 걸 잊어버리지 않는 기억력이 필요한 것이다.

한번은 할머니에게 자식이 없냐고 물었다. 그러자 단박에 눈시울이 벌개졌다.

"왜 없어요. 아들이 하나 있었지요. 그런데 그 자식을 병원은커녕 약 한 첩 제대로 못 써 보고 저 세상으로 보내고 말았지요."

그리고는 애써 울음을 삼키다가 끝내는 오열을 터뜨렸다.

"요새는 손자놈하고 손녀보는 재미로 살지요. 과부 며느리가 평양에 살아서 한 달에 한 번은 할미가 보러 나가지요. 그런데 얼마 전부터 며늘애와 내가 사이가 좋지 않아서 뜸하게 나가지요."

할머니는 그때껏 내가 북에서 만난 사람들 중에서 유일하게 표준말을 썼다. 개성이 고향이어서 그러리라. 얼굴도 고운 편이었다. 할머니의 말로는, 작식대원(요리사)으로 일할 때, 인민군 장령들이 아내를 무지하다고 버려두고 처녀를 데리고 놀아나는 수가 많다고 했다. 시골 여자가 인민군 장령을 동경하다가 그리 된 경우도 있고, 때로는 강제로 욕을 보여 그런다는 것이었다.

나는 할머니의 말을 들으면서 성이 개방된 독일 사회를 떠올렸다. 그곳에서는 여자가 남자를 유혹하는 수가 많았다. 그러므로 한 여자에 네댓 명의 남자가 밤의 애인이 되는 수도 있었다. 그러나 이곳은 통제가 살벌한 북한이다. 여기에서도 그런 일이 벌어지고 있다니. 나는 나도 모르게 울컥 치솟는 야릇한 분노를 꿀꺽 삼켰다.

할머니는 우리 가족의, 특히 나의 말상대였다. 그녀는 신상옥과 최은희를 무척 좋아했다고 말했다. 할머니 말로는 신상옥과 최은희를 좋아하지 않은 북한 주민이 없다고 했다. 말하자면 인기가 절정이었던 것이다. 그런데 왜 그들은 탈출을 했을까? 그 당시 나는 그것이 의문이었다.

신상옥과 최은희는 북한의 경직된 문화에 순간적으로나마 생기를 불어 넣었고 그래서 두 사람은 흠모를 받았을 것이다. 그런데 왜 탈출을 했을까?

또 한 사람 20대 초반의 아가씨 이름은 김희춘이었다. 그녀는 초대소 경비를 하는 인민군 청년과 한창 열애 중이었다. 그녀는 사랑에 빠진 모든 이들이 그렇듯이 꽃이 입술을 벌리듯이 아름다웠다. 그녀는 자청하여 혜원과 규원에게 조선말(한글)을 가르쳐 주었다.

그녀가 애들에게 한글을 가르쳐 줄 때 아내와 나는 접견실(응접실)에서 철학과 력사(역사)를 학습했다. 우리는 천천히 그리고 완전하게 세뇌되어야 했다. 그래야 되는 것이었고 나와 아내는 세뇌되어 보려고 노력했다.

김희춘의 아버지는 인민군 장령이라고 했다. 그녀는 내가 책을 많이 가지고 있는 걸 부러워하면서 어느 날 얼굴을 붉히면서 말했다.

"오빠가 남조선에서 나온 영한사전을 한 권 부탁하길래, 초대소를 드나드는 구미의 여러 선생들에게 부탁을 했디요. 그러나 아딕도 구하디 못했디요."

나는 웃으면서 내가 가지고 있던 민중서관 발행 영한사전을 꺼내 주었다. 그녀의 얼굴이 붉게 물들었다.

"이거 어떡하나. 이렇게 고마울 수가. 선생님 정말 고맙습네다."

그녀가 고마워하는 걸 보니 북에는 제대로 된 영한사전이 없다는 걸알 수 있었다. 김정일은 조건도 마련해 주지 않고 외국어 공부를 장려하고 있었던 것이다. 그들은 일본 등지에서 수입한 고급 종이로 김일성을 찬양하는 책자를 만들기만 할 뿐 정작 필요한 책은 뒷전으로 미뤄 놓고 있었다. 각국어로 번역된 김일성 선전 책자는 인민의 피를 탕진하는 것이나 마찬가지라고 이창균은 뒷날 평양에서 나를 만나자 소리죽여 말했다.

산장이 있는 계곡은 경치가 빼어난 곳이었다. 숲 속을 산책하면서 살펴보니 산장이 우리 식구가 있는 곳 말고도 꽤 있었다. 그러나 산장마다 경비 초소가 있어 가까이 갈 수가 없었다. 벤츠도 가끔 오르내렸다. 그러니까 산장은 모두가 소위 초대소로 불리는 곳이었던 것이다.

숲을 산책하다 보면 시골 장닭보다도 더 몸집이 큰 꿩이 푸드득 날아올라 사람을 놀래키고는 했다. 저 멀리 낮게 내려앉아 있는 눈 덮인 논과 밭들은 내가 어릴 적 보았던 고향의 논과 밭이라는 착각이 일어날 정도였다. 손바닥처럼 작은 논바닥 그리고 주욱 이어진 물길.

강 건너로는 기차가 뜨문뜨문 오가는 게 보였다. 나는 문득 기차를 바라보면서 고향을 그리고는 했다. 하지만 고향에서 나는 너무도 멀리 떨어져 있었다. 지리적인 거리가 아니라 정신적인 거리였다. 독일보다도 더 먼 거리. 그러고도 조국이라 해야 하니.

6·25동란 때 낙동강까지 내려갔다가 왔다며 자랑스럽게 떠벌리는 운전사를 우리 식구는 아바이라고 불렀다. 그는 초대소 부근에 있는 묘비석에 씌인 글씨가 알고 싶어 나에게 물은 적이 있었다. 흔한 묘비석은 아니었다. 성씨와 이름이 적힌 것을 그는 읽어 낼 수 없었던 것이다. 내가 설명해 주자 그는 싱거운 웃음을 입가에 물었다. 그러면서 말했다.

"이렇게 쉬운 거를 게디고 디금껏 궁금해 했디요. 중앙당간부들도 모른다고 하기에, 무슨 대단한 뜻이 있는 둘 알았디."

어느새 설이 다가왔다. 북은 양력설을 쇠었다. 초대소에 온 지 어느덧 한 달이 되어가는 것이었다.

할머니가 묘비석을 엎어놓고 떡을 쳤다. 바로 얼마 전에 아바이 운전사가 궁금하여 내게 물었던 바로 그 묘비석이었다. 나는 그 묘비석에 달라붙은 떡을 떼는 할머니를 내려다보면서 쓸쓸한 미소를 지었다.

설날은 여느 휴일 날처럼 영화 학습이 없었다. 그동안 우리 가족은 토요일과 일요일을 제외한 날은 두 시간씩 영화 학습을 받아왔다. 대하 영화라고 해야 할 '조선의 별'을 필두로 '폐허 속에 솟아난 조선' 등 숱한 영화를 봤다. 그러다 보니 영화에 신물이 날 지경이었다.

그러나 할머니와 아바이 운전사는 봤던 영화를 다시 보면서도 눈물을 훔치고는 했다. 조선 사람이 일제 통치 아래 고난을 겪는 내용과 항일 유격대가 일본군을 상대로 게릴라전을 벌이는 내용이 많았다. 또 많은 것이 있다면 6 · 25동란 중에 미군의 B-29의 폭격에 의해 인명이 살상되고 도시가 폐허가 되는 내용들이었다.

나는 영화를 보면서 15년 간 먼 이국땅에서 너무 조국의 일을 잊고 살았다는 자괴감에 빠져 들었다. 나는 우리 역사와의 만남에 가슴떨었다. 문화라는 것이 이토록 힘이 있는 것인 줄 나는 몰랐던 것이다.

'폐허 속에 솟아난 조선'이라는 영화를 보고 난 혜원이가 내게 물었다.

"아빠, 독일도 미국과 함께 참전하여 평양을 폭격했어?"

"독일은 참전하지 않았단다."

그러자 혜원은 울음을 터뜨렸다. 나는 그 애가 왜 우는지 알았다. 자신이 태어나 살았던 독일이 나쁜 짓을 하지 않았다는 안도에서 나오는 울음이었다.

나는 과거를 잊지 말자고 하는 북의 영화 선전에 대하여 그 자체를 거부하는 것은 아니다. 다만, 인간은 과거보다 미래에 더 희망이 있어야 한다고 말하고 싶을 뿐이다. 그들의 말처럼 인민에게 희망을 주어야 한다. 하지만 그들은 무한히 절망적인 이념만을 강요하기 위하여 문화를 이용하고 있었다.

지금 나는 그들을 증오하는 폐인이 되어 있다. 모든 것이 허무하다.

라는 말이 내게도 어울릴까.

영화 학습이 없는 날은 하산하여 소위 '김일성 성지'를 참관하였다. 만경대는 김일성의 생가와 박물관이 있는 곳이었다. 그리고 력사(역사) 박물관, 혁명박물관, 주체탑, 개선문, 대성산 혁명렬사능, 김일성 동상, 평양산원, 인민대학습당, 서해갑문, 남조선혁명박물관 등을 참관했다.

김일성 동상에다가는 꽃을 바치고 절을 했다. 남조선혁명박물관에 갔을 때 나는 놀라운 사실을 발견하게 되었다. '민주사회건설협의회' 주최로 75년인지 76년인지 프랑크푸르트에서 개최됐던 독재 타도 시위에 사용됐던 현수막이 유리 상자 속에 보관되어 있었다. 그 현수막은 박대원이 붓글씨로 쓴 것이었다. 누가 동베를린으로 보냈고, 동베를린에서는 다시 북으로 보냈을 것이다. 누굴까? 그러나 아무리 생각해도 누군지 알 수 없었다.

조봉암 선생이 김일성에게 보냈다는 편지가 역시 유리 상자 속에 있었다. 하지만 내용은 읽을 수가 없게 되어 있었다. 편지지가 바래지 않은 것이 수상쩍었다.

또, 김일성이 육문중학교에 다닐 때 읽었다는 《자본론》이 유리 상자 속에 있었다. 나는 그것을 보고는 놀라고 말았다. 왜냐하면 그것은 가짜이기 때문이었다. 아니면 사기든가. 생각해 보라 1920년대에 김일성은 중학교에 다녔다고 했다. 그렇다면 1920년대에 《자본론》이 우리말로 번역이 됐다는 말인데, 그것은 불가능했다. 일본어로 된 《자본론》이라면 믿었을 것이다. 그러나 유리 상자 속에는 우리말로 된 《자본론》이 들어 있었다.

그건 그렇다치고 이상한 것이 또 있었다. 서구의 내노라 하는 경제학자들도 《자본론》을 조금 이해하려면 1년은 고심해야 하는데, 어찌 10대의 김일성이 읽어낼 수가 있었단 말인가. 참으로 웃기는 사기였다. 하지만 나는 그런 내색을 할 수도 하지도 않았다.

훗날 북한을 탈출한 후, 베를린에서 죽마고우인 반성완과 거기에 대하여 얘기를 한 적이 있었다. 1991년 4월이라고 기억된다.

산장(초대소)에 드나드는 사람은 최과장, 백부과장, 김지도원, 그리고 백지도원이었다. 그 중에서 참관 안내는 대부분 백치완 지도원이 맡았다.

강부부장이라는 사람도 가끔 들렀다. 그는 나와 아내를 모란봉 초대소에 데리고 가 점심을 내기도 했다. 그는 덴마크를 잘 알았다. 덴마크에 공작을 나가곤 했기 때문이다.

"덴마크는 덩말 따라가고 싶은 나랍네다. 국민들도 고루게 잘 살디요."

그러다가는 불쑥 국내 정세에 대하여 말하고는 했다.

"인민이 고생하는 것은 모두가 그놈에 군비(軍備) 때문입네다. 남조선 때문에 군비를 증강하기 때문이란 얘깁네다. 지금이라도 붙으면 남조선은 우리 상대가 안 됩네다."

휴일이었다. 김일성의 신년 연설이 TV로 방영되었다. 나는 처음으로 텔레비전으로 쇳소리가 난다는 그의 육성을 들었다. 연설이 끝나자 신상옥, 최은희와 접견하는 광경이 나왔다. 그리고 신상옥이 감독한 '홍길동'이 방영되었다. 할머니는 좋아서 어쩔 줄 몰라 했다. 노인의 재미일까. 그녀는 영화라면 가리지 않고 좋아했다.

영화 학습, 기념관 참관 외에도 정치경제학 강의를 듣기로 되어 있었으나, 내게는 그 기회가 주어지지 않았다. 대신 철학 강의와 력사 강의를 들었다. 강의를 하는 사람은 둘이었는데, 둘 다 준박사, 부교수라고 했다. 준박사의 칭호는 구소련의 깐지다뜨에 해당되리라.

철학 강의의 내용은 김정일의 '주체 사상에 대하여'란 것을 바탕으로 오전에 3시간씩이었고, 력사 강의는 백두산 주위의 항일 전적 지도 (抗日戰跡地圖)를 펴놓고 김일성이 일본군과 싸웠다는 내용을 듣는 것이었다.

교수들은 과학과 역사학에 밝지 못했다. 그도 중학생 정도에게나 맞는 강의를 내게 전달하자니 몹시 따분했던 모양이었다. 우리는, 그러니까 강사와 강의를 듣는 학생 신분인 나는, 담배나 피우면서 이런저런 잡담이나 나누었다. 그도 나와 잡담을 나누면서 의무를 때우는 것이 싫지 않은 모양이었다. 남쪽에서 어용학자란 말을 무기삼아 하는 사람들이 북에 가서 진짜 어용이 어떤 것인지 체험을 해봤으면 좋겠다. 그들이야말로 진짜 어용이었던 것이다.

사회과학원 교수라는 사람은 초대소에 나오는 것을 좋아하는 눈치였다. 고깃국에 이곳의 밥을 먹을 그리 흔하지 않은 기회가 주어지기 때문이었다. 좋은 식사와 때로 외부의 소식을 들을 수도 있으니까. 주체사상을 아내와 나에게 강의하는 사회과학원 교수는 주체 철학의 주 명제가 김일성이 창시한 것이 아니고 엥겔스가 쓴 두 편의 논문에서 애초 나왔다는 걸 모르고 있었다. '자주성'이란 어휘도 엥겔스의 '자유'를 슬쩍 바꾸어 놓은 것에 지나지 않다는 걸 물론 모르고 있었다.

나중에 안 사실이지만 북의 주체철학은 이삼열 교수와 1988년 일본 동경에서 만난 황장엽 비서의 손을 거쳐 정리됐을지도 모른다는 것이다. 아마도 그럴 것이다. 나는 사회과학원 교수라는 강사의 명예를 손상하지 않으려고 노력했다. 그도 내가 노력하고 있다는 것을 아는지 내게 쓸데없는 강요는 하지 않았다. 주체사상이라는 북의 대용종교(代用宗敎)에 대한 비판은 한국에서도 이미 본질적인 점에서 종결되었다고 생각하여 더 이상 언급하지 않기로 하겠다.

나는 북의 주민들이 주체사상이란 대용 종교에 의해 마비되어 있는 현상을 '종교는 인민의 아편이다' 라고 한 마르크스의 표현에 맞다고 생각했다. 그리고 실감했다. 또, 혁명의 대의를 위해 목숨까지 바칠 것을 강요하는 사상 혁명도 결국 물자 결핍에 대한 인민의 항거를 억압하려는 수단임을 나는 현장에서 확인하였다.

교수가 내게 유일하게 강조하던 나치의 수령관(首領觀)도 후계자론도 내가 존경하는 김지하의 ≪남녘땅 뱃노래≫에 의해 비판되었으므로 더 들먹이지 않겠다.

2월 중순이었다. 대남 공작기구에서는 내게 김정일의 44세 생일의 축하문을 쓰라고 요청해 왔다. 나는 서재에서 발견한 통혁당의 축하문을 토대로 하여 김정일의 생일 축하문을 가족의 이름으로 썼다. 내용은 우리 가족을 조국의 품안에 안기게 해주어 경의와 감사를 올린다는 거였다.

또 대남 공작 기구 13과는 내게 '안상근 사망 사건의 경위'에 대하여 독일어로 된 문서들을 번역하라고 했다. 나는 군말 없이 그것도 번역을 해주었다. 나는 안상근을 만나 본 적이 없었다. 그는 '우리나라' 라는 신문을 낸 오석근의 조수였다. 나는 그의 희생을 북한의 전술, 곧 그들의 표현대로 '남조선 놈에 의한 남조선 놈 희생' 이라 부르고 싶다.

번역은 계속하여 맡겨졌다. 윤이상의 아들 윤우경의 아내가 서독으로 옮겨가 사는 것과 관련된 각종 독일어 서류를 번역해야 했고 그 밖에도 이런저런 시시한 것들을 번역해야 했다. 말로는 초대소에서 편하게 지내라고 했지만 영화 학습에, 강의에, 번역에 정신이 없었다. 하루는 이화선 목사가 김정일의 생일 선물로 보낸 주석 맥주컵의 설명서를 번역해 주기도 했다. 그들은 겉으로와는 달리 이화선 목사를 몹시 불신·증오하고 있었다. 그러나 정작 장본인인 이목사는 그걸 모르고 있을 것이었다. 그런 사람이 어디 한둘이랴.

17 환멸이 시작되다

2월 중순이 되어도 날씨는 풀어질 줄 몰랐다. 어느 날 전기히터 앞에서 책을 보는데 아내가 느닷없이 울음을 터뜨렸다. 다행히 할머니도 시중을 드는 아가씨도 없었다.

"아니, 당신 왜 그래? 어디 아파?"

내가 그렇게 묻자 아내는 한심하다는 눈으로 나를 돌아다보면서 목소리를 죽여 말했다.

"당신, 아직도 그렇게 모르겠어요. 당신이 우리를 이곳으로 데려온 것은 윤이상 선생과 김종한의 꼬임 때문이었어요. 이제 보니 당신의 손으로 당신의 눈을 찌르고 우리 눈을 찌르게 생겼어요."

"아니 뭐가 어쨌다고 그래? 지금 우리가 굶어? 아니면 집이 없어서 한데서 잠을 자?"

"이이가 정말! 당신 미쳤구려. 이 사람들 하는 짓을 봐요. 당신은 사회주의자들이 진실하다고 믿었지만 이 사람들이 진실해요? 내 눈에는 음흉하게 보여요. 정신차려요. 평양 시내에서 사람들을 좀 자세히 봐요. 그리고 살고 싶으면 입조심해요. 당신은 술만 마셨다 하면 너무 솔직히 자신을 털어놓아요. 그 사람들은 그걸 이용한단 말이에요. 이 얘기는 안하려고 했지만 하겠어요. 오늘 할머니하고 얘기를 하던 중에 김종한의 얘기가 나왔어요. 할머니도 김종한을 알더라구요. 할머니가 그러는데, 민중이 엄마(김종한의 처)가 두 아들을 데리고 원산과 송도해수욕장에 자주 다니러 왔답니다. 그리고 여기도 가끔 들렀다 가고요. 내가 킬에 있을 때 뭐라고 했어요. 민중이 아빠 조심하라고 했잖아요. 그러니 이제는 제발 말이라도 조심해요."

나는 등줄기에 식은땀이 흐르는 걸 느낄 수 있었다. 그리 높지 않은 천장이 갑자기 아득하게 올려다 보였다. 현기증이 났다. 그러나 나까지 아내와 같이 눈물을 보이면서 내놓고 후회를 할 수는 없었다.

"이제 와서 어쩔 거요. 여기 온 이상 여기서 살아야지. 민중이 아버지는 잘못한 것 없소. 모두 내가 원해서 된 일이오."

아내의 얼굴이 새하얘졌다. 입술을 부들부들 떨었다. 나는 아내가 무슨 말을 하더라도 참으리라고 생각했다. 아내가 내게 막 무슨 말을 표독스럽게 하려는 순간, 방문이 열렸다. 아내도 나도 놀라 입을 다물었다. 그러면서 밖에서 우리 말을 들었으면 어떻게 하나 가슴을 졸였다.

"아빠!"

혜원이와 규원이었다. 나는 두 딸이 너무도 반가워 덥석 둘을 껴안았다. 애들이 지루하여 아빠와 엄마 방으로 들어온 모양이었다. 그 애들은 우리말을 이제 배우고 있었으므로 알아들었다고 걱정하지 않아도 되었다.

"오냐, 우리 새끼!"

아내도 아이들을 같이 껴안으며 콧소리를 냈다. 다행이었다. 아내와 나는 겨우 이성을 되찾을 수 있었다.

13과는 내게 자술서를 쓰게 했다. 나는 그들이 원하는 대로 써 주었다. 그러자 간부 이력서를 내밀었다. 굵은 글씨로, '김일성주의로 일색화하자'라는 표어가 적혀 있는 이력서였다. 그러나 기입하는 내용은 신원 진술서에 다름 아니었다.

하루는 백지도원이 내게 찾아왔다. 최과장도 동행하고였다.

"오박사, 킬에 있는 박병섭과 접선을 해야 하는데 좀 도와줄 수 있겠습네까?"

"내가요? 나는 그 사람을 잘 모르는데."

나는 뒤로 빠질 요량으로 말꼬리를 흐렸다. 그러자 백지도원이 목소리를 싸늘하게 띤다.

"밖에 나가 당을 도와야 하산을 하게 돼 있습네다."

나는 순간적으로 이들을 도우는 척 해야겠다고 생각했다. 두 달 동안 나는 북한을 어느 정도 감지했다면 했다고 할 수 있었다. 그들은 나를 오선생님, 오박사님하면서 사실은 내 멱살을 움켜잡고 있었던 것이다. 나는 공작기구의 손아귀에 있는 신세였다. 이들이 과연 나를 경제학도로서 대접을 제대로 해줄까 하는 생각이 강하게 들었고, 그렇지 않을 것이라는 내 나름대로의 답을 내놓고 있었던 것이다.

"그래야 한다면 그렇게 해야지요."

나는 우선 나 혼자라도 그들의 손아귀에서 벗어나야겠다고 생각했다. 그 다음에 가족을 구하리라는.

나는 김승욱씨의 소개로 박병섭을 세 번 정도 만난 적이 있었다. 하지만 그들은 나보다도 박병섭에 대하여 더 많이, 더 소상히 알고 있었다. 나중에야 추측한 것이지만, 그들은 아마도 1985년 이전부터 북한을 들락거린 어수갑을 통하여 박병섭을 파악했던 것 같다. 박병섭은 어수갑과 서울고등학교 동창이라는 말을 어디선가 들은 기억이 있기 때문이다.

"하지만 나는 박병섭의 주소도 전화번호도 모릅니다."

"그건 걱정하지 마시라요. 우리가 다 알아서 할 테니."

그리고 한 달이 지났다. 아내가 할머니와 음식을 만들었다. 내가 무슨 일이냐고 물었다.

"오늘이 당신 생일이에요."

3월 11일이었다. 나는 우두커니 달력을 쳐다보았다. 벌써 북에 온 지 세 달이 지났단 말인가. 초대소에서 생일이라 며칠 후 13과에서 연락이 왔다. 전두환 대통령의 서독 방문이 발표 된 후에 경비와 경계가 엄중하여 당분간은 사업 수행이 불가능하다는 연락이었다. 대신 백지도원은 내게 '유일 사상 10대 원칙'을 주면서 암기하라고 했다. 박헌영, 이승엽의 재판 기록도 주었다.

그들은 내가 처음 왔을 때와는 달리 냉랭하게 대했다. 아내는 그들의 태도가 변하자 겁을 내기 시작했다. 겁이 나기는 나도 마찬가지였다. 하지만 아내 앞에서 겁먹은 토끼처럼 행동할 수는 없었다.

그들은 느닷없이 초대소를 찾아와 묻고는 했다.

"서독에서 살았으니 승용차를 타셨겠지요?"

"서독에서는 차가 가정의 필수품이므로 우리도 탔습니다."

그들이 올 때는 꼭 식사 시간 전이었다. 나는 이들이 초대소에서 식사가 하고 싶어 오는 게 아닌가 생각하기도 했다.

훗날 평양으로 나왔을 때 이창균의 처로부터 1과장이란 사람에 대하여 들을 수 있었다. 그는 재일 교포 담당이었다고 했다. 교포들로부터 돈과 물자를 거둬 당에 바쳐 신임을 받았다는 것이었다. 그리고 김종한과 함께 나의 북행을 도왔던 백서기관은 신상옥과 최은희가 탈출하자 평양으로 소환되었다고 했다. 그러나 평양을 떠나기 전까지 나는 백서기관을 한 번도 보지 못했다.

나는 13과에 대학의 경제학과와 경제문제연구소, 국제경제문제연구소를 방문하고 싶다고 했다. 연구 상황을 알아보고 싶어서였다. 그러나 나의 요청은 뚜렷한 이유도 없이 받아들여지지 않았다.

18 초대소를 떠나 평양으로 가다

우리 가족이 초대소를 떠나 평양으로 온 날은 1986년 3월 20일경이었다. 설한풍이 몰아치던 소나무 숲과 논밭에 늦지만 해빙이 시작되고 있었다. 거름을 실은 낡은 뜨락또르(트랙터)가 가끔 지나갔다. 까치들이 숲에서 깍깍 울었다.

그날 아침 백지도원이 연락도 없이 찾아왔을 때 나는 혹시나 하고 그의 입을 바라보았다.

"떠날 준비를 하시디요."

그 말에 할머니는 믿어지지 않는지 눈을 크게 떴다. 그러나 나는 반가웠다. 우선 이 산속에서 사람이 모여 사는 곳으로 내려가고 싶었던 것이다. 할머니는 남쪽에서 온 사람과 많이 살아 본 경험이 있었다. 모스크바를 거쳐 입북한 ≪신생철학≫의 저자 부산대 철학 교수 윤노빈과도 살았다고 했다. 그도 우리가 겨울을 났던 초대소에서 3년이나 살았다는 것이었다. 할머니는 가끔 윤노빈의 가족 얘기를 하고는 했다. 아마도 3년이나 같이 살다 보니 정이 들었던가 보다. 윤노빈은 북한에서 정영호로 불렸다. 그는 내가 사용했던 서재에서 김일성 저작집을 읽으며 선전 책자를 썼단다.

할머니가 놀란 것은 당연했다. 초대소에 들어오는 사람들은 적어도 2년은 살다가 나갔는데, 우리 가족은 겨우 3개월을 살았으니까. 때문에 할머니는 나와 가족이 잘못된 것은 아닌지 걱정했던 것이다.

백지도원은 무슨 말끝에 송일섭(가명) 가족이나 '노연' 패거리의 한 가족이 이 초대소를 쓰게 될 것이라고 했다. 본인에게 피해가 갈까봐 이름을 밝히지 않기로 한다.

정오에 로동당 중앙위원회 선전부 지도원이 이삿짐을 나르기 위해 마이크로 버스를 타고 초대소에 도착했다. 나는 그때까지도 어디로 가는지, 어떤 일을 하게 되는지 모르고 있었다.

"어디로 갑니까?"

나는 눈치를 보다가 백지도원에게 물었다.

"평양으로 가시게 됩네다. 가보시면 알게 될 걸 뭘 아실라고 합네까."

그는 더 이상 얘기가 하기 싫은지 슬쩍 자리를 피했다. 이삿짐이 실리는 모습을 바라보고 서있는 내 마음은 허전하다 못해 허탈하였다.

혜원이는 할머니의 품에서 울고 있었다. 할머니와 헤어지기 싫어 칭얼거리는 규원이도 마찬가지였다. 그렇게 지겹게 느껴지던 초대소의 생활이 막상 떠나려고 하니 아쉬웠다. 참으로 알 수 없는 인간의 마음이었다.

언젠가는 폼나게 쓰려고 킬에서 왔던 만년필을 할머니와 아가씨 손에 몰래 한 자루씩 쥐어 주었다. 그 만년필은 서독에서도 고급이었다. 두 여자의 손이 따스하게 느껴졌다. 그들은 이별의 아쉬움과 감사의 표시를 손바닥의 훈기로 전해 주었다.

우리는 승용차를 타고 하산했다. 소나무 숲이 점점 멀어져갔다. 나는 고개를 돌려 그 숲을 오래도록 보았다. 담배를 피우면서, 산책을 하면서 이런저런 생각을 많이 했던 숲이었다. 다람쥐 한 마리가 나뭇가지를 기어 올라가는 모습이 보였다. 산책을 하다 보면 자주 눈에 띄던 그 다람쥐는 아닌지. 숲에는 청설모와 토끼도 가끔 눈에 띄었다. 까치가 우는 소리가 은은하게 들렸다. 이렇게 빨리 하산하는 건 좋은 조짐일까, 나쁜 조짐일까.

모두가 20층이라고 백지도원이 자랑스럽게 지껄였다. 그 중의 어느 아파트 앞에 차가 멈췄다. 기다리고 있던 7명의 사내가 다가왔다. 모두가 후줄그레한 옷차림이었다. 그 중에서 키가 큰 사내가 다가와 인사를 했다.

"환영합네다. 저는 오선생님 가족의 생활을 지도할 생활지도원입네다."

이곳의 사람들은 인사를 할 때 자신의 직급만을 얘기하지 이름을 가르쳐 주지는 않았다. 나는 여러 번 경험했으므로 이상하게 생각하지 않았다.

사내들이 이삿짐을 날랐다. 우리가 살 집은 12층이었다. 곤도라도 없었고 승강기도 공교롭게 고장이었다. 때문에 가파른 층계로 이삿짐을 날라야 했다. 나는 그들에게 몹시 미안했다.

"우리는 집을 보러 올라갑시다."

백지도원이 내게 말했다. 그러자 내 대답을 기다리지 않고 중앙당 선전부 지도원과 생활지도원이 앞장을 섰다. 나는 아내와 애들을 데리고 그들을 뒤따랐다. 숨을 헉헉 몰아 쉬면서 12층에 걸어 올라가자 땀이 비 오듯 했다. 그러나 그들은 땀을 흘리지 않았다.

"공화국에서 제일 좋은 아파틉네다. 보십시오. 위생실(화장실)이 있고 욕탕도 따로 있습네다. 방이 셋에다 부엌이 따로 있습네다."

백지도원은 그렇게 말하면서 눈을 빛냈다. 아마도 그는 이렇게 좋은 아파트에서 살지 않는 것 같았다. 그가 입주증을 건네 주었다. 아내의 명의로 되어 있었다.

"아니, 이름이?"

아내가 내 눈치를 보면서 입주증을 내밀었다. 아내의 이름은 신숙자인데 신숙희로 되어 있었다.

"아, 기거요? 공화국에서는 자(子)자는 쓰지 않습네다. 기건 왜식 이름입네다. 기래서 이쁘게 희자로 했습네다. 사모님은 친애하는 지도자 동지의 큰 배려를 입으셨습네다. 그리고 우리는 이만 가봐야 되니 내일 들르겠습네다."

백지도원이 그렇게 말하자, 생활지도원이 사내들에게 지시를 내렸다. 주로 이사에 대한 것들이었다.

"그럼, 정리 잘 하시라요."

백지도원과 중앙당 선전부 지도원, 생활지도원이 돌아갔다. 사내들은 열심이었다. 쓸고 닦으며 부지런히 일했다.

"여보, 저 사람들을 대접해야 하는데 초대소에서 가지고 온 맥주가 네 병뿐이니 어떡하죠?"

아내가 나를 부르더니 말하였다.

"나가서 사오지 뭐."

나는 아무 생각없이 그렇게 말하고는 밖으로 나왔다. 평양의 제일 번화가인 창광거리였다. 상점이라면 무조건 들어가 물었지만 물건이 없었다.

나는 조선돈 60원을 가지고 있었다. 초대소의 이발사가 바꿔 준 돈이었다. 그는 60원을 주고 20달러를 받아갔다. 그러나 어찌 된 셈인지 창광거리의 상점들은 달러를 받지 조선돈은 받지 않는다는 것이었다. 물건이 있는 집은 달러를 내라고 했고, 조선돈을 받는 상점은 물건이 없었다. 나는 그제서야 초대소의 아바이 이발사와 돈을 바꾼 것을 후회했다.

물어 보니 20달러는 조선돈 2000원과 맞먹는다고 했다. 엄청난 손해를 본 셈이었다. 그렇다고 사기를 당했으니 처벌해 달라고 아바이 이발사를 고발한다는 것도 웃기는 일이었다. 나 역시 긴요하게 쓸 수 있을 것 같아 기꺼이 응했으니. 어렵게 뱀술을 한 병 구할 수 있었다. 이삿짐을 날라

준 사내들에게 뱀술을 대접했다. 저녁을 대접하고 싶었으나 부엌 시설이 미비해 어려웠다.

다음날 생활지도원이 쌀과 부식을 가지고 왔다.

"일주일분 입네다. 다음주에 오갔습네다."

인민반장도 찾아와 불편한 것을 말하라고 했다. 아마도 잘 도와주라는 중앙당의 지시가 내려왔던가 보다. 인민반장은 자주 찾아왔고 애로 사항을 말하면 도와주려고 많은 애를 썼다.

사회안전원도 찾아왔다.

"문단속을 잘하셔야 합네다. 시골에서 평양으로 올라와 남의 거를 훔쳐 가는 놈들이 요즘 많습네다. 조심하셔야 합네다. 사적으로 가지고 있는 물건은 도둑을 맞아도 신고를 할 수 없습네다. 그러니 스스로 주의를 하는 게 제일입네다."

그 덕에 우리 가족은 생존에 대해서는 어려움을 겪지 않았다. 사회 안전원의 말이 시골에 사는 인민들의 생활은 비참하다고 말해 주기도 했다. 그는 그 말을 하면서 목소리를 낮추고는 했다.

나는 이사를 온 후에 평양을 돌아다니면서 나름대로 북한을 알려고 노력했다.

평양역에서부터 변두리까지 나는 부지런히 돌아다녔다. 나를 막는 사람은 없었다. 그러나 공장으로 들어가 볼 수는 없었다. 공장에 들어가 보려면 정문을 통과해야 했고, 정문에는 늘 군복을 입은 군민이 지키고 있었기 때문이었다. 인민학교 아동들이 내 옷차림과 거동이 이상했던지 따라다녔다.

"쏘련 사람! 쏘련 사람!"

뒤에서 따라오면서 아동들이 외치기도 했다. 내가 돌아서서 화를 내면 와, 흩어졌다가 길을 가면 다시 따라오고는 했다. 애들의 순진무구한 눈이 나를 이방인 취급을 한다면 나는 분명히 이방인이라는 생각이 들었다. 조국에 돌아와서 이방인이 되다니.

나는 평양 시내를 돌아다니면서 검문을 당한 적은 없었다. 제지도 받지 않았다. 너무도 자유스러우니 이상한 생각이 문득문득 들기도 했다. 그래도 나는 부지런히 북을 이해하기 위해 싸돌아다녔다. 심지어 평양 근방에서 제일 크다는 '송신' 농민시장을 서성거리며 이것저것 묻기도 했다. 나름대로 북의 경제 관계를 이해하기 위해서였다.

앞으로 기회가 주어지면 북의 경제 문제(재생산 문제)를 다루어 봤으면 한다. 그리고 가능하다면 의료 제도, 교육 제도, 사회보장 문제와 더 나아가 평등의 현실과 사회 정의에 대해서도 샅샅이, 심도있게 다루어 보고 싶은 욕심이 있다. 그날이 오기를 바란다.

우리 아파트 단지 건너에 재일동포 아파트가 있었다. 여자들을 만나면 대부분 경상도 사투리를 써서 반가웠다. 그 아파트는 북이 불란서와 합작하여 호텔로 지었으나, 불란서 기업이 공사중에 철수를 해버리자 북은 재일동포 전용 아파트로 만들어 버렸다고 했다. 호텔보다는 돈이 덜 들기 때문일까.

다시 아득한 바람이지만 북한이 교포 문제와 합영 기업 유치에 실패하는 이유들에 대해서도 연구를 했으면 한다. 덧붙여 북한에 있어서의 '가격과 재생산의 문제'도 연구했으면.

4월 15일은 김일성의 생일로 북한 주민들에겐 가장 큰 명절이다. 명절 전날은 이밥과 돼지고깃국을 배급받을 수 있고, 아동들은 과자봉지를 선물받는 날이기 때문이다. 북한의 체제가 자승자박으로 가는 길이라면, 그 이념 체제를 조금이나마 유지하게끔 기능하게 하는 날이라고 해도 좋으리라.

그날을 바라고 사는 이들도 꽤 있으니까 말이다.

나도 김일성 생일이 되기 며칠 전 혜원과 규원이를 데리고 동흥인민학교에 나갔다. 과자봉지를 받기 위해서였다. 교장선생님과 중구역국당 부위원장의 일장 연설을 듣고 과자 봉지 둘을 받았다. 혜원과 규원이는 아직 학생이 아니었다. 그러면서도 학교에 나가 연설을 듣고 과자를 받아야 했다. 가지 않을 수도 없었다. 무슨 불리가 있을지 모르기 때문이었다.

돌아오는 길에 김현희가 다녔다는 동흥여자고등학교를 보았다.

4월 19일 우리 가족은 일요 야유회에 초대를 받았다. 그 야유회에 가면서도 우리는 '칠보산연락소' 야유회라는 걸 몰랐다. 그날 김중린, 장석규, 윤노빈을 보았다. 하지만 소개를 시켜주지 않아 인사를 나누지는 않았다.

김중린이 마이크를 잡고 등소평의 백묘론 흑묘론을 비판했다. 여자들도 있었는데, 나는 그녀들이 1969년 말에 납치된 KAL기 여승무원들인지 알지 못했다. 누가 얘기해 주지도 않았다.

결국 우리가 초대된 야유회가 칠보산연락소의 야유회라는 걸 알게 됐지만 나는 그때까지도 내가 그들과 같이 방송 요원이 된다고는 생각하지 않았다. 아니 경제학을 전공한 나로선 생각할 수도 없는 일이었다.

19 대남방송 요원이 되다

5월 초순, 혜원이와 규원이가 동흥동에 있는 인민학교에 입학했다. 큰 애는 만 9살이었고 작은애는 만 6살이었다.

"사모님과 갈 데가 있습네다. 사모님은 친애하는 지도자 동지의 크나큰 배려로 공화국에서 데일로 좋은 직장을 얻으셨습네다."

애들이 학교에 들어간 지 겨우 며칠 되지도 않았고 아내는 아직도 완전히 건강을 회복하지 못하고 있었다.

"생활지도원 동무, 아내는 아직도 건강이 나쁩니다. 직장에 나가기는 무리니 고려해 주시오. 그 대신 내 직장 문제를 의논하고 싶으니 최 과장을 좀 만나게 해주시오."

"나는 명령을 받고 왔습네다. 그러니끼니 다음에 최과장님을 만나면 말씀드려 보라우요. 그러나 이미 결정난 일은 뒤집디 못할 겁네다."

그렇게 말한 생활지도원은 아내를 볼가에 태워 가버렸다. 나는 아내를 보호하지 못한 채 떠나는 차 뒤꽁무니만을 바라보고 있는 못난 지아비였다.

저녁에 돌아온 아내는 다짜고짜 울음부터 터뜨렸다.

"무슨 일이야? 왜 우는 거야?"

나는 아내가 무슨 일을 당했다고 생각했다. 그녀를 어떻게 했을까? 고문이나 심문은 하지 않았겠지. 그렇다면 우롱했단 말인가. 내 머리 속에는 수많은 생각들이 교차되었다. 아주 짧은 순간이었다.

아내가 입을 열었다.

"나를 어디로 데려간지 아세요? 칠보산연락소예요. 대남방송 요원으로 쓰려구요. 테스트를 했단 말이에요. 나뿐인 줄 알아요. 당신도 방송 요원으로 쓰려는 것 같았어요."

나는 아연했다. 내가 대남 방송 요원이 되다니! 말도 안 되는 소리였다.

"무슨 소리야. 당신이 뭘 잘못 알았겠지. 그 사람들이 미쳤다고 나를 대남 방송 요원으로 쓰겠어?"

아내는 눈물이 질펀한 눈으로 안타까운 듯이 나를 멍하니 바라보았다.

"당신이란 사람은 참, 속도 좋군요. 하지만 어떻게 하겠어요. 전화위복이라 했으니 그게 더 우리에게 나을지."

그 말은 나를 향한 위로였다. 나는 뒤통수를 둔기로 강하게 얻어 맞은 기분이었다. 아아, 내가 방송 요원이 되다니, 그건 말도 안 돼. 내 가슴속에는 그런 말이 만들어져 울리고 있었다.

이튿날부터 아내는 밥곽(도시락)을 들고 출근했다. 출근도 빨라 5시 30분에 집을 나가야 했다. 돌아오는 시간은 6시 30분이었다. 아내는 이창균이 리인기로 불리며 칠보산연락소의 고문으로 부장급(장관급)이며, 4월부터 9월 말까지 '인민경제대학'에 가서 공부를 하고 있다는 등 이런저런 얘기를 돌아오면 내게 해주었다.

아내는 출근하여 고리끼의 ≪어머니≫원고를 가지고 방송 연습을 한다고 했다. 아내는 또 세포비서와 편성부장과 국장, 부소장에게 이창균의 아내를 방문하게 해달라는 신청을 해놨다고 했다. 아내는 이창균의 처(오군임, 북의 이름으로는 오덕희)를 만나면 뭔가 달라질 것이라며 희망에 들떠 있었다. 며칠을 기다리던 아내는 오덕희를 만나고 왔다며 내게 그들의 얘기를 해주었다.

"오덕희는 북한 사람 다 됐어요. 남편이 장관급이니 그럴 수밖에요."

아내는 하루도 빠지지 않고 방송국에 나갔다. 그러다 보니 건강이 급격히 나빠지고 있었다. 기억력까지 감퇴되는 걸 보고 있다가 나는 칠보산연락소 초급당 비서를 찾아갔다. 당중앙위원회에 통고하여 아내가 건강이 나쁘니 직장 활동을 쉬도록 해 달라는 부탁을 하기 위해서였다. 대신 내가 연락소에 나올 용의가 있다고 했다.

내 부탁은 받아들여져서 아내는 병원에 다닐 수 있게 되었다. 입원은 하지 않고 통원 치료를 하라는 것이었다. 6월 15일부터 아내는 평양의약대학병원에 다닐 수 있었다.

나는 아내 대신 애들을 돌봐야 했다. 아내가 병원에 다니니 오후에 칠보산연락소로 출근하라는 통보를 받았다.

나는 너무 더워 반바지를 입고 칠보산연락소로 나갔다. 85년 남북 적십자회담을 위해 서울을 다녀왔다는 당비서가 나를 호출했다.

사무실로 들어서자 그가 말했다.

"오선생, 앞으로는 빤스만 입고 나오면 안됩네다. 배웠다는 사람이 어떻게 그런 차림을 하고 나옵네까."

나는 당황하여 다시는 그런 일이 없을 것이라고 말하고는 그 자리를 모면했다. 사무실로 돌아오니 내 책상으로 안내해 주었다. 세 사람이 함께 쓰는 방이었다.

내 옆에 앉은 사람은 '혁명 전선'지의 기사를 원고지에 그대로 옮기고 있었다. 기자라고 자신을 소개했다. 그리고는 자신은 남조선 출신이며 작가 김팔봉의 집 머슴이었다고 했다. 김팔봉을 살해하려다가 미수에 그쳐 월북했다면서 묻지도 않는 말을 계속 해댔다. 아들은 외국어 학원에서 독일어를 배운다면서 내게 언제 아들을 좀 가르쳐 달라고 하기도 했다.

또 다른 사람은 곰보였다. 그는 다른 사람과 달리 이름을 댔다.

"반갑습네다. 저는 김승규라 합네다. 로동신문 기자로 있다가 이리로 왔디요. 김일성종합대학 철학과를 나왔습네다. 오선생님 말씀은 많이 들었습네다."

그러나 그는 말과는 달리 한국에서 60년대에 발간된 음악백과 사전을 거의 그대로 베끼는 작업을 하고 있었다. 그들이 쓰는 원고는 '민중의 메아리' 대남 방송에 쓴다고 했다. 두 사람은 공통점이 있었는데, 틈만 나면 열심히 조는 것이었다.

김승규는 한국을 부를 때 '반봉건 식민지 사회'라고 했다. 방송용 원고도 그렇게 작성하는 모양이었다.

"남조선은 반봉건 식민지 사회가 아니라, 자본주의적 상품생산 사회라고 해야 하지 않을까요?"

그가 나를 이상하게 바라보았다. 나는 더 이상 대화를 나누어서는 안된다고 판단했다.

7월 1일부터 나는 김승규와 김팔봉의 머슴이었던 사람과 사무실을 같이 쓰지 않았다. 오전에는 방송 연습만 하면 됐다. 오후에는 도서실에서 무료한 시간을 보내는 게 일과였다. 때때로 김정일의 남조선 특제 품화 지시에 따라 대남 방송 원고 철자법 교정을 맡아 보기도 하였다.

어느 날 황해도 출신으로 김이라는 중앙당 지도원이 찾아왔다.

나는 최근 한국 TV에서 이 사람이 핵통제공동위원회에서 최우진과 함께 북쪽 대표로 나오는 것을 보았다. 그는 나에게 독일에서 공부하는 6명의 한국 유학생 명단을 보이면서 물었다.

"여기서 아는 사람이 있는가 보시오. 인사만 했어도 좋소."

그러나 내가 아는 사람은 없었다.

"전부 모르는 사람입니다."

"자세히 보시오. 혹시 기억이 안 나는지도 모르니."

그러나 없었다.

"정말 없습니다."

"그래요?"

고개를 갸웃하면서 그가 갔다. 나는 괜히 가슴이 서늘하였다.

며칠이 지났다. 백지도원과 황해도산 김지도원이 찾아왔다. 그들은 잊고 있었던 독일 킬대학에서 공부하고 있는 박병섭을 다시 들먹였다.

"코펜하겐으로 가서 박병섭이를 좀 불러 줘야겠수다. 그리고 들으니 큰딸애가 눈이 몹시 나쁘다면서요. 동베를린에서 안경도 하나 맞춰 올 겸."

"며칠간 시간을 주십시오."

웬일인지 그들은 그렇게 하라며 떠났다. 나는 다시 박병섭의 일로 고민을 해야 했다.

이튿날 신분증이 두 개나 나왔다. 하나는 조선로동당 칠보산연락소 지도원의 것이었고, 하나는 직맹원증이었다.

9월이었다. 북한의 가을은 남쪽보다 빠르다. 언제 여름이었냐는 듯 이 밤이 되면 맨살갗에 달라붙는 바람은 벌써 서늘했다. 낮과 밤의 기온차가 커서 그런지 나는 심한 몸살을 앓았다. 거기다가 편도선염이 같이 왔다. 물 한 모금도 마실 수 없을 만큼 심한 통증이었다.

칠보산연락소도 나갈 수 없을 지경이었다. 대신 평양의약대학병원으로 나가 하루에 세번씩 주사를 맞았다. 16년만에 이런 몸살은 처음이었다.

부과장과 백지도원이 어느 날 오후, 초대소 접대원인 김희춘을 데리고 병문안을 왔다. 김희춘은 그새 더 예뻐져 있었다. 사랑을 하는 사람은 아름다워진다는 얘기를 나는 벌써 한 적이 있었다. 여동생같은 김희춘을 만나자 내 마음은 포근해졌다. 나는 그 자리에서 덴마크로 나가 박병섭을 포섭하겠다고 말했다. 그들은 기뻐하면서 내 손을 덥석 잡았다. 한 손은 부과장이, 한 손은 백지도원이 잡았던 것이다. 김희춘은 큰 눈을 더욱 크게 뜨고 내가 덴마크로 간다는 것에 기쁨과 놀람을 표시했다.

이 책을 읽은 이 중에서 혹 어떤 이는 나와 김희춘이 무슨 애정 행각이 있는 게 아닐까, 하고 혐의점을 둘지도 모르겠다. 하필이면 가만 있다가 왜 김희춘이 나타났을 때 공작 기구를 돕겠다고 했느냐 해서 말이다. 하지만 분명히 밝히건대 그런 일은 없었다. 나는 그저 김희춘이 우리 집으로 병문안을 왔다는 것, 그 하나가 기뻤을 뿐이다. 그래서 잠시라도 그녀를 기쁘게 해주고 싶었을 뿐이다.

20 독일에서의 자유를 몰래 그리다

칠보산연락소에서, 아니, 대남 방송에서 내 이름은 민영훈교수였다. 10월이 되자 그들은 드디어 나를 마이크 앞에 세웠던 것이다. '민중의 메아리' 국 대남 방송 요원으로서 토요일을 제외하고 매일 13분간 방송해야 했다. 통일에 대하여, 주체사상을 하늘 높게 우러르고, 종속 경제를 비판하는 것이 내 일이었다. 내 목소리가 전파를 타고 남한 전체에 울려 퍼질 걸 생각하면 솜털이 일어섰지만 하지 않을 수 없었다.

요즘도 여전히 전파를 타고 있는 칠보산연락소의 '구국의 소리' 방송 원고를 하나 소개한다.

[한민전 중앙위, 비밀 핵저장고 건설 관련 성명]
서울에서의 구국의 소리 방송에 의하면 한국민족민주전선중앙위는 남조선 당국이 특정 재벌들을 내세워 미군의 원자탄을 저장하는 비밀 핵무기 저장고를 계속 추진하고 있는 것과 관련하여 이를 규탄하는 성명서를 발표했습니다. 성명 내용은 다음과 같습니다. 한국민족민주전선중앙위원회 성명. 지난 5일 산중에 굴을 파서 미군의 원자탄을 저장하는 극비 공사를 자신이 직접 감독했다는 현대그룹 정주영 전 명예회장의 발언은 날이 갈수록 내외적으로 커다란 물의를 일으키고 있다. 이번 비밀 핵무기고 건설과 관련한 정주영의 발언은 노. 역적의 핵부재 선언

의 진실성을 심히 의심케 하고 있다. 한국에서 미국의 핵무기를 전면
철수시키는 것은 이 땅에 생을 두고 있는 우리 민족의 운명과 직결되는
사활적 문제이다. (이하 생략)

구국의 소리는 마치 남한내의 좌경 세력의 지하 방송인 듯이 위장하
고 있었다. 그러므로 주로 남한 출신 인물들이 근무했다. 이 연락소는 그
섬짓한 목적과 어울리지 않게 모란봉 기슭의 경치 좋은 곳에 자리잡고 있
었다.

이곳에는 1969년 말에 납치된 KAL기 여승무원 성경희, 정경숙도 방
송 요원으로 있는 곳이었다. 나는 그들과 만나 이야기를 나누려고 여러번
시도했다. 그러나 그럴 기회는 오지 않았다. 만나서 뭘 어쩌겠다는 구체적
인 계획도 없었다. 나는 그녀들은 납치를 당했으므로, 그리고 오래도록 북
에서 살았으므로 내게 해 줄 말이 많을 것이라고 생각했던 것이다.

남한에 대한 얘기는 금기였다. 그래서인지 우리는 번연히 하고 싶은
얘기는 놔두고 쓸데없는 잡담을 해야 했다. 그녀들은 얼마나 남쪽의 얘기
를 듣고 싶을까. 나는 그걸 그녀들의 눈빛에서 볼 수 있었다.

그러나 나나 그녀들이나 한국에서 살아 본 사람들이었다. 소풍을 가
본 사람이라면 알 것이다. 그늘이 좋고 앉을 자리가 좋아 보이는 곳이면 어
김없이 누군가가 먼저 지나갔다는 걸. 그리하여 멀리서는 그렇게 좋아 보
이는 곳도 막상 가까이 다가가 보면 동물의 똥인지 어느 민간이 심술로 배
설한 것인지 지저분한 배설물이 있는 것을 본 경험이.

북한의 사회가 그랬다. 멀리서는 평등이 지켜지고, 먹고 입는 걸 걱정
하지 않아도 되는 사회, 그뿐인가, 무료 의료 제도에 학비없이 공부를 할
수 있고 직업을 걱정하지 않아도 되는 곳. 그러나 막상 들어와 보면 허점투

성이었다. 사람들은 부지런히 일을 하지 않았고 능력이 있어도 소용이 없었다. 그녀들은 그걸 나보다 먼저 알았을 것이고 그 사회에 염증을 느끼고 있었을 것이다. 그러므로 우리의 눈빛과 눈빛에는 자유 사회에 대한 공감이 흘렀다. 마치 사랑하는 사람이 내는 눈빛을 우리는 만나면 서로 내었던 것이다.

칠보산연락소의 생활은 단조롭기 그지없었다. 나는 입국하기 전에 기대했던 경제학자로서의 꿈이 산산조각 나는 걸 느낄 수 있었다. 이게 뭔가. 이렇게 살려고 입북했단 말인가. 내 마음은 콩이 불판 위에서 튀듯이 어지럽게 갈등했다. 현실과 이상의 괴리가 나의 존재를 무색케 했다. 머리속에 잡혀 있던 세계관은 시간시간 부식되어 갔다.

10월 하순의 어느 날 오후 4시쯤이었다. 옆방에 있는 현룡학 국장이 찾아왔다. 그는 베트남 전쟁 때 게릴라를 훈련시키는 특수 요원으로 투입되었다고 했다. 그 당시의 계급은 중좌였단다. 몸집이 크고 성격도 좋았다. 월 생활비로 180원을 받으면서 창광 거리에 사는, 북한의 엘리트였다. 그러나 그도 영양이 부족하여 얼굴에 기미가 많았다.

그와 나는 점심 식사를 같이 하고 모란봉을 산책하는 때가 가끔 있었다. 그는 나를 좋아했다. 려과(필터) 담배를 나한테서 얻어 피울 수 있어서만은 아닌 듯했다. 말이 났으니 말이지만, 칠보산연락소의 요원 대부분이 필터가 없는 '해당화'나 '제비' 담배를 피웠다. 그만큼 생활에 쪼들린다는 표시였다. 하지만 나는 필터 담배를 피웠다. 그래서 요원들은 내게 담배를 얻어 피우려고 쓸데없이 접근하는 수가 많았다. 그리고는 주저리 주저리 떠들면서 담배를 얻어 피우는 것이었다.

현룡학 국장이 방으로 들어오더니 말했다.

"오선생, 초급당 비서에게 가보시라요."

나는 무슨 일이냐고 물었다.

"나도 잘 모릅네다."

초급당 비서의 방으로 갔다. 방에는 제5과 부과장과 김지도원 그리고 백지완 지도원이 와 있었다.

"오선생, 준비하고 나오시지요. 대외연락부장 동지를 만나야 합네다."

동베를린 공작 책임자로 활약했다는 제5과 부과장은 설날 초대소에 찾아와 혜원이와 하루 종일 장기를 두었던 자였다. 나는 잡기를 하지 못했지만, 큰애는 이상하게도 그런 걸 빨리 배웠다. 나는 그때 지루해 하지 않고 아이와 장기를 두는 부과장의 인내심이 대단하다고 생각했다. 그는 백지도원과 달리 유순한 성격 같았다. 백지도원은 윤노빈도 혀를 내두르는 자였다. 아마 신상옥과 최은희도 혼줄이 났으리라. 그리고 윤이상씨 부인, 독종 이수자도 혼났다는 사실을 내 앞에서 내뱉은 적이 많다.

한때 이수자는 김정일과 허담의 주변에서 충견처럼 일을 한 여자였다. 그녀가 독종이라는 건 나도 여기저기서 들어서 알았다.

아무튼 나는 세 사람과 칠보산연락소 밖에 세워 둔 메르세데스 벤츠에 탔다. 차가 당도한 곳은 연초 어느 날, 강부부장에게서 점심 식사를 초대받았던 모란봉초대소였다.

그곳에는 제5과 홍과장, 김지도원이 도열해 있다가 나를 맞았다. 나는 얼떨떨한 기분이었다. 이들이 왜 나를 도열해서 맞는가? 마당으로 내부가 들여다보이지 않는 창을 단 최신형 메르세데스 벤츠가 한 대 들어섰다. 차에서 내린 사람은 대외연락부장 리창선이었다. 그러니까 그들이 도열해 있던 진짜 이유는 딴 데 있었던 것이다. 그들은 나와 리창선을 함께 안내했다.

"그리로 앉으시디요."

홍과장이 상석을 가리켰다. 내 바로 옆 왼쪽에 대외연락부장 리창선이 자리를 잡았다. 나는 당황하여 황송해 했다. 그러자 리창선이 오히려 손사래를 치며 안심을 시켰다. 우리 앞으로 홍과장과 백부과장, 백지도원과 김지도원이 필기 도구를 펼치고 앉았다.

리창선은 대단한 고위 간부였다. 그는 칠보산연락소에서도 강론한 적이 있었는데, 김일성과 김정일주의를 신비화하는 내용이었다. 나는 고위 간부 옆에 앉는 영광을 가졌던 것이다. 앞으로 어떻게 일이 돌아가든지 간에 나는 기분이 좋았다.

리창선은 인삼차와 양담배를 내게 권했다. 그러자 앞에 있는 당료(黨僚)들이 내가 리창선과 맞담배질을 할까봐 눈을 동그랗게 뜨고는 나에게 애원하는 눈빛을 보냈다.

"괜찮습니다."

내가 사양하자 당료들이 안도를 하는 눈빛을 보였다. 나는 속으로 그들을 비웃으며 한 대 받아 피울 걸 그랬다는 생각을 했다.

"오선생, 공화국에 들어와서 본 첫인상이 어떠했소?"

리창선이 거의 표준어에 가까운 발음으로 물었다.

"친애하는 지도자 동지께서 일꾼들이 모두 패배주의에 빠져 있다고 지적하셨듯이 혁명적인 열정이 꺼져 있는 듯한 인상을 받았습니다."

내 대답은 사실 조금 건방진 것이었다. 하지만 사실이었다. 내가 보기에 북에는 인간 생명이라는 유기체와 순환 관계에 있는 경제가 완전히 활력을 잃고 거의 마비 직전에 있었다. 따라서 인민은 생기를 잃고 시들어 갔으며 열악한 살이의 조건 때문에 엄청난 고난을 당하고 있었던 것이다. 이런 사회에서 만약 생명의 힘과 정열이 요동쳐 준다면 그때껏 인민을 세뇌하고 우롱하고 기만하고 폭력을 휘두른 체제는 쉽게 붕괴되고 말 것이다.

145

하지만 인민은 부지런을 떨지 않았고 당연히 생기가 죽어 있었다.

북한에서는 김일성의 교시나 김정일의 말씀을 정확히 인용하면 아무리 큰일 날 소리도 무난하게 넘어간다는 걸 나는 알았다. 그래서 김정일의 말에 슬쩍 내 사고(思考)를 집어넣어 말했던 것이다.

북에서 가장 무서운 죄명은 '유일사상 10계명'이다. 여기에 걸리면 쥐도 새도 모르게 사라져 버린다. 한국의 반체제 인사들이 떠들어 대는 '사회안전법'이란 건 거기에 비하면 아무것도 아닐 것이다.

언젠가 김성애가 김일성의 처라는 걸 아무것도 모르고 말했다가 홍역을 치를 뻔한 적이 있었다. 나는 초급당 비서에게 김일성과 김성애 부부 사진(알제리아 방문시)이 서독 신문에 난 걸 본 적이 있다고 설명하여 겨우 낭패를 모면했던 것이다.

리창선이 말했다.

"지금 남조선에는 해방구니 뭐니 하면서 화염병을 던지는 등 너무 경거망동하고 있소. 위대한 수령 김일성 동지께서는 혁명 역량의 약화를 우려하고 계십니다. 방송만으로는 위대한 수령님의 뜻을 전달할 수가 없어서 안타깝소."

잠시 침묵이 이어졌다.

"그러니 오선생께서 위대한 수령님의 교시를 받드는 당 사업을 좀 도와주셔야 겠는데 사업의 성공 여부를 어떻게 보시오?"

앞에 앉아 필기를 하던 자들의 얼굴이 통색이 되었다. 그들은 나에게 애원하는 눈초리를 보냈다.

"성공 반 실패 반의 확률이지만 시도하여 위대한 수령님의 교시 관철에 한몫을 하겠습니다."

내가 그렇게 대답하자 그들은 기뻐 어쩔 줄 몰라 했다. 내가 만일 거절을 해버리면 자신들의 업적 세우기가 수포로 돌아가는 때문일 것이다. 나는 거절을 한다 해도 나를 당장에 어떻게 하지는 못할 것이라는 생각이 들었다.

리창선이 시계를 보더니 일어섰다. 나도 시계를 봤다. 그를 만난 지 45분이 지나 있었다. 나는 그가 그냥 일어나는 게 몹시 서운했다. 시장기가 돌았고, 그보다 대외연락부장을 만났으니 잘 얻어먹을 거라고 은근히 바랐던 것이다.

공화국의 최고 지성인들이 모여 있다는 칠보산연락소. 그 요원들도 초대소에서 일주일만 머문다면 소원이 없겠다고 했다. 자유로이 쉴 수 있고 잘 먹을 수 있기 때문이었다. 나는 출근할 때 밥곽(도시락)을 들고 오는데, 요원들은 물론 국장이나 부소장도 풀기없는 강냉이 국수로 점심을 때워야 하는 실정이었다. 게다가 가만히 보니 10월은 북한의 '강냉이 고개'였다. 사람들의 뇌와 근육에 영양이 공급되지 않는데, 의식과 창조와 자주성을 따져서 무엇하랴. 다 배부른 자들의 놀이에 불과 한 것이다. 나는 순간적으로 그런 생각을 했다. 그러나 입 밖으로 내색하지 않았다.

"5과장, 오선생을 모셔다 드리시오."

리창선이 홍과장에게 명령했다. 홍과장은 차렷 자세로 그 명령을 받았다. 그리고 리창선이 떠나자 나를 차에 태웠다. 집에 돌아오자 아이들이 반겼다. 평소보다 일찍 들어왔기 때문이었다. 백치완이 말했다.

"허담 동지가 오선생을 한 번 만나고 싶어하십네. 사업을 성공적으로 마치고 돌아오면 만나게 될 겁네. 그리고 이번 사업은 중요한 것이니 사모님에게도 꼭 비밀로 해야 됩네."

나는 고개를 끄덕여 백치완을 안심시켰다. 그러나 그가 떠나고 나서 나는 아내에게 북을 떠날 날이 다가오고 있다고 알려 주었다. 아내는 내가 돌아오기 전부터 맥박이 불규칙했단다. 그녀는 이제 심장경색증까지 앓고 있었다.

"나는 이곳에서 살아날 것 같지가 않아요. 이곳은 죽음의 질서가 지배하는 것 같아요. 너무 굳어 있고 너무 경색돼 있어요. 내 심장만큼이나요."

"밖으로 나가면 무슨 구멍이 생길지 모르겠소."

나는 그렇게 말하고는 얼른 입을 다물었다. 순간적으로 나온 말이었다. 그러나 그 순간부터 나는 탈출을 한시도 머리속에서 떼어 놓지 않았다.

변명이 아니라 나는 아내를 살리기 위하여 북으로 왔다. 왜냐하면 아내는 간염을 앓았고 일단 나았지만 그 후유증은 심각했다. 오죽하면 부부가 성관계를 갖지 못했겠는가. 그러나 결과는 아내를 죽이는 꼴이 됐다.

나는 그 밤 냉장고에 있는 술을 모조리 꺼내 먹었다. 그래도 취하지 않았다. 가을밤 평양 하늘에 떠 있는 별이 내 눈에는 조금도 아름답지 않았다.

다음날은 토요일이었고, 토요일은 학습의 날이었다. 나는 평일과 마찬가지로 5시 30분에 집을 나섰다. 평양역까지 걸어가 무궤도 전차를 타고 가다 계월향거리가 있는 가루개에서 내렸다. 전우탑을 오른쪽으로 끼고 돌다가 모란봉으로 올랐다. 바로 칠보산연락소, 이른바 남한 땅 어딘가에서 지하 좌경 세력이 방송을 하는 것처럼 위장한 한국민족민주전선 중앙위원회에 도착했다.

나의 초대소 일정은 이랬다.

06:30~07:00 아침 청소.

07:10~08:00 당회의에 참석.

그러나 나는 비당원이었으므로, 30대 초반의 여성이 반장을 맡고 있는 자체 모임에 참가하여, 강냉이 국수를 점심으로 작식(취사)하는 두 40대

과부와 함께 고해성사를 해야 했다. 고해성사라는 것은 김정일 어록인 옥색 표지의 '친애하는 지도자동지의 말씀'을 기본으로 삼아 자체 비판을 하는 것이었다. 자체 비판이라는 것은 과학적인 의미에서가 아니라 마치 종교의식과 같은 거였다. 그저, '내 탓이로소이다! 잘못했습니다'만 잘하면 됐다. 그야말로 전인민의 백치화를 하려는 수작이었다. 기가 막히는 억압 체제의 유지를 위한 수단이라고 해도 좋으리라.

다시, 08:10~12:00 김일성, 김정일 부자의 덕성, 위대성, 영명성에 대한 것을 학습하며 필기를 해야 했다.

12:00~13:00 점심 식사 및 휴식.

13:00~18:00까지는 소위 로작 학습이라고 부르는, '김일성의 조선로동당 건설의 력사적 경험'을 반복하여 학습하는 것이었다. 부소장이나 국장이 학습을 지도하는데 모두 요령껏 잠을 잤다. 가만히 살펴도 코를 고는 사람이 없다. 나는 북한 주민의 현명한 대응에 혀를 내둘렀다. 하기야 평생을 그렇게 학습에 동원되니 도가 틀만도 할 거였다. 이래서 사회주의, 특히 주체사상을 앞에 내세우고 있는 북한의 경제가 말이 아니구나 하는 생각이 들었다.

18:30에 퇴근하여 고려호텔이 빤히 보이는 창광거리의 집으로 돌아오면 19:30이나 20:00가 되었다. 책을 보다가 혹은 텔레비전을 보다가 22:00면 잠을 자는 싱거운 생활.

그해 10월 27일 일요일. 나는 광복 거리 건설 노동에 자원이란 미명의 근골 노동에 참여했다. 성능 나쁜 확성기가 찍찍거리고 나는 시멘트 블록을 만들었다.

10월 30일 수요일은 남조선 텔레비전 녹화를 볼 수 있었다. 프랑크푸르트에서 있었던 안상근의 추도식이 방영되었다. 훗날 북에서 탈출하여 독일에서 오석근에게 그 얘기를 했더니 화를 벌컥 내었다.

"보쿰에 사는 김광호의 짓이다. 그놈이 촬영을 해서 보냈구나. 죽일 놈!"

나는 그 말을 듣기 전까지 이영빈 목사가 그 짓을 했을 것이라고 생각했다. 아마도 미루어 짐작컨대, 백지도원이 안상근에게 북에 아버지가 살아 있다는 걸 미끼로 삼아 공작원으로 썼다고 생각된다. 주위의 얘기를 들어도 내 짐작이 맞아떨어진다.

11월 1일은 금요 노동에 참가하는 날이었다. 그날 나는 주독일 대사관 노무관으로 있다가 입북한 유성근을 만났다. 우리는 산에서 갈비(낙엽)를 긁어 모아 퇴비를 만드는 작업을 하면서 얘기를 나누었다. 그의 말이 자기의 처와 박대원의 처가 사촌이라고 했다. 그래서 북에 들어왔다고 했다. 그는 박대원이 매년 북으로 왔다가 가는데 어쩐지 올해는 오지 않는다면서 몹시 기다렸다.

나는 이창균이나 그의 처한테서도 박대원이 북에 들락거린다는 말을 들은 적이 없었으므로 새로운 사실에 놀랐다. 유성근을 만나지 않았다면 나는 박대원에 대해서 까맣게 모르고 있었을 것이다.

송두율은 김일성과 함께 찍은 사진을 내보이며 총애를 받은 걸 은근히 자랑해 댔으니, 그에 대하여 무슨 말을 해도 괴롭지 않다. 하지만 박대원은 조금 다르다. 나는 북한으로 가기 전에 그에게서 직접 무슨 말을 들은 적이 없었다.

유성근은 한국에서 고급 공무원을 했으므로 15년간 완전 격리된 건물에서 대남 선전물 철자법 교정을 맡았다고 말했다. 그에게서 완전한 종교적 금욕주의의 면모를 발견할 수 있었다. 나는 그를 보면서 박대원을 미워했다. 도사라는 별명을 들으면서 사람들로부터 존경을 받는 박대원, 그는 사촌 동서를 북에다 매장시켰던 것이다.

11월 2일 토요일.

장석규 부소장(정하룡의 동생으로 본명은 정현룡, 경기고 졸업, 서울 공대 금속과 졸업, 불란서 유학중 월북, 경기여고와 이화여대를 나온 부인과 월북한 후 창씨개명을 당해 성도 이름도 빼앗겼음)이 나를 호출했다. 부소장의 방에는 현룡학도 있었다.

"오선생님을 당중앙위원회로 소환한다고 합니다. 지방 공장 시찰을 한 달간 하기 위해서랍니다. 월요일부터는 연락소로 나오지 마십시오."

나는 올 것이 왔구나 생각했다. 월요일 날 갈지도 모른다는 생각도 들었다.

11월 3일은 일요일이면서 선거 날이었다. 인민 주권의 날로 불리는 인민대의원 선거가 치러지는 날이었다. 사람들은 외교부 아파트 마당에 질서도 정연하게 줄을 서서 차례를 기다렸다. 나는 문득 선거 날 마을 어른들이 대접받던 막걸리를 떠올렸다. 그러나 북한에는 막걸리가 없었다. 막걸리 한 잔도 얻어먹지 못해 빼빼 마른 노인네들만이 무엇이 좋다고 온종일 어거지 춤을 추고 있었다.

중구역구당 부위원장과 생활지도원이 투표함을 우리 집안에 들고 들어와 강제 투표를 시켰다. 대의원 이름은 김응삼이라고 기억된다.

종일 집에서 보냈다. 덴마크 코펜하겐으로 떠날 날이 다가오고 있어서였다. 어쩌면 오늘이 가족과 있는 마지막 날인지도 모른다. 나는 그렇게 생각하고 애들에게 필요 이상으로 많은 말을 하고 필요 이상으로 많이 웃어 주었다.

오후에 이창균의 처가 배낭에 뭔가를 넣어 가지고 찾아왔다. 봉건 누습을 버리고 여성 해방을 한답시고 김일성이 내린 교시로 머리에 이고 다니는 것을 금지시켰기 때문에 북한 여성들은 배낭을 짊어지고 다녔다. 이창균은 리인기로 불린다는 말을 벌써 했다.

"애 아버지는 종곤일 제일 미워해요. 수재들이 다니는 제일 고등중학교에 다니는데도 말이죠."

생글거리면서 종곤 엄마는 아들을 빙 돌려 칭찬했다. 이창균은 대신 종곤의 동생인 딸을 귀여워한다고 했다. 그러나 그 애는 TV도 거짓말이고 모두가 거짓말이라며 공부를 하지 않아 '락후'란 점수를 받는다고 했다. 이창균이 딸을 귀여워하는 이유가 혹시 북한의 엉터리 공부를 하지 않는 데에 있지 않을까?

배낭에 넣어 온 것은 미역이었다. 북에 와서 처음으로 보는 미역이다. 아내가 그걸 먹고 제발 동맥경화증이 나았으면 싶다. 나는 아내에게 충분한 영양을 공급하고 싶어 애쓰지만 구할 수가 없어 늘 안타까웠다. 농민시장에서 왔다는데 왜 내 눈에는 미역이 보이지 않았을까. 생선도 구하기가 하늘에 별따기였다. 배급되는 명태는 좀 흔하지만 그 밖에는 도무지 눈에 띄질 않았다. 그것은 일본으로 전량 수출을 하기 때문이라고 했다. 이렇게 먹거리가 없이 어찌 사람들이 지금껏 살았을까. 또 앞으로 어떻게 살아가란 말인가.

황석영은 "여기도 사람이 살고 있네"라고 했지. 하지만 그가 어찌 그런 걸 알랴. 그렇지 않다면 눈에 백태가 끼었거나 일부러 보지 않았을 것이다. 그뿐인가. 윤이상의 부인 이수자도 내게 "북에도 2천만의 사람이 살고 있어요. 그런데 왜 망설이시죠?"라고 했었다. 살만하다는 뜻으로. 누가 살고 있는 것 그 자체를 부인하랴. 사람들은 자기 눈을 스스로 찌른 내가 이런 말을 하면 그렇게 후회할 걸 뭣하러 갔느냐고 할 것이다. 하지만 선택이라는 것은 그 잘되고 못됨이 당장에 결판나는 건 아니다. 세월이 흐른 뒤에야 알게 되는 게 훨씬 더 많다. 그래서 인생은 오래 살아 봐야 그 맛을 안다고 하지 않던가.

아내와 이창균의 처는 계속하여 운다. 둘은 10년 전, 그러니까 70년대 중반, 프랑크푸르트에서 있었던 '민건' 모임에서 한 번 만났던 사이였다. 그런데 저토록 울 수가 있다니?

그러나 아내는 내 우려와는 달리 내가 공작원으로 파견된다는 걸 말하지 않았다. 나를 무사히 내보내기 위해서이리라. 역사 발전을 인민의 눈물과 땀과 피를 필연적으로 흘리게 해야 뛰어넘을 수 있다고 오판한 먹물들 때문에 남편을 따라와 고초를 겪어야 하는 여인들은, 내가 보는 앞에서 눈물을 계속하여 찍어대며 독일에서의 자유를 그리워하고 있었다. 하지만 아내도 이창균의 처도 내놓고 독일에서의 자유를 그리워하지는 못했다.

아내는 이창균의 처가 미역을 가져왔던 배낭에 쌀을 넣어 주었다.

"이렇게 귀한 걸."

"쌀이 부족하나요?"

아내가 물었다.

"애 아빠가 부장 대우는 받지만 양식은 인민반 공급으로 받아요. 아직 오박사님한테는 이런 쌀을 주지만 곧 아닐 거예요. 좋은 쌀은 타일랜드를 통해 수출하고 인민들에게는 토막쌀을 사료로 수입해 배급하거든요. 게다가 평양 외의 지방 배급은 쌀이 2에 잡곡이 8이에요."

나는 공작원용 려과 담배 20갑을 배낭에 넣어주었다. 그녀가 말은 안하고 배시시 웃는다. 나는 공작원으로 대접받아 필터 담배를 배급받고 있었다.

그녀가 가고 오랫동안 우리 부부는 서로의 얼굴을 쳐다보지 못했다.

21 밀봉 교육을 받다

　나는 칠보산연락소에서 노멘클라투라(공산귀족)였다. 나뿐만이 아니라 한국에서 온 장석규(정현룡을 북에서는 이렇게 부름) 부소장, 정영호(창씨개명당한 전 부산대 철학과 교수 윤노빈), 리인기(이창균), 김중린 소장, 불란서 파리에서 북으로 들어온 허홍식 등 몇 사람만이 가끔씩 밥곽(도시락)을 먹는 권한을 부여받은 노멘클라투라였다.

　그래서인지 다른 사람들이 내게 던지는 시선이 곱지 않았다. 그들의 눈은 '야, 이 새끼야, 북에는 뭣 빨려고 들어왔어? 너희들의 눈과 귀는 막혀 있었냐? 너희는 여기가 지상낙원인 줄 알았어?' 하고 묻는 것 같았다. 나는 그들의 눈에서 조소와 멸시를 보았다. 그러나 그걸 봤다고 해서 남쪽으로 가는 기차표를 사서는 털고 떠날 수도 없는 노릇이었다. 아아, 그렇게 할 수만 있다면!

　그들이 우리에게 보내는 증오는 부러움이 쌓여 그리 된 것이었다. 자기들은 일년에 고작 두세 번의 고기 배급을 받는데, 나는 특별히 일주일에 적으면 한 번, 많으면 두 번의 돼지고기 배급(비록 반이 비곗덩이일지라도) 1킬로그램을 받았던 것이다.

　그것은 평등을 주장하는 사회에서 눈알이 뒤집힐 일이었다. 게다가 나는 다른 노멘클라투라와 달랐다. 공작원이 돼야 했기에 필터 담배까지 배급 받았던 것이다.

농민시장에서 은밀히 거래되는 려과 담배는 한 갑에 20원이란다. 붉은거리에 사는 허홍식도, 김현희가 살았다는 문수거리에 사는 윤노빈도 려과 담배를 배급받으면 피우지 않고 농민시장에 내다 판단다. 려과 담배는 경조사에 선물로 많이 쓰인다고 했다. 연금 생활자가 한달에 받는 연금이 20원이니 엄청난 가격이다. 달걀이 하나에 3원이라는 걸 감안한다면 더욱 그렇다.

이창균의 아내가 돌아가고 나자 아내의 결심은 더욱 굳어진 듯했다. 아내는 저녁을 먹고는 혜원과 규원이를 재웠다. 우리 둘만 있게 되자 아내는 독일에서 학위 구두시험을 칠 때 맞추었던 양복을 챙겨 가방에 넣었다.

"이제 헤어질 시간이 다가오고 있어요. 밖으로 나가 어떻게든 식구들을 빼내세요. 그렇게 하지 못하면 교통사고로 식구들이 모두 죽었다고 생각하세요. 혜원이와 규원이는 아직 어리니까 이 사회에 어쩌면 적응을 할 거예요. 그리고 당신이 도망친다 해도 이들이 우리를 죽이지는 않을 거예요. 그리고 술을 좀 적당히 마시세요. 당신이 만약 내 말을 흘려 듣고 공작원이 되어 다른 사람을 이곳으로 끌어들인다면 우리는 정말이지 구제받을 수 없어요. 그러니 명심하세요. 다시 한 번 말할게요. 돌아오지 마세요. 우리는 죽어도 좋으니 더럽게 살지 마세요. 이럴려고 박사가 된 게 아니잖아요."

웬일일까? 나는 울지 않았다. 아내의 건강은 여전히 엉망이었다. 그동안 평양의약대학병원에서 진료를 받았지만 건강은 좀처럼 호전되지 않았다.

가슴이 터지는 것 같았다. 밖으로 나왔다. 무작정 고려호텔 쪽으로 걸었다. 호텔에서 걸음을 멈춘 나는 호텔 접견실 안을 들여다보았다. 중견 당간부들이 테이블 매너 훈련을 받고 있는 모습이 보였다. 맥주 마시는 연습은 꼭 연극을 하는 것 같았다. 여러 번 되풀이하더니 모두들 일어섰다. 그리고 불이 꺼졌다.

나는 안으로 들어가 맥주를 한잔 하고 싶어 미칠 것 같았다. 집에는 맥주가 없었다. 한 달에 두 병을 배급 받았지만. 9월 달치는 병문안 온 국장과 세포비서가 마셔 버렸고, 10월 달치는 생활지도원과 초급당 비서가 마셔 버렸다. 그들은 돼지고기가 배급 나오는 날을 귀신같이 알고 찾아왔다. 나는 그들에게 비곗덩이를 나눠 주고는 했다.

그들은 모두들 대학 교수들보다도 생활 조건이 나은 자들이었다. 월 생활비가 150원이 넘는데다 금요일에는 연락소 부속농장에 금요 노동을 나가 식물성이지만 그래도 이런 저런 먹거리를 구할 수 있는 자들이다. 그런 그들이 먹을 걸 보면 환장을 하는데 다른 사람들이야 말해 무엇하겠는가.

잠이 오지 않는다. 내일이면 나는 가족과 헤어져야 한다. 고려호텔 로비를 들여다보다 어떻게 집으로 왔는지 모르겠다. 아내의 얼굴에 눈물 자국은 보이지 않았다. 손을 뻗었다. 얼굴에 물기도 만져지지 않았다. 닦아 버렸겠지.

아내는 강한 여자였다. 그녀가 나고 내가 그녀라면 나는 지금 어떤 심정일까? 그러나 아내의 가슴은 평소보다 몹시 뛰고 있었다. 아아, 이 밤으로 당신과 나는 헤어져야 하다니!

1986년 11월 4일 월요일.

이날의 기억을 생생하게 옮겨 주기를 원하는 사람들에게는 미안한 말을 먼저 전하고 싶다. 솔직히 그날의 생각만 하면 가슴이 떨리고 눈앞이 캄캄하여 아무것도 생각나지 않기 때문이다.

가족과 헤어진다는 걸 경험해 본 이들은 내 마음을 알 것이다. 아 아, 어떻게 그날의 일을 샅샅이 기억한단 말인가! 그러나 기억해야 한다. 기억

나는 데까지. 그리하여 더 이상의 어리석은 오길남이 나오지 않게 하기 위하여.

나와 아내가 예상했던 대로 아침에 승용차가 집으로 왔다. 오늘이라고 생각을 하고 있었지만 나는 놀라는 척했다. 운전사는 초대소에 있던 아바이였다. 6·25 당시 인민군으로 낙동강까지 내려갔다 왔다는 골수 공산당원. 그는 북한 실정에 빠삭하면서도 절대로 묻는 걸 말해 주지 않았다.

이번에도 그는 입을 실로 꿰맨 듯이 앉아서 운전을 했다. 기억이 희미하지만 차가 선 곳이 전승동이라고 생각된다. 건너편에는 김일성대학 후문이 보였다. 김일성대학은 룡남동에 있다. 3호 청사 부근에서 차가 섰다.

옆에 앉아 있던 백지도원이 차에서 내려 3호 청사 쪽으로 사라졌다. 3호 청사는 과장들과 부과장, 그리고 중앙당 지도원들이 드나들며 일을 꾸미는 곳이었다. 이 주위 어딘가에 소위 초대소 공급소가 있을 것이다.

백치완이 청사에서 나오더니 다시 차를 탔다. 그리고 운전기사만 들을 수 있도록 귀엣말을 했다.

승용차는 들판을 지나 산속으로 달렸다. 마치 우리가 처음 평양으로 올 때와 비슷한 상황이었다. 아니, 그 길로 차는 달리고 있었다. 길가로 걸어가던 애들이 고급 승용차에 탄 높은 사람들에게 손을 들어 인사했다. 그 모습이 꼭 하이 히틀러를 복창하며 손을 드는 히틀러 청년 당원들 같았다.

대동강 상류 옆 2층으로 된 초대소에 도착했다. 정오가 가까워 오는 시간이었다. 몇 개월 전 우리 가족이 살았던 초대소가 보였다. 그때는 대동강이 꽁꽁 얼었는데, 지금은 유유히 흐르고 있다. 꿩이 자유롭게 날아가는 게 보인다. 까치가 울었다.

까치란 길조라는데.

초대소 마당에는 김장 배추가 수북이 쌓여 있었다. 여자가 두 명 나와서 인사를 한다. 평양에서 마주치는 여자들보다 안색이 좋았다. 초대소에서 잘 먹어서 그러리라.

해외로 나가는 공작원들이나 북에서 혁명가로 호칭되는 조총련계나 구미에 사는 '통일인사'들이 들어와 밀봉교육을 받는 곳. 이곳에서 신상옥과 최은희도 한동안 있었으리라. 나도 이제 공작원이 되기 위하여 이곳에서 교육을 받아야 한다.

식사를 하고 곧바로 교육에 들어갔다. 공작원이 공작 활동을 하는 영화를 보는 것으로 교육은 시작됐다. 영화가 끝난 후 저녁에 홍과장과 중앙당 김지도원이 들어왔다. 나는 그들이 시키는 대로 김정일 사진 앞에서 공작원에 대한 선서를 했다

"친애하는 지도자 김정일 동지께서 맡기는 임무를 수행할 것을 맹세합니다."

교육은 정신없이 돌아갔다. 대안중기계련합기업소, 사회주의성과 전시관 등을 시찰했다. 이는 공업 능력 성과를 접선 대상자인 박병섭과 이문호에게 잘 설명하도록 하기 위해서라고 했다.

백지도원과 김지도원은 박병섭과 이문호를 코펜하겐으로 유인할 때 내가 어떻게 통화를 해야 좋을 것인가에 대해 가상 시나리오를 쓰게 했다. 나는 그들이 바라는 대로 써 주었다.

"좋습네다. 합격입네다! 이제는 좀 쉬셔야겠습네다. 건강해야 과업을 완수할 수 있을 것입네다."

나는 충분한 영양식을 공급받고 휴식을 취할 수 있었다.

몸이 편해지니 가족의 얼굴이 자주 떠올랐다.

하루는 초대소 밀영 지대 담당 의사가 나의 건강 상태를 진단하고 돌아갔다. 그리고 얼마 후에 다시 남산병원 의사가 또 왔다. 그는 내게 불가

리아제 항생제를 복용하라며 줬다. 교육이 느슨해졌지만 아주 없어진 것은 아니었다. 계속하여 영화를 보았다. 제목도 으스스한 '적의 수중에 들어가면 스스로 죽어라' 따위 들이었다.

양복 재단사가 와 내 몸의 치수를 재어 갔다. 나는 떠날 날이 다가 오고 있다는 걸 알 수 있었다.

이들에게 급한 건 남한 말씨를 쓰는 방송 요원이었다. 그리고 만약 북쪽으로 유인하는 데 어려움이 있다면 반복적인 대남 공작 사업의 일환, 즉 지하당을 구축할 인원에 보충하려는 것이었다. 그래서 남쪽을 자기들의 계획대로 혁명화시키려고 하는 것이었다. 그럴려면 수많은 남쪽 사람을 희생시켜야 되는 것이었다.

11월 8일 점심 시간.

백지도원이 물었다.

"오선생은 지금 무슨 생각을 하고 계십네까?"

이 자는 남의 마음을 예리하게 꿰뚫어 보는 눈을 가지고 있었다.

나는 얼른 대답했다. 망설이면 안 되기 때문에.

"애들이 보고 싶군요. 이곳에서 먹는 송이버섯이나 고기를 애들에게 먹였으면 하고 생각하고 있었습니다."

"그럼 한 번 갔다 오시라요."

나는 웬일인가 싶었다. 나는 좋아 얼른 준비를 하고 그들이 제공한 차에 올랐다.

차가 집 앞에 도착하자 그들은 내게 보따리를 내밀었다. 송이버섯과 이런저런 초대소의 음식이었다. 집으로 한걸음에 올라갔다. 다시는 못 볼줄 알았던 아내는 내가 집으로 들어서자 어린애처럼 울음을 터뜨렸다. 엄마가 울자 두 아이도 따라 울었다. 우리 집은 삽시간에 눈물바다를 이루었다. 나도 울었던 것이다.

애들은 앓고 있었다. 아빠가 없는 동안 열이 오르더니 낫지 않는다는 것이었다. 앓고 있어 열이 펄펄 나는 애들은 못난 아빠를 끌어안고 어쩔 줄을 몰라 했다. 한국말도 잘 못 하는 아이들. 아빠와 엄마는 한국 사람이지만 아이들은 독일 아이들이나 진배없었다. 아이들을 그렇게 키웠다는 후회 따위는 그 순간 내게 있어 아무것도 아니었다.

"규원이가 더 열이 많아 어젯밤에 평양의약대학병원으로 업고 갔었는데."

"치료를 안 해줍디까?"

"허락이 안 떨어져서 기다리다가 겨우 주사를 맞혔어요"

의사를 부를(불러도 오지 않겠지만) 전화도 없었다. 그래서 자기 몸도 겨우 가누는 아내가 규원이를 업고 병원을 다녀왔다니. 나는 가슴 속으로 서늘한 바람이 지나가는 걸 느꼈다. 이럴려고 박사가 되었는가. 경제학 박사면 뭣 하는가.

딸이 아플 때 아무것도 해줄 수 없는 아빠.

"올 겨울 김장을 담갔어요."

아내가 눈물을 씻으면서 말했다.

"종곤이 엄마(이창균의 처)가 와서 도와주었구요."

22 아내에게 뺨을 맞다

11월 9일 토요일.

백지도원이 내게 말했다.

"오선생님, 점심 시간에 칠보산연락소를 다녀오시오. 가서 대안중기계련합기업소, 사회주의성과전시관을 다녀왔다고 얘기를 하시오. 그럼 그들은 오동무가 경제계에 가는 걸로 알 것이오."

나는 시키는 대로 했다. 그러자 윤노빈이 내게 손을 내밀어 악수를 청하였다.

"오박사, 축하하오. 원하신 대로 이제 경제 부문에서 일하게 된 것 같군요."

나는 말없이 있었다. 그러나 가슴 밑바닥에서는 이런 말이 만들어져 꿈틀거리고 있었다.

'억장 무너지는 소리 하지 마시오. 당신이나 나나 깡통이었고 성급했소. 역사 발전의 장구한 과정을 관념적으로만 단축시키려 든 백치란 말이오. 블랑키(테러 음모) 집단 속에서 모든 것은 절망으로 바뀌었소. 사회주의는 불가능하오. 당신이 자신의 사상과 일치시키려고 했던 주체사상은 한 미친 인간의 헛소리였소. 나는 이제 또 한 명의 오길남을 찾아 떠나려 하고 있소. 저들은 혹시라도 당신들이 의심할까봐 나를 보내 경제 부문으로 자리를 옮기려고 하는 것처럼 보이게 위장하는 것이오.'

칠보산연락소를 다녀오자 백지도원이 흡족한 얼굴로 말했다.

"이제 떠날 날이 며칠 남지 않았소. 그러니 집으로 돌아가 계시오. 그럼 월요일 아침에 모시러 가겠소."

그리고도 더 많은 말을 했는데 내 귀에는 더 이상 들려오지 않았다. 집으로 간다. 아이들을 다시 안아 볼 수 있다니. 나는 집으로 갈 것에 대해서는 더 기대를 하지 않았던 것이다.

이틀 밤 하루 낮은 꿈처럼 달콤한 것이었다. 시간이 이렇게도 빨리 지나갈 수 있다는 것을 나는 그때 처음 알았다. 말 몇마디 나누었는데 어느새 저녁이었고, 두 딸을 번갈아 안아보고 아내의 가냘픈 허리를 한 번 안았는데 벌써 두 밤이 지났던 것이다. 아아, 그 시간, 그 시간의 묶음들! 지금 내게 있어 가장 소중한 것은 그날의 온전한 기억들이다. 내 사랑하는 가족의 얼굴들, 그리고 목소리들.

1986년 11월 11일.

아직 어둠은 걷혀지지 않았다. 초인종 소리가 요란하게 났다. 얼른 시간을 봤더니 7시 30분이었다. 나는 가슴이 철렁 내려앉았다. 이제는 정말 이별이로구나!

문 밖에는 운전수가 서 있었다.

"잠시만 기다려요."

나는 그에게 비굴하게 보이고 싶지 않았다. 작별 인사를 나눌 시간을 달라고 하면 비굴하게 보일 것이었다. 나는 그렇게 말하고 문을 닫아 걸었다. 그들은 나를 필요로 하고 있다. 이런 깡탈쯤 부려도 나를 어쩌지 못한다. 그런 계산에서였다.

아직도 열이 펄펄 끓는 규원이가 말했다.

"후케파크(업어 달라)."

규원이를 업었다. 그러자 나에게 물었다. 그 애도 초인종 소리를 듣고 무슨 느낌을 받은 모양이었다.

"아빠 어디가?"

"응, 잠깐 회사일로 다녀올 데가 있단다. 이제 내려야지. 언니를 한번 안아 줘야 하니까."

"알았어, 아빠."

규원이를 내려놓고 혜원을 안았다. 아내는 내 옆에서 눈물을 참느라 얼굴이 파래지고 있었다. 심장경색증을 앓고 있는 아내. 그 아내는 내가 어디로 가는지, 그리고 돌아오지 않을 것을 알고 있었다.

나는 독일말로 혜원에게 말했다.

"아빠는 한 달 동안 집에 돌아오지 못한다. 그것은 지방 공장을 시찰하기 때문이다."

혜원이 입술을 내밀어 내 볼에 대었다. 그 애의 입에서 열 때문에 단내가 물씬 났다. 이마를 만져 보니 몹시 뜨거웠다.

"혜원아, 다 나을 때까지 학교에 가지 말아라. 그리고 엄마가 주는 약 싫다고 하지 말고 잘 받아먹고."

"알았어 아빠. 나 규원이 옆에 뉘어 줘."

애들을 눕히고 아내와 나는 부엌으로 들어갔다. 밖으로 통하는 문을 활짝 열어 제쳤다. 혹시라도 그사이 도청 장치가 됐나 해서였다.

"나 혼자 나가면 당신 혼자 여기서 애들 데리고 어떻게 살아갈 수 있겠소?"

나는 아내의 말에 따라 행동할 참이었다. 아내와 자식을 여기다가 놔두고 나 혼자 도망을 칠 수 없다. 내 가슴은 그런 말들로 가득 차서 숨이 막힐 지경이었다.

163

그 때였다. 볼이 몹시 아팠다. 아내가 내 볼을 후려쳤던 것이다. 그러면서 아내는 말했다.

"얼간이 같으니!"

"아니, 여보?"

아내는 말없이 내 멱살을 잡고 흔들었다. 눈에서 파란 불이 이글거렸다. 나는 아내의 눈을 바라보면서 흔드는 대로 가만히 있었다.

"그래도 모르겠어요?"

아내는 애들 옆에서 울던 여자가 이제는 아니었다. 그녀는 강한 엄마요, 강한 아내로 변해 있었다. 나는 고개를 끄떡였다. 아내가 손을 풀었다.

"애들을 보지 말고 그대로 나가세요."

나는 그녀가 시키는 대로 문을 열고 밖으로 나왔다. 운전사가 그때까지 문 밖에서 기다리고 있었다. 메르세데스 벤츠의 문이 열렸다. 백지도원이 안에서 능글맞게 웃으면서 말했다.

"오선생님은 작별 인사를 독일식으로 하시니까 시간이 많이 걸리는군요."

나는 대답이 하고 싶지 않았지만 가만히 있을 수가 없었다.

"애들이 아프니까 떨어지려고 하지를 않는군요."

"그래 뭐라고 했습네까?"

"회사일 때문에 한 달 동안 돌아오지 못한다고 했습니다."

"잘하셨습네다."

벤츠는 초대소를 향해 떠났다.

오후에 다시 영화를 봤다. 또 그놈의 잡히면 자살하라는 내용이었다. 나는 영화가 보기 싫어 눈을 감았다. 그리고 초대소로 오기 전날 밤 아내가 했던 말을 떠올렸다.

'누구나 서 있는 자리보다 더 높은 곳을 모색하고 지향하는 한 잘못을 저지를 수가 있어요. 나는 당신이 우리를 이곳으로 우격다짐으로 데리고 온 과오에 대해, 어떤 백치도 어떤 눈먼 장님도 저지르지 않을 잘못에 대해서는 용서할 수가 있어요. 그것은 당신이 내 남편이기 때문이에요. 그러나 내 사랑하는 딸들이 짐승처럼 박해 받을 망정, 파렴치하고 가증스럽고 저열한 범죄 공모자의 딸이 되어서는 안 된다고 생각해요. 청순한 사람들을 음모의 희생물로 만드는 역할을 맡는 어리석음을 범해서는 안 돼요.

자주니 평화니 민족대단결이니 그럴싸한 간판을 내걸고 사람의 피와 살이 되어야 마땅한 값진 것들로 전쟁 준비를 하느라 탕진하여 이 곳 주민들은 허기져 있고 모두들 지쳐 있어요. 사회주의라는 것도 아무런 내용물 없는 빈 껍데기나 베쪼가리처럼 바람에 찢겨 펄럭거리는 허깨비에 불과해요. 무상 교육 제도, 무상 의료 제도 나발을 요란하게 불어대지만 모두가 다 빈 깡통이에요. 의약품도 없는데 무슨 의료 제도예요. 당신, 인민들에게 나눠 줄 볼펜 하나 변변한 거 본 적이 있어요? 사회 보장 제도가 확립되어 있다고 선전해 대지만 치사(致死) 노동에 시달리다가 정년퇴직하면 한 달에 20원씩 받아요. 필터가 달린 담배 한 갑 값이죠. 이런 땅이 지구촌에서 몇이나 되겠어요.

이렇게 살려면 차라리 애들과 함께 죽겠어요. 당신 하나만이라도 빠져 나갈 수 있다면 우리 몫을 살아줘요. 나는 애들에게 아버지는 바보스러웠지만 훌륭한 아버지였다고 말하겠어요. 혜원 아빠, 당신 떳떳한 인간으로 살다가 죽어야 해요. 올가미에 씌여서 이리저리 끌려 다녀서는 한이 없어요. 정신 똑바로 차리세요. 나가서 석 달 안에 우리를 이 곳에서 빼내 주세요. 그렇게 안 될 때 우리는 교통사고로 죽었다고 생각하고 잊도록 하세요.

165

더럽게 살아가는 생명은 존귀하지 않아요. 제발 술 많이 드시지 말고 못난 사람처럼 눈물 흘리지 말아요. 나와 혜원이 규원이의 죽음을 헛되게 하지 마세요. 우리의 몸은 이곳에서 죽겠지만 마음은 살아서 당신의 심장 속에 있겠어요.

백 번 거짓말하다 보면 한 번은 속아 넘어 간다고 보는 대남 사업 방송 기구의 앵무새 방송원 노릇하려고 반평생을 밤잠 설쳐 가며 공부했어요? 아니잖아요. 청순한 젊은이들이 당신으로 인해 이곳으로 유인돼와 치욕스러운 방송원 노릇을 강요당한다면 당신은 죄를 짓는 거예요. 그리고 죽을 때까지 마음이 편하지 않을 거예요. 그 범죄 공모에 절대로 가담해서는 안 돼요. 도망치세요. 우리야 무슨 죄가 있어요. 그래도 죽인다면 죽으면 그만 이죠. 하지만 우리를 죽이지는 않을 거예요. 만약 우리를 죽인다면 자기들의 체제가 병약하다는 걸 알리는 거예요. 그러니 함부로 죽이지 못할 거예요.

준이 엄마(송두율의 처)도 민중이 엄마(김종한의 처)도 앙큼한 여자들이에요. 나도 앙큼해져야겠어요. 독기 찬 저주를 독일에서 사는 여자들에게 보내고 싶지만 억제하겠어요. 다시 한 번 부탁해요. 정의를 사랑하는 순결무구한 젊은이들이 대남 공작 기구의 제물이 되지 않았으면 좋겠어요. 추악한 삶은 존귀하지 않아요. 혜원 아빠, 이 말 명심 하세요. 나가세요.'

정신이란 이렇게 강한 것인가. 나는 눈을 감고 아내의 목소리를 전부 다 기억해 내었다. 나는 영화를 보면서도 아내의 목소리를 들을 수 있었던 것이다. 정신의 힘으로.

저녁이 되자 백지도원이 평양 시내로 돌아갔다. 그는 정말이지 감탄 할 정도로 부지런했다. 마치 독사와 찰거머리 같았다. 그가 가자 자유로웠다. 항생제를 과다하게 복용했기 때문인지 계속해서 온몸에 식은땀이 흘렀다.

어둠이 대동강을 덮은 지 오래였다. 나는 순간적으로 초대소 옆 벼랑길을 내려가 물속으로 빠져 들고 싶은 충동을 느꼈다. 그러나 나는 발을 그쪽으로 떼어놓지도 않았다. 규원이가 말했던 것처럼 아빠는 겁쟁이였고, 생각은 많지만 행동으로 잘 옮기지 못하는 인간이었다. 그저 머리가 빠개지도록 생각하고 또 생각할 뿐이었다.

독서를 하지 않으면 정서가 항상 불안하고 잠을 잘 수 없었다. 독일에서 오랜 세월 그렇게 길이 들어서였다. 하지만 빌어먹을, 서재는 옆에 있었지만 모든 책이 김일성 신학(神學)으로 꽉 들어차 있어서 내가 볼 책은 한 권도 없었다. 나는 안절부절 못했다. 식은땀을 흘리면서 자다가 깨다가 하면서 온 밤을 지새웠다.

23 평양의 마지막밤을 보내다

11월 12일. 초대소 밀봉교육을 받은 지 열하루가 지났다. 아침 9시, 백지도원이 미소를 흘리면서 다가왔다.

"잘 주무셨습니까. 오늘 오선생님의 장도를 축하하시러 부부장 동지와 부과장 동지가 초대소에 들르시겠답네다."

그리고는 교육에 들어갔는데, 또 그놈의 영화였다. 잡히면 죽으라는 내용의 천편일률적인 주제의 영화. 나는 밀봉소에서 솔직히 영화에 지쳤다.

아무리 세뇌를 시킨다고 되풀이 하지만 나는 엄연히 교육을 반평생이나 받은 학자였다. 그런 사람에게 이렇게 하는 것이 오히려 의심만을 준다는 것을 이들은 모른단 말인가. 모든 교육자가 상품화되기 위하여 이런 웃기지도 않는 교육을 반복하여 받았단 말인가!

자살하라. 그리하여 위대한 수령님의 품에서 영생하라. 매일 그런 내용의 영화를 본다는 것은 참으로 고통이었다. 어서 영화가 끝나라. 이놈의 영화도 오늘이 마지막이다. 점심을 먹고는 낮잠을 잤다. 오후에는 초대소 주변을 걸었다. 내 발자국 소리에 놀라 꿩이 푸드득 날아오른다. 저 자유로운 날갯짓. 새들의 삶이 한없이 부럽구나.

저녁 8시가 넘었는데도 부부장과 부과장이 도착하지 않았다. 백지도원이 말했다.

"회의 때문에 늦어지는 겁네다. 우리가 먼저 저녁을 먹어야겠습네다."

저녁을 먹으면서 나는 혼자 중국산 오가피주를 한 병 다 마시다시피 했다. 백지도원은 부부장과 부과장이 올까봐 술을 먹지 않았던 것이다. 그 덕에 나는 오랜만에 술에 취할 수가 있었다.

둘이 나타난 시간은 새벽 1시였다. 부부장은 우리 부부를 모란봉 초대소에 점심 초대를 했던 자가 아니었다. 그는 박기출(전 진보당 대통령 후보)씨가 언젠가 일본으로 도주하여 병상에서 사투를 벌이고 있을 때, 일본에 침투하여 북으로 납치하기 위해 공작 활동을 했다는 사람이라고 백지도원이 소개했다. 키가 작고 약간 사팔뜨기였다.

백지도원이 그 자에게 나를 소개했다.

"여기 오선생님은 옛 통사당 당수 김철과 교분이 두터웠고 수리경제학 분야에 정통한 분입네다."

그러자 부부장이 대답했다.

"우리도 수리경제합니다."

그의 대답은 동문서답이었다. 백지도원이 얼른 부연 설명을 했다.

"수학적 방법을 이용하여 경제 관계를 포착하는 학문입네다."

부부장이 멋쩍은 표정을 지었다. 그리고는 나의 인사를 받았다.

나는 그가 오늘날 국방, 대내외 정보 분야에서 광범히 응용되고 있는 선형(線形) 모델이나 최적(最適) 모형 또는, OR operations research에 관해 전혀 캄캄하다는 걸 직감했다. 답답하게도 그런 자가 대외연락부 부부장이었다. 그러니까 그들 조직은 1920~1930년대의 만주의 조선인 농촌 사회에 바탕한 세계관을 가지고 있는 소위 항일 유격대식 공작원들이었던 것이다.

나는 이미 오가피주를 한 병 마셨으므로 얼큰해져 있었다. 그러나 더 마시고 싶었다. 하지만 그들은 김정일의 금주령 때문에 맥주를 한 컵 정도 밖에 마시지 않았다. 나는 오가피주를 달라고 하여 혼자서 계속 마셨다. 이미 그들이 나를 필요로 한다는 걸 알았기 때문이었다. 내 짐작대로 그들은 나를 함부로 취급하지 않았다. 술을 달라면 술을 줬고 떠들어도 막지 않았다.

나는 북한의 공민도 아니고 당원도 아니었다. 과대망상증에 걸린 김정일의 친필 지시를 받들고 적후로 나가는 내게 그들은 아첨과 아유로 떠받들었다. 나는 그들의 아첨과 아유를 안주삼아 계속하여 마셔대다가 쓰러져 잤다.

일어나 보니 11시였다. 부부장과 부과장은 없었다. 아마도 새벽에 돌아갔나 보았다.

나는 문득 겁이 났다. 술에 취해 무슨 말을 지껄였는지 기억이 나지 않았기 때문이었다. 그러나 그랬다고 할지라도 이제 와서 어쩔 수 없는 일이었다. 1시간을 누워서 쉬다가 점심시간에 일어났다. 웬일인지 그렇게 농땡이를 쳐도 간섭하려는 사람이 없었다.

점심을 사먹으면서 나는 그 이유를 알았다. 백지도원의 말을 듣고서였다.

"오선생님, 15시 정각에 평양을 떠납네다."

나는 놀랐다. 그렇다고 며칠 전에 통고를 해줄 것이라고 믿었던 것은 아니었다. 그러나 점심시간을 포함한다고 해도 시간이 두 시간 정도 밖에 남지 않았던 것이다.

수저가 떨리는 것을 보이지 않으려고 나는 웃으면서 맞받았다.

"언제 가나, 언제 가나 했는데 드디어 가는군요."

나는 음식을 씹으면서 이빨을 드러내 놓고 웃었다.

24 귀로에 오르다

14시, 초대소를 떠났다.

차가 순안비행장에 도착하자, 홍과장과 백부과장, 그리고 찰거머리 같은 백치완이 나를 기다리고 있었다. 비행장에는 이른바 북의 엘리트들이 우글거렸다. 폐쇄된 사회에서 해외로 나갈 수 있는 특권을 부여 받은 자들. 당관료와 신정관들, 인민군 장성들도 여럿 보였다. 그들이 모두 귀빈이고 대합실에 우글대니 귀빈실이 필요 없을 지경이었다.

나를 안내하는 사람은 최의웅 소장이었다. 그는 90년 9월 7일 판문점 정전회담 때 북측 수석대표로 나오기도 했다. 독일에서 나는 고국의 한겨레신문을 보고 독일 TV 제2 프로그램 방영 때 그 사실을 알았다. 또 한 사람이 있었는데, 유순한 성격인 홍과장이었다.

두 사람은 나를 최우선으로 조선민항에 탑승케 하고는 자리를 잡아 주었다. 백부과장과 그 부하들도 우르르 비행기에 올랐다.

"장도를 축원합네다."

백부과장이 말했다. 나는 웃음으로 대답을 대신했다. 그러나 내 가슴 속에서는 말들이 만들어지고 있었다.

'장도같은 소리 하지 마라. 나는 이제 해방이다. 너희가 나를 상품화하여 시장에 내보내는 마당에 망설일 이유가 뭐 있겠는가. 아아, 그러나 아내와 두 딸은?'

나는 입북하기 전 북한이 이 지경인 줄은 몰랐다. 그러나 내 눈에 비친 북한은 온통 김일성 주체사상 일색이었다. 거기에 경제 이론이나 과학적 사고 방식이 먹힐 리 없었다. 그야말로 북한은 사이비 종교의 광신적인 집단이나 마찬가지였다. 더욱이 낙후된 경제는 발전 가능성이 전혀 보이지 않았고, 사회 복지는커녕, 독일에서는 간단하게 완쾌될 병을 병명조차 알아내지 못하고 있었다. 그 통에 불쌍한 인민들만 희생되는 판국이었다.

나는 어리석었다. 입북만 하면 나는 대단한 대우를 받으면서 경제 분야에서 내 학문을 완성시킬 수 있을 것이라고 생각했고 또 믿었었다. 하지만 내 기대는 무너지고 말았다. 그것도 산산이 조각났던 것이다. 나는 위장된 구국의 소리 앵무새 방송 요원이었고 급기야는 대남 공작원이 된 것이었다. 그것은 내게 있어 수모였다. 내가 대남 공작원의 하수인이 되다니.

어쩌면 이번 기회는 하늘이 준 것인지도 모른다. 그리하여 다시 태어나듯 세상을 살며, 제2의 오길남이 생겨나지 않도록 하라는 것이리라. 이제 너희들은 나 오길남을 다시는 보지 못할 것이다. 너희들의 손아귀에서 민족이, 인민이 자유를 되찾지 않는 한 이 저주받을 곳으로는 돌아오지 않으리라. 나는 속으로 거듭거듭 다짐하면서 공작원용 려과 담배 '백마'에 불을 붙여 깊숙이 빨아들였다.

비행기가 움직였다. 내 옆에는 찰거머리같은 백치완이 앉아 있다. 그 옆에는 불어를 통역하는 젊은 외교관이 앉았다.

"이제 뜨는군요."

나는 그렇게 말하고는 시선을 그에게서 돌렸다. 그의 번들거리며 늘 뭘 찾고 있는 듯한 눈빛이 싫었기 때문이었다.

같이 덴마크로 가겠다던 김지도원은 보이지 않았다. 그 대신 내 뒷 자리에는 홍과장이 앉아 있었다. 그는 미남이었다. 그는 마르크스 레닌 학원 출신이라고 했다. 내가 홍과장을 돌아보자 백치완이 나의 어깨를 툭 쳤다.

"담배 한 대 피시오."

그의 사투리는 종잡을 수가 없었다. 어떤 땐 표준말에 가까운 듯하고 또 어떤 땐 사투리 투성이였던 것이다. 그의 손에는 외화나 외화 바꾼 돈으로나 살 수 있는, 그리하여 나에게도 귀하게만 보이던 려과담배 '평양' 한 개비가 들려져 있었다.

나는 그가 준 담배를 피우면서 기내의 창을 통하여 밑을 내려다보았다. 밭과 논이 보였다. 그리고 나무도 보였다. 나는 울컥 눈물이 솟구치는 걸 느꼈다. 하지만 백치완이 옆에 있어 울 수도 없었다. 애들이 저 밑에서 나를 향해 울부짖는 것도 같았다.

나는 사고(思考)를 1백8십도 전환하여 북한을 떠나고 있다. 조국이라고 믿었던 땅, 그래서 그 땅에서 값진 학문의 길을 갈 수 있을 것이라고 생각했던 나. 그러나 이제는 아니었다. 나는 주먹을 쥐었다.

백치완이 나를 부르더니 맥주를 권했다.

"네 병이나 되니까 한잔 합세다."

그러면서 마른 명태포를 찢어 건네었다. 그러고 보니 북한에서 오징어를 본 적이 없었는데, 그 이유는 잡히는 족족 일본으로 수출을 하기 때문이라고 했다. 하지만 명태포는 상대적으로 흔한 편이라고 해도 좋겠다.

홍과장이 가방을 열더니 사과를 꺼냈다. 아마도 미리 준비했던 것 같았다. 왜냐하면 사과 역시 북한에서는 자주 맛볼 수 없는 귀한 것이었기 때문이었다. 문득 기내에 나를 감시하는 기관원이 몇이나 되는지 궁금했다. 내 몸에는 35달러가 숨겨져 있었다. 혹시라도 이들이 갑자기 달려들어 수색이라도 한다면.

우리가 탄 조선민항은 8시간 가량 시베리아 상공을 날아 어둠에 싸여 있는 모스크바에 도착하였다. 나와 백치완과 둘만이 남았다. 나머지 사람들은 모두 북한 대사관으로 간 모양이었다.

두 시간을 공항 대기실에서 서성거리기란 그리 쉽지 않았다. 갈증이 났다. 백치완을 보았으나 그는 어디 들어가 뭘 적으려고 하지 않았다. 그는 이번에 1만 2천 불을 공작비로 가지고 나왔다고 했다. 그러나 그는 김정일의 골수 충견으로 외화를 한 푼도 쓰지 않으려고 했다. 내가 그 돈을 맡았다면 시원한 맥주라도 사 먹었을 것이다.

내게도 달러가 35불 있었다. 하지만 그 돈은 쓸 수 없었다. 그 돈을 쓴다면 이들은 나를 의심할 것이었다. 그렇게 되면 탈출할 기회가 생기지 않을지도 몰랐다. 그 돈은 내가 자유를 찾을 때 요긴하게 쓰일 것이었다.

나는 대기실을 어슬렁거리다가 진열대에 꽂혀 있는 조선어판 고르바초프의 연설집을 한 권 뽑아 가방에 넣었다. 그러자 백치완도 덩달아 연설집을 뽑아 자신의 가방에 넣었다. 드디어 탑승 시간이 다가왔다. 나와 백치완은 지루했으므로 얼른 비행기(인터플루크)를 탔다. 그런데 기내에 승객이 세 명밖에 되지 않았다. 그러다가 겨우 두 명이 더 탔다. 탑승객은 우리까지 합쳐 모두 일곱 명이었다. 기내는 사람이 없어 그런지 실내 온도가 몹시 낮았다. 게다가 비행시간이 두 시간이라 음료수나 식사가 제공되지 않았다. 내 옆에 앉은 사람은 젊은 독일인이었다. 말을 시키자 우랄지역에서 자원 봉사를 하고 귀향하는 FDJ(이북의 공산당청년위원회나 사회주의노동자청년동맹 : 사로청에 해당)회원이라고 자신을 소개했다. 내가 그 젊은이와 대화를 나누는 동안 백치완은 웅크리고 자고 있었다. 그는 나를 철석같이 믿고 있었다. 그도 그럴 수밖에 없을 것이다. 평양에는 내 가족이 볼모 아닌 볼모로 잡혀 있으니까.

백치완을 물끄러미 내려다봤다. 광대뼈가 튀어 나와 있어 마치 해골

바가지를 닮아 있었다. 피부색도 검다. 그리고 거칠다. 교시나 말씀만 떨어지면 목숨을 걸고 달려들도록 교육받고 강요받은 불쌍한 인간.

그러나 이 자는 두 돼지(김일성 부자)의 꿀꿀거리는 소리를 신의 계시처럼 떠받들면서 얻어먹고 사는 비굴한 인간이다. 나를 이용하여 독일에 온 유학생을 월북시키면 진급이 되겠지. 그리하여 계속 공작을 할 것이고 계급은 과장에서 부부장이 될 것이다.

기내는 계속해서 추웠다. 나는 그에게서 시선을 떼었다. 그를 미워해서 무슨 소용이 있는가. 그도 불쌍한 2천만 중에 한명인 것을.

외투를 벗었다. 더워서가 아니었다. 나는 벗은 외투를 백치완에게 덮어 주었다. 그는 1945년생이라고 했다. 조국해방전쟁(6·25) 때는 풀로 죽을 쑤어 먹었다고 언젠가 말했다. 인민경제대학 교원을 하다가 중앙당 지도원으로 발탁된 충성파. 나는 그가 한없이 측은하게 여겨졌다.

동베를린 비행장에 도착하자, 백치완이 잠에서 깨어났다.

"아이구, 이렇게 고마울 때가. 내가 오선생 외투를 덮고 잤었군요. 오선생님도 추우셨을 텐데."

그는 고마워서 몇 번이고 감사의 인사를 했다. 정이 들었는가? 나는 그가 꼭 아우처럼 느껴졌다. 그러나 그 감정은 아주 잠깐이었다.

우리를 마중 나온 사람은 김참사였다.

"오시느라 고생 많으셨디요?"

그와는 안면이 있는 터라 우리는 인사를 서로 나누었다. 메르세데스 벤츠를 타니 훈훈했다. 비행기에서 떨리던 몸이 조금씩 풀렸다.

백치완이 나를 편안하게 해주려고 노력하는 것이 눈에 보였다. 그에게는 안 됐지만 그가 이런다고 하여 내 계획을 수정할 수는 없는 것이었다. 인민을 기만하고 빈곤으로 몰며, 간접적인 폭력을 쓰는 사이비 사회주의 체제를 용인할 수 없어 나는 떠나야만 하는 것이다.

김참사가 운전을 하면서 말했다.

"김종한 선생이 오선생님의 안부를 묻기에 공화국에서 근심 걱정없이 잘 사신다고 했습네다."

그 말을 듣는 순간 나는 나도 모르게 이를 악물었다.

'이 더러운 자식들! 서독으로 돌아가면 김종한에게 그 더러운 개 노릇을 그만 두라고 할 테다.'

나의 그 말은 악다문 이빨 사이를 빠져 나가지 못하고 소멸되고 말았다. 가슴이 덜덜 떨렸다. 내 표정이 이상한지 백치완이 물었다.

"추운 데 있다가 갑자기 따뜻한 차에 탔더니."

나는 얼버무리고 얼굴을 창 쪽으로 돌렸다.

차는 인적도 차량 통행도 뜸한 도로를 달려가고 있었다. 앞의 어둠을 뚫는 우리가 탄 차의 전조등의 불빛만이 보일 뿐 스쳐 지나가는 차도 뜸했다.

얼마 가지 않아 검문소가 하나 나왔다. 경찰들이 우리가 탄 차를 세웠다. 그러나 경찰들은 안을 힐끔 들여다보더니 통과하라는 신호를 보냈다. 아마도 김참사의 얼굴을 알고 있는가 보았다. 아니면 차량의 번호를 보고 북한 대사관의 것인 줄 알았거나.

차는 아파트들이 즐비한 한 곳에 도착했다. 우리 일행은 김참사의 안내를 받으며 승강기를 타고 6층으로 올라갔다.

25 동베를린에서 열병을 앓다

우리를 맞이한 사람은 중년의 남자와 여자였다. 남자는 60세 전후로 보였고, 여자는 50대 중반으로 보였는데 안경을 끼고 있었다. 보기에 그들은 부부 같았다. 그곳은 북한의 구미공작책 거점이었다.

김참사는 우리를 중년 남자에게 인계하고는 돌아갔다.

"들어가시라요. 저녁 식사 준비가 돼 있으니까니."

여자를 따라 식당으로 들어간 나는 깜짝 놀랐다. 진수성찬이라고 밖에 표현할 길 없는 음식들이 너른 식탁에 차려져 있었기 때문이었다. 배가 고팠던 나는 백치완과 함께 게걸스럽게 음식을 퍼 넣기 시작했다. 따라주는 맥주도 사양하지 않고 마셨다. 그러자 피로와 나른함이 내 몸과 정신을 짓눌렀다. 나는 방으로 안내되어 방을 휘둘러 볼 사이도 없이 쓰러져 잠이 들었다.

내가 누워 잔 침대는 서재 겸 응접실이 딸린 방에 있었다. 그 방은 구석에 있었다. 그래서 거실로 나가려면 백치완의 방을 통과해야 했다. 이를테면 그들은 자연스럽게 나를 감시했던 것이다.

일어나자 몸이 안 좋았다. 탈출을 해야 하는데 병이 들다니.

혜원이와 규원이가 앓았던 백일해 기침처럼 기침이 몹시 나고 편도선이 붓고 열이 나기 시작했다.

내가 앓아눕자 그들은 계속해서 불가리아제 항생제를 복용시켰다. 그

177

래도 나는 계속하여 고열에 시달렸다. 그러자 그들은 인삼정을 내게 먹였다. 인삼의 엑기스인 그것은 북한에서 달러나 외화 바꾼 돈을 가지고 락원 상점에서나 살 수 있는 것이었다. 아니면 초대소에서나 볼 수있는 보약이었다. 그들은 귀한 인삼정을 내게 복용시키면서 얼른 낫기를 바랐다.

하지만 내 병은 쉽사리 낫지 않았다. 불안해지기 시작했다. 병 때문에 물러설 수 없다는 판단에 따라 나는, 식사 시간에 억지로 먹어댔다. 먹어야 낫는대이. 돌아가신 어머니의 목소리가 귓전을 때렸다. 그래요. 얼른 나아야 탈출할 수 있습니다. 앓는 몸으로는 탈출할 수가 없어요.

백지도원과 중년 부부는 나를 정성스럽게 간병하였다. 4일 동안 반 혼수 상태에서 흘린 땀으로 시트에서 썩는 냄새가 났다. 나는 의사를 불렀으면 좋겠다는 뜻을 비쳤다.

"우리도 그렇게 하고 싶지만, 그렇게 하면 거점이 알려질지 모르니."

백치완은 말끝을 흐렸다. 그들도 내가 아픈 것이 꽤나 걱정이었던 것이다. 이번 공작의 주인공은 나니까. 침대 위에 누워 있으면 창틈으로 들어온 석탄 가스가 가뜩이나 지친 내 몸을 처지게 만들었다. 기침도 쉴 새 없이 났다. 중년 남자는 어딘가를 매일 나갔다가 저녁에 돌아왔다. 아침을 먹을 때와 저녁을 먹을 때 그를 만날 수 있었다. 말하는 걸 가만히 듣고 종합하니 그는 인민군 장성 출신이었다.

11월 17일. 누워 있은 지 4일 만이었다. 겨우 일어나 뜨거운 물에 목욕을 하였다. 북에서 가져온 칫솔(마치 구둣솔처럼 뻐덕뻐덕한 솔)로 양치질을 하자 피가 잇몸에서 주르르 흘렀다.

"차선생(백치완의 가명) 동무, 몸이 아파서 그런지 칫솔질을 하면 입이 아프니 칫솔을 하나 사 주십시오."

내가 부탁하자 외화를 제 몸처럼 아끼는 차지도원도 어쩔 수 없었던

지 칫솔을 사와 건네주었다.

달력을 보니 일요일이었다. 시간은 오후 네 시가 다가오고 있었다. 창밖으로 베를린 시가지를 내려다보았다. 동베를린과 서베를린을 오가는 전철이 보였다. 그런데 서베를린은 어디로 해서 가는지 분간이 되지 않았다.

"산책을 한 번 했으면 좋겠습니다."

나는 거실에서 텔레비전을 보고 있는 백지도원에게 말했다.

"그럽시다. 건강이 좋아지고 있는 모양입니다."

그는 내가 건강을 되찾은 것이 기뻐 얼른 승낙했다. 우리는 1시간이 넘도록 숙소 부근의 언덕을 산책하였다. 숙소로 돌아오면서 나는 묵고 있는 집의 주소를 확인했다. 레닌가 175번지였다. 그리고 서독의 '슈피겔'지 동베를린 사무실이 같은 건물에 있는 것도 확인했다.

다음날, 11월 18일.

김일성 사망이라는 뉴스가 ARD를 통해 나왔다. 중년 부부와 백치완은 모두 독일어를 몰랐다. 내가 통역을 해주었다. 이상하게도 세 사람은 그다지 놀라지 않았다.

"사실이 아닐 겁네다."

백치완이 그렇게 말하더니 물었다.

"오선생께서는 인민무력부장 오진우 동지의 교통사고 소식을 알고 있습네까?"

"예, 들은 적이 있습니다. 10월 28일이라고 하죠 아마. 광복거리 건설장에 투입된 인민군을 독려하시려고 안개 자욱한 거리를 오시다가 전봇대에 부딪친 것이 아닙니까?"

"맞습네다. 큰 교통사고를 당하셨습네다. 그때도 외국의 뉴스는 오진우 동지가 사망했다고 했었습네다. 이번에 수령님의 사망 소식도 그럴 겁네다."

나는 더 이상 할 말이 없었다. 이들은 뉴스도 믿지 않는구나, 하는 생각이 들었다. 하기야 뉴스라고 모두가 백 프로 다 맞는 것은 아니었다.

윤이상이 서베를린에서 뉴스를 확인하는 전화를 걸어왔다. 나는 윤이상이 거점의 전화번호까지 알고 있는 데 놀랐다. 전화를 받은 사람은 중년 남자였다. 중년 남자는 김일성의 사망 소식을 부인했다. 얼마 후 로마에 있는 루이제 린저에게서도 확인 전화가 걸려 왔다. 역시 중년 남자가 받아 사실무근이라고 말했다. 나는 이해가 되지 않았다. 왜냐하면 그들은 본국에서 아무런 연락도 받지 않은 것 같았기 때문이었다. 그러면서도 망설임없이 뉴스를 부인하다니. 그것도 다른 게 아니라 자신들이 신처럼 모시던 김일성이 죽었다는 뉴스를.

그러나 그들의 말은 맞았고 뉴스는 틀렸다. 다음날 11월 19일. 역시 ARD뉴스는 사망했다는 김일성이 몽골의 공산당 총비서 바흐망뜨를 순안비행장에서 영접하는 장면을 내보내었던 것이다. 나는 정신이 다 멍멍할 지경이었다. 그러면서도 북한은 기만전술로 자기들이 신처럼 떠받드는 김일성의 죽음까지도 이랬다 저랬다 한다는 말인가.

괴벨스는 이렇게 말했다.

"백 번 속이면 한 번은 넘어간다."

북의 기만전술에 나는 남한 당국이 늘 속아 넘어간다고 생각했다. 이를테면 계산에 날고 기는 1980년대의 사업가가 1920년대의 시골 사람한테 오라지게 속아 넘어가는 꼴이라고 할까. 나는 북을 봤으므로 그걸 알았다. 나는 텔레비전을 보고 기분이 착잡했다. 김일성이 멀쩡하다니. 나는 백치완에게 산책을 나가자고 했다. 백치완은 이번에도 선뜻 응했다.

숙소에서 알렉산더 광장까지 천천히 걸었다. 거리에 있는 집이며 건물들을 찬찬히 살폈다. 동베를린의 어디쯤에 내가 있는지 알려는 의도에서였다. 거리에 레닌의 동상이 있었다. 나는 골목을 만나면 순간적으로 그리로 달려가고 싶은 충동을 느꼈다. 하지만 용기가 없었다. 백치완의 우왁스런 손아귀에 다시 잡히면 어찌하나.

오후에 낮잠을 자면서 땀을 비오듯이 흘렸는가 보다. 깨어나자 베개가 흠뻑 젖어 있었다. 일어나 서베를린과 동베를린을 오가는 전철을 내려다보았다. 저것만 탈 수 있다면, 아니 타도록 내버려둔다면. 나는 자유의 땅으로 갈 수 있을 텐데. 하지만 꿈이 아닌 이상 그건 불가능 했다.

오후 3시였다. 백지도원은 낮잠에 깊이 빠져 있었다. 아주머니도 외출하고 없었다. 나는 옷을 입고 살그머니 아파트를 빠져 나왔다.

26 탈출기회를 탐색하다

　내가 묵고 있는 건물의 2층에 서독의 '슈피겔'지 대표 사무실이 있었으므로 그리로 찾아가 도움을 청할 참이었다. 나는 조심스럽게 2층까지 내려갔다.

　사방을 살폈다. 나를 보고 있는 사람은 없었다. 나는 사무실의 초인종을 눌렀다. 그러나 여러 번 되풀이하여 초인종을 눌러도 인기척이 없었다. 문을 두드리자 훨씬 뒤쪽의 문이 열렸다. 나온 사람은 독일여자였다.

　여자가 나를 살피면서 말했다.

　"누구시죠? 그 사무실에는 아무도 없어요."

　나는 순간 긴장하여 혀가 굳어 버렸다. 여자가 계속 내 아래위를 훑어보고 있었다. 나는 당황했지만 태연하게 웃으면서 계단을 서서히 걸어 내려갔다. 여자가 한참을 서 있더니 문을 닫는 소리가 났다. 휴, 안도의 숨을 내쉴 수 있었다. 나는 이곳이 바로 북한의 공작 거점이며, 잡지 지사 사무실이라는 간판도 위장일지 모른다는 생각이 들었다. 등에서 땀이 흘러내렸다.

　건물을 나섰다. 하지만 갈 길이 막연했다. 방향을 잡을 수도 없었고 또 잡는다고 해도 내게는 증명서가 없었다. 동독 경찰에 곧 붙잡힐 것이고 그들은 나를 이곳으로 금방 끌고 오리라.

　가게로 들어가 뭘 사면서 물으려고 해도 그럴 수가 없었다. 35불이 수

중에 있었지만, 이곳은 동독이었다. 동독이나 북한이나 같은 체제로 돌아가는 폐쇄된 사회.

날씨가 좋지 않아서인지, 몸이 아직 완쾌되지 않아선지 한기가 느껴졌다. 나는 담배를 쉴 새 없이 피워대며 부근을 돌았다. 순식간에 담배 열 대를 피웠다. 필터가 달렸다고는 해도 열 개비의 담배를 피우자 가슴이 뜨끔거렸다. 나는 마지막 물고 있던 공작원용 려과담배 '신선암'을 밟아 꺼버렸다. 아아, 다시 그놈의 숙소로 돌아가는 수밖에 없구나.

어둠이 동베를린의 음침한 골목으로 내려앉기 시작했다. 나는 씁쓸하다 못해 비참해진 기분으로 숙소가 있는 레닌가 175번지를 향해 걸었다. 그러면서 쉴 새 없이 중얼거렸다. '그래, 탈출할 기회는 얼마든지 있을 거야. 단지 내 용기가 부족할 뿐이야. 기다리자, 그래서 완전할 때 넘어가자.'

승강기를 타고 올라갔다. 문은 닫혀 있었다. 나는 초인종을 누르고 또 문을 두드렸다. 이렇게 된 이상 당당하게 행동하는 것이 유리하다는 판단이 섰던 것이다.

문이 열리면서 찰거머리 백치완이 동내의만을 입은 채, 조막무시(조선무) 같은 대갈통을 내밀었다. 주먹으로 한 대 갈겨 버리고 싶었지만 꾹 눌러 참았다. 백지도원이 눈이 동그래져서 나의 아래 위를 훑어 보았다. 그는 내가 소리도 없이 혼자 나갔다가 온 것에 몹시 놀랐던 것이다.

"탄가스 때문에 답답해서 좀 나가 바깥 공기를 쐬었소. 차선생이 피곤하여 자고 있기에 깨우려 하다가 그냥 나갔지요. 나가 보니 공기가 나빠요. 여기에 대면 평양의 공기는 정말이지 좋습니다."

내가 그렇게 말하자 그의 굳었던 표정이 풀어졌다. 그는 나의 말에 만족해 하는 것 같았다.

"미안합네다. 내가 길안내를 해드려야 하는데."

그리고는 항생제와 인삼정을 주었다.

그것을 먹고 한 시간 정도를 잤다. 여전히 땀이 비 오듯 했다. 게다가 탈출을 하려다가 그냥 들어온 것이 부담이 되고 후회가 되어 몸은 더더욱 무거워졌다.

저녁 시간에 중년 남자와 백치완은 이것저것 요리를 권하면서 맥주를 따라 주었다. 아마도 낮에 놀랐던 것에 대한 보답인 것 같았다.

저녁을 먹고 텔레비전을 보면서 내가 통역을 해주자 그들은 즐거워하였다. 두 사람 다 나를 신뢰하는 것처럼 보였다. 하지만 안심은 금물이었다. 저들은 필요에 따라 나를 주무를 것이기 때문이었다. 내 눈에 텔레비전의 영상은 보이지 않고 아내와 애들의 얼굴이 스쳐 지나갔다가는 다시 나타나고는 했다. 숨이 가빠지면서 가슴이 떨렸다. 하지만 나는 그들에게 내 정신과 육체의 변화를 보이지 말아야 했다. 나는 이를 물면서 나오려는 눈물을 참고 텔레비전 프로에 빠져 들려고 노력했다. 코미디 프로였다. 나는 덤벙거리며 통역을 해주었고 두 사람은 웃어제쳤다. 나도 크게 소리 내어 웃었다.

방으로 돌아와 나는 탈출 후 연락을 위해 서독에 있는 윤이상과 송두율 그리고 김길순의 전화번호를 열심히 외웠다. 자려고 누웠지만 잠은커녕 정신은 하얀 가루를 뒤집어 쓴 것처럼 밝아 왔다. 그래도 자야 했다. 하지만 잠은 오지 않았다. 그렇게 뒤척이고 일어나 담배를 피워 물기를 몇 번, 새벽녘에야 겨우 선잠이 들었다.

11월 20일.

백치완과 나는 온종일 텔레비전을 보았다. 서독 프로였다.

독일은 벌써부터 서로 전파를 교환하고 있었던 것이다.

"오선생님께 동학제(5월 민중제)를 보여 드려야지."

백치완이 그렇게 말하더니 비디오를 틀었다. 동학제 행사에는 정규명, 김길순, 오대석 등이 나왔다. 동학제가 끝나자 서독 반정부 단체의 여러 가지 행사를 담은 비디오도 보여 주었다. 훗날 서독으로 나와 오석근 박사에게 그 얘기를 했더니, 오박사는 얼굴이 붉어지며 말했다.

"모두가 그 김광호란 놈의 짓이다. 죽일 놈."

김광호란 자를 나는 만나 보지 못하였으므로 기억을 할 수가 없다. 그저 짐작으로 이영준 부부와 이한경 부부, 이종현과 같이 소위 노연파들과 함께 북을 상습적으로 드나들며 그들의 지령에 따라 맹활약을 하는 자라는 확신이 있을 뿐.

그리고 보니 이곳은 그놈들이 북으로 들어가기 전에 학습을 받는 곳인가 보다. 텔레비전에 비디오에 이런저런 서적이 많은 것이 예사롭지 않았다. 그러나 내가 목격한 것은 아니다. 역시 짐작일 뿐. 하지만 인간의 짐작이란 사실 보는 것보다 더 정확할 수도 있다. 그러나 만약 아니라고 해도 내가 있는 레닌가 175번지는 공작원들이 그냥 쉬러 오지는 않는 곳이 뻔했다.

오후에 백치완이 내게 말했다.

"내일 프라하로 떠날지 모르겠습네다. 그곳이 여기보다 더 안전합네다."

백치완은 안전하다는 걸 계속 강조했다. 나는 약간 이상한 생각이 들었다. 이들이 안전하지 못하다는 것은 어쩌면 내게 유리할까 해서였다. 하지만 나에게는 선택권이 없었다. 탈출하기 전까지 이들이 끄는 대로 따라가야만 하는 것이다.

"박병섭(킬 거주)과 이문호(괴팅겐 거주)를 프라하로 데려올 수는 있습니까?"

185

내가 물었다.

백지도원이 대답을 미루고 노려보았다. 나는 얼른 말을 바꿨다.

"차선생의 복안이 그렇다면 그렇게 합시다."

냉랭한 시간이 잠시 우리 사이로 흘렀다. 나는 그에게서 벗어나고 싶었다.

"잠시 누워서 쉬었으면 좋겠는데."

백치완이 고개를 끄덕였다. 나는 바람을 일으키면서 일어나 얼른 내방으로 건너왔다. 그리고 쓰러지듯이 침대에 누웠다. 땀이 흘러 옷이 젖어있었다.

4시가 되자 백치완이 나를 깨웠다.

"신변 안전을 위해서 여기서 기차를 타고 로스톡으로 가 거기서 다시배를 타고 코펜하겐으로 들어가는 게 좋겠습네다."

아까와 다른 말이었다.

"그렇게 하면 외화도 절약될 수 있으니 좋도록 합시다."

나는 그에게 그 어떤 건덕지도 잡히지 않으려고 얼른 대답했다. 그는눈치와 촉각이 상상 이상으로 발달한 인간이었다. 나는 그 앞에 있으면 긴장이 되는 걸 여러 번 경험했다. 이번에도 마찬가지였다.

저녁 식사 시간에 중년 남자는 홍과장과 김지도원을 대동하고 들어왔다. 홍과장은 모스크바에 있다가 김지도원과 합류하여 왔다고 했다. 나는 그들을 반갑게 맞이했다.

"오선생님에게 인사를 드리려고 찾아왔습네다. 건강은 좀 어떠십네까?"

"아, 좋아졌습니다."

"선생님의 입국 비자를 열흘 동안 얻었습네다. 그 안에 일이 해결돼야

겠습네다."

"……."

나는 숟가락질을 열심히 했다. 먹는다는 것, 그것은 살아있다는 것이었다. 먹어야 건강할 것이고, 건강해야 자유를 되찾을 수 있다. 그런 생각들을 하면서 음식물을 삼켰다.

백치완이 나를 방으로 보내더니 몇 시간 동안 세 사람과 쑤군거렸다. 나는 신경 쓰지 않았다. 솔직히 이미 나는 그들의 공작 놀음에 흥미가 없었다. 단 하나 나의 온 신경은 탈출에 있었다. 어떻게 하면 탈출할 수 있을까? 어떤 방법이 좋을까? 낮이 유리할까, 밤이 유리할까?

8시, 홍과장이 김지도원과 함께 내 방으로 들어왔다.

"오선생님, 그럼 내일 다시 뵙겠습네다."

두 사람이 나가자, 백치완이 들어왔다.

"그럼 내일을 위하여 푹 쉬도록 하시라요."

나는 백치완이 나간 다음에 책장을 더듬어 얇은 종이를 몇 장 꺼내었다. 그 책장에는 김일성의 혁명 이론 관계 책이 빽빽하게 꽂혀 있었다. 나는 종이를 가지고 침대에 누웠다. 숨을 죽이고 백치완 방의 소리를 엿들었다. 그는 자는지 아무 소리도 나지 않았다. 한참을 그렇게 있던 나는 종이에 영어와 독일어로 써 내려갔다.

이 패스포트는 나의 진짜 패스포트가 아니다. 나의 이름은 오길남이다. 독일연방 정부가 발행한 패스포트는 나의 잘못으로 조선민주주의인민공화국 공작원의 손에 들어갔다. 나의 독일 마지막 거주지는 Bertha von Suttner Str.13000 Kronshagen이다. 나는 나의 아내 신숙자와 두 딸, 오혜원과 오규원을 그들의 손아귀에서 구해 내기 위해 독일연방공화국으로 돌아가고자 한다. 독일 대사관이나 관계 당과 연락을 취하도록 해 달라.

적고 또 적고, 또다시 고쳐 쓰고를 되풀이했다. 종이 크기는 되도록 작게 하였다. 그리고는 종이를 갈무리하고 눈을 감았다. 등에서 겨드랑이에서, 그리고 허벅지 심지어 손등에까지 땀이 질펀했다.

　그 밤, 밤새 나는 잤다가 깨고 다시 잤다가 깨고를 수도 없이 되풀이했다.

27 탈출에 성공하다

11월 21일.

아침 식사를 하면서 백치완은 또 계획이 수정되었다고 말했다. 변덕이 아니라 이들의 공작이 이런 것이구나 하는 생각이 들었다.

"오선생님의 건강이 좋지 않아서 14시 발 비행기로 코펜하겐으로 가기로 했습네다."

"죄송합니다. 저 때문에 아까운 외화를 쓰게 되어서."

내가 말하자 그는 만족한 웃음을 입가득히 물었다.

"그렇게 알고 계신다니 기쁩네다. 어서 드시라요."

홍과장과 김지도원은 점심 시간에 나타났다. 이제 떠난다. 나는 마음을 다 잡아 먹었다.

승용차는 늘 타던 메르세데스 벤츠였다. 앞자리에 내가 탔다. 뒷자리에는 홍과장과 김지도원 그리고 백치완이 탔다. 차는 비행장으로 달리기 시작했다. 그들은 청순한 두 유학생을 밀입북시키기 위해 촉각을 곤두세우고, 나는 탈출하기 위해 촉각을 곤두세우면서도 서로의 마음은 조금도 내색 않고 있었다.

운전을 했던 중년 남자와 홍과장. 그리고 김지도원은 공항에서 우리를 배웅하고 돌아섰다. 나는 백치완을 따라 대합실로 들어섰다. 이 착륙을 알리는 전광판이 바뀌는 걸 보며 나는 가늘게 떨었다. 아아, 인간의 감정과

189

표현력은 한계가 있다. 그래서 너무 기쁘고 슬프면 마음의 절제가 되지 않고 눈물을 흘리는 게 아닐까.

그리고 행동력도 마찬가지다. 두려울 때는 비명으로, 그러다 안 되면 궁극에는 혼절로 이어지는 게 아닐까. 내가 왜 이렇게 쓸데없는 소리를 하는가 하면, 그날 그 시각의 내 기분을 샅샅이 표현하려고 해도 한계가 있어서이다. 아이를 낳는 그 어마어마한 고통을 산고(産苦)라고 표현하듯 내가 골라 쓸 말이 생각나지 않아서이다. 지금도 그때를 생각하면 식은땀이 나고 호흡이 가빠지며 가슴이 터질 것 같지만, 그런 말로는 다 표현했다고 할 수 없으리라.

백치완도 불안한지 서성이다가 불쑥 말했다.

"맥주 한잔 하시겠습네까?"

이상하게도 그의 친절이 싫었다. 나는 고개를 저었다. 너와는 곧 헤어져야 한다. 그런 마당에 너와 마주앉아 술을 마시고 싶지는 않다, 이런 생각이 뇌리를 맴돌고 있었다.

나는 대신 그를 자극할 질문을 했다.

"내가 계속 방송원 노릇을 해야 합니까?"

백치완이 당황해 했다. 표정의 변화가 확연하게 보였다. 그래, 네가 그런 걸 어찌 알겠느냐. 너도 희생자의 한 사람일 뿐. 나는 더 이상 그를 붙들고 늘어지지 않았다.

탑승을 할 때 검사원들이 짐을 상당히 엄격하게 조사했다. 내 짐에는 독일의 유명한 쌍둥이표 칼이 들어 있었다. 검사원이 그걸 지적했다.

"꺼내 보시오."

그가 독일어로 말했고, 나는 칼을 꺼내 들었다. 백치완은 이미 검사대를 통과하고 있어 내가 칼을 꺼내는 걸 보지 못했다.

"일단 압수했다가 도착하면 드리겠습니다."

무기가 될 수도 있으니 드는 짐에는 넣어 가지고 갈 수 없다는 뜻이었다. 나는 칼을 주고 영수증을 받았다. 서둘러 기내로 들어갔다. 기내는 붐비지 않고 썰렁했다. 위스키를 마시는 서방측 승객이 보였다.

14시 30분, 비행기가 이륙했다. 나는 자리에 앉아 있다가 벨트를 풀어도 좋다는 방송을 듣고 화장실로 갔다. 문을 잠그고 어젯밤 써두었던 구원 메모를 양말속에서 꺼내어 다시 읽어 보았다. 더 자세히 쓰고 싶었지만 시간이 없었다. 양복 속주머니에 여권과 함께 넣었다. 가슴이 두근거렸다. 속주머니에서 손을 꺼냈을 때 축축히 젖어 있었다. 나는 수도꼭지를 틀고 물을 받아 얼굴을 몇 번 문질렀다. 시원한 물로 그렇게 몇 번하자 조금 안정이 되었다. 나는 시침을 떼고 백치완의 바로 옆인 내 자리로 돌아왔다.

곧 코펜하겐 공항에 도착하였다. 비행시간은 45분. 16년 전 독일로 처음 유학오면서 홀트 아동복지를 통하여 두 여자 애를 데리고 왔던 공항. 그 애들이 살아 있다면 18세의 아리따운 처녀로 자랐을 것이다. 하지만 이국의 풍요한 물질과는 달리 진정한 사랑을 받지 못해 어쩌면 비뚤어졌을지도 모른다. 성의 노리개는 되지 않았는지.

출구 근처에서 우리를 기다리고 있던 사람이 있었다. 그는 백치완에게 이곳의 대사라고 소개했다. 그는 서양에서 살아 얼굴에 기름기가 자르르 흘렀다. 이 글의 처음에 얘기했듯이 우리는 검사대를 향하여 걸어갔다.

대사와 백치완이 검사를 마치고 먼저 나간 사이 나는 얼른 여권과 함께 도와달라는 쪽지를 검사대 안으로 밀어 넣었다.

그리고 그들의 보호를 받으며 서독으로 돌아왔다. 그리고 조사를 받았다. 내가 조사받은 내용은 지금까지 내가 얘기한 내용이다.

독일연방 내무성 관리가 찾아와 그 옛날 독일 망명 당시 아내와 내가 소지하고 있던 대한민국 여권을 책상 위에 꺼내 놓았다. 그 밖에도 우리 부부에 대한 서류들이 있었다.

그가 말했다. 내 볼에는 두 줄기 눈물이 소리 없이 흘러내렸다.

"부인과 두 딸은 부득이 실종으로 처리했습니다. 그리고 오길남씨가 가지고 있던 독일연방 망명 여권은 분실로 처리했습니다."

탈출의 성공, 그리고 다시 내 권리를 되찾았다는 기쁨도 잠깐, 나는 아내와 두 딸이 보고 싶어 오열했다.

"우우!"

그가 어깨를 떨며 오열하는 나의 어깨를 잡아 주었다.

"부인과 따님들의 일은 우리도 당장 어쩔 수 없어 그렇게 처리했을 뿐입니다. 그러나 이곳으로 돌아오도록 취할 수 있는 모든 조치를 취하겠습니다. 진정하십시오."

28 친구들을 찾아나따

12월 18일. 어느새 탈출한 지 한 달이 다 되어가고 있었다. 나는 윤이상에게 전화를 했다.

"북에서는 도저히 살 수 없어 도망나왔습니다. 제발 저의 가족을 데려오도록 해주십시오. 살려 주십시오."

윤이상은 내가 내무성에 있어서 그런지 아무런 말도 없이 전화를 끊었다. 다음으로 송두율에게 전화를 하였다. 그는 북의 대남 관계 고위 인사들의 총애를 받는 사람이다. 도와주려고 하면 도와줄 수 있다고 믿어서였다. 그러나 역시 냉랭한 말만을 들었다.

이제는 이 세상을 떠난 고인이 되었지만 아내의 건강을 걱정해 주었던 김길순에게도 전화를 걸었다. 김길순 박사는 통일제에 있어서 윤이상의 참모 노릇을 했지만 몇 차례나 윤이상에게 "한국으로 돌아가셔야 한다"고 충언을 하다가 윤이상의 미움을 사기도 했다. 그러나 그도 마찬가지였다. 아, 이들은 이제 나를 멀리하고 싶어 하는 것이었다. 브라이덴슈타인에게도 전화를 하고, 나를 북으로 보냈던 은혜(?)로운 김종한에게도 전화를 걸었다. 그러나 두 사람과는 통화가 되지 않았다.

이튿날 12월 19일. 독일연방 내무성 관리가 나를 촬영소로 데리고 가 정면과 측면 사진을 찍었다. 나는 무슨 일인가 싶었으나 묻지 않았다.

12월 20일. 어제의 그 관리는 내게 독일연방공화국에서 재발급한 망명 여권을 건네주었다. 그가 쪽지를 주면서 말했다.

"이 전화번호는 내가 있는 곳입니다. 무슨 일이 생기면 이리로 전화를 해주십시오. 그럼 최대한으로 도와드리겠습니다. 그리고 가족 문제는 국제적십자사를 통하여 해결하는 것이 가장 나을 듯합니다. 그러니 그쪽으로 한번 찾아가 의논을 해보십시오."

그는 고맙게도 레스토랑에서 점심을 사주었다. 나는 기왕에 신세를 지는 김이라 덧붙여 부탁했다.

"죄송하지만 도르트문트행 비행기 표를 좀 구해 주십시오. 제 친구가 그곳에 있는데 찾아가 보고 싶습니다."

"그러지요. 가족 송환을 못 도와드려서 정말 죄송합니다."

그러면서 북한과 서독은 그리 친하지 않다는 설명을 해주었다. 그럴 수밖에. 독일과 한국은 같은 조건으로 갈려진 나라였다. 둘 다 이데올로기의 희생국이었던 것이다.

오후 3시 도르트문트로 가는 비행기에 올랐다. 게르하르트 브라이덴슈타인을 만나기 위해서였다. 그러면 어떻게 해주겠지, 하는 기대를 가지고였다. 이제 나의 필생의 작업은 가족의 구출이었다.

4시에 나는 그의 집에 도착했다. 핼쑥하게 마른 나를 브라이덴슈타인 박사 부부는 반갑게 맞아 주었다. 하지만 그들의 얼굴에서 나는 걱정스러움을 읽을 수 있었다. 내가 북한을 탈출한 걸 이들은 잘못됐다고 생각하는가, 나는 그에게 그걸 묻고 싶었다. 왜냐하면 브라이덴슈타인 목사는 내게 북행을 강조한 적은 없지만 그 분위기를 조성한 사람이기 때문이었다.

그러나 나는 그만두었다. 이제 그런 걸 물어서 무슨 소용이 있는가. 내가 온 이유는 가족을 찾기 위해서다.

내 얼굴을 거울에 비춰 보니 엉망이었다. 아래위 입술은 모두 부풀어 터졌으며, 눈은 충혈되고 머리칼은 윤기를 잃고 제멋대로 자라 있었다. 내가 이렇게 된 것은 조사를 받느라 피곤해서가 아니고 마음고생을 한 탓이었다. 병약한 아내와 어린 두 딸을 동토의 땅에 두고 혼자만 탈출한 못난 지아비와 죄많은 아버지만이 느끼는 고통. 그 고통은 제 아무리 의술이 출중한 의사라 할지라도 고칠 수 없을 것이었다. 나는 그 무렵 눈을 감아도 떠도 악몽에 시달렸다. 아내와 두 딸이 나때문에 대남 공작 기구에 의해 모진 괴롭힘을 당하는 장면의 꿈들이었다.

나와 브라이덴슈타인의 부인 레나테는 말을 트고 지낼 정도로 흉허물이 없는 사이였다. 그녀가 평소에 나를 만나면 반갑다는 표시로 내뱉는 우리말은 씨팔놈, 씹새끼라는 욕설이었다. 그러나 그녀는 그 말이 그리 심한 욕인줄 모르고 있었다. 서울에 있을때 아들이 동네 개구쟁이에게서 배운 말을 기억해 반갑다고 하는 것이었다. 그녀의 욕설을 나는 늘 웃으면서 받아들이곤 했다.

그녀는 독실한 기독교인이었다. 그리고 교양이 철철 넘치는 여자였다. 그런 여자가 그렇게 상스런 욕을 한다는 것이 이상했지만 그녀가 할 수 있는 유일한 한국어이기 때문에 대부분 한국 사람들은 그런 욕을 듣고도 깔깔거리거나 낄낄거리기만 할 뿐 화는 내지 않았다. 그러므로 그녀는 더더욱 친숙한 말로 착각하고 고이 간직하고 있었던 것이다.

그런데 이상하게도 그녀는 그날 내게 그 욕을 하지 않았다. 내 몰골을 보고는 사태의 심각성을 짐작하는 듯했다. 그들 부부가 살고 있는 집은 2층짜리 단독 주택이었다.

독일에서 목사의 사회적 지위는 대단히 높은 편이다. 그러므로 그들은 자신들의 신분에 먹칠할 일을 하지 않는다. 돈벌이에 혈안이 되어 수작을 부리는 목사도 없다. 그랬다가는 당장에 그 명성이 땅에 떨어지고 마는 것이다. 보수파에 속하든, 진보파에 속하든, 모두 자신의 권위와 지위를 지키려고 조심하면서 행동한다. 16년간 독일에 살면서 나는 목사가 돈벌이를 하려고 이상한 짓을 했다는 소리를 들은 적이 없다.

독일 목사들은 원해서든 그렇지 않든 사회적인 혼란에서 빚어지는 현상들에 항상 주목한다. 문제를 풀려고 과격한 행동을 하거나 위선에 찬 정치적인 땡깡, 이를테면 신도들을 앞세워 시위를 하는 일은 아주 드물다. 그들은 자신들의 역할이 사회를 안정시키는 것이라고 믿고 행동한다.

브라이덴슈타인 부부도 마찬가지였다. 그들은 근검하고 경건하며 품위를 늘 지켰다. 나는 그런 그들을 존경하고 좋아했다. 그래서 내 가족의 일을 상의하려고 온 것이었다.

목사는 늘 사회 정의에 관심이 많았고 기업의 횡포에 언제나 분노했다. 그는 내 얘기를 들으면 나를 도와줄 것이다. 나는 철석같이 믿고 있었다. 내가 그렇게 믿을 만한 근거들은 많았다.

그의 자식은 모두 넷이었다. 아들 셋에 딸 하나. 막내아들은 서울에서 태어났다. 게다가 고명딸은 서울 길거리에 버려진 아이를 데려다 양녀로 삼았다. 그 막내딸에게 안병무 교수가 세례명을 주던 때를 나는 생생하게 기억하고 있다.

목사는 부광석이란 한국 이름도 가지고 있다. 그 이름을 지어 준 사람도 아마 안병무 교수일 것이다 1960년대 브라이덴슈타인은 안병무 교수를 존경했다. 그리고 1970년대로 넘어가는 한국 상황에 대한 이해도 모두 안병무 교수에게서 받은 조언과 영향 덕이었다.

목사는 독일 상류 사회 계층 가정에서 태어났다. 그러나 그는 1960년대 격렬한 독일 학생 운동의 소용돌이에 휩쓸렸다고 했다. 독일 공산당계 학자들이 할거했던 마르부르크 대학에서 기독교 사회 윤리에 관심을 가지고 연구에 몰두하여, '소유와 분배'에 관해서 학위 논문을 쓴 외모가 깔끔하고 성품이 강직한 신학자. 목사는 철학과 정치학, 경제학, 독문학, 교육학을 두루 공부한 독일 지성인의 한 사람이었다. 그런 그가 60년대 말 연세대학교 신학대학원 초빙교수로 사회윤리를 강의한 적이 있었다. 통역은 한신대 박종화 교수가 맡았다고 나는 기억한다. 앞에서도 말했지만 나는 목사를 서울에서부터 알았다. 우리의 첫 만남은 1969년도 연말께였다. 서울 시내의 어느 막걸리 집에서 우리는 만났다. 인천산업선교의 조승혁 목사와 미국인 오글 목사와 함께였다. 그날을 시작으로 우리는 1970년 10월 독일로 유학 오기까지 서너 번 만날 수 있었다.

우리의 인연은 만나는 것만으로 끝난 것이 아니라 내가 그의 강연 원고를 한국어로 번역하기도 했다. 한국노총과 프리드리히에버트 재단이 공동으로 주최한 '노동조합 지도자를 위한 교육 세미나' 강연 원고였다. 그의 강연 주제는 '사회 정의와 노동 운동과 민주 사회주의'가 기본 축이었다. 당시 그는 사회주의적 생산 관계가 현실의 인간 사회에서 가능할 것이라고 몽상하고 있었다. 나 역시 마찬가지였다. 목사도 나도 그때는 마르크스 경제학에 아무런 기초적 지식도 가지고 있지 않았다. 과학적으로 보다는 유토피아적 환상에 사로잡혀 있었던 것이다.

내가 왜 이렇게 게르하르트 브라이덴슈타인 목사에 대하여 얘기를 많이 하는가 하면, 그가 내게 준 영향이 엄청나기 때문이다.

어쩌면 나는 그를 만남으로써 인생의 궤도가 바뀌었는지도 모른다.

목사는 1970년대 초 대학 강단에서 혹은 교회 설교대에서 과학적 입장에서는 아니지만 유토피아적 추구의 관점에서 당시의 한국 사회의 문제점을 파헤치고 난도질했다. 그는 외국인이었으므로 우리는 감히 입에 올리지 못하는 정책 비판을 서슴지 않았다. 때문에 많은 젊은이들이 그에게 감동했다.

그런 그를 정부가 곱게 볼리 없었다. 그래서 그를 추방했다. 그런데 독일에서 우리는 다시 만났던 것이다.

1972년 여름이었다. 고색창연한 대학 도시 튀빙겐에서 우리는 재회했다. 우연한 해후였지만 우리는 얼싸안았다. 눈물이 날 정도로 반가웠다.

"목사님을 여기서 뵙게 되다니요."

내가 떨리는 목소리로 말하자 그가 대답했다.

"막내딸의 열대병 검진을 받으려고 튀빙겐 대학병원을 찾아왔소. 그런데 여기서 헤어(영어로 미스터에 해당) 오를 만나다니 우리는 인연이 있었던가 보오."

나는 목사에게 지금은 돌아가시고 없는 강돈구 교수를 소개시켰다. 말이 빗나가지만 훗날 강돈구 교수는 거대한 재산을 상속받은 브라이덴슈타인 목사의 보증으로 은행돈을 대부받아 사업을 하여 엄청난 돈을 벌기도 했다.

고(故) 강돈구 교수는 실존철학의 거두 볼노브에게서 학위를 취득했던 철학자였다. 얼마 전에 있은 그분의 죽음을 슬퍼하면서 다시 한 번 명복을 빈다. 아, 그가 85년까지만 독일에 머물렀어도 나와 가족이 생이별하는 비극은 일어나지 않았을지도 모른다. 아마도 그랬을 것이다. 그는 우리 가족을 누구보다도 사랑했다.

다시 브라이덴슈타인의 얘기를 해야겠다. 그는 한국에서 쫓겨간 이후 반발심에서인지는 몰라도 마르크스 경제학이 아니고, 마르크스주의 경제학을 파헤치기 시작했다. 그는 북한의 사회주의를 연구의 모델로 삼았다.

한 번은 그가 나에게 벨기에의 어느 대학에서 경제학 교수로 재직하고 있는 트로츠키파 어네스트 만델이 쓴 ≪마르크스주의 경제학≫이란 소

책자를 선물한 적이 있었다. 어네스트 만델은 유명한 사람이었다.

나는 70년대 초기에는 그의 논리에 빠져 들었다.

하지만 80년대에 들어와서는 그는 허명(虛名)은 높았지만 실제로는 엉터리 투성이라고 생각했다. 지금도 마찬가지이다.

목사는 사회주의 문제를 유토피아적 관점에서 보았기 때문에 마르크스의 진정한 뜻이 담긴 ≪자본론≫1, 2, 3을 위시한 그의 경제학적 대작을 독해할 수 없었다. 그뿐만이 아니다. 레닌도 스탈린도 모택동도 김일성도 그리고 현실의 사회주의자들도 마르크스를 올바르게 이해하기는커녕, 모두 제 입맛에 맞게 이해하고 이용했을 따름이다. 그들은 마르크스의 이해 없이 오로지 몇 가지 어구(語句)를 원용(援用)했던 것이다.

마르크스의 원혼이 지금쯤 그들에게 해원(解寃)했는지 모르겠다. 만약 김일성이 1993년에 죽는다면 나는 그때 죽은 마르크스의 해원을 빌겠다. 그러니까 1993년은 마르크스가 죽은 지 겨우 110년이 되는 해이다.

목사는 계속하여 이정식, 서대숙 등의 저술을 공부하고 북한 연구에 몰두했다. 폴크스바겐 장학금을 받아서 미국으로 일본으로 다니며 2년 동안 북한을 연구하고 나서 정작 북한에 가서는 겨우 2주일을 체류하고 돌아왔다.

그가 북한에서 가지고 나온 정보는 허위를 진실로 포장한 억지 홍보 자료였다는 걸 나는 북에 들어가서야 알았다. 나는 분격했고 슬펐다. 그래서 그를 맨 먼저 찾아왔는지도 모른다. 가족을 구출해 달라는 부탁과는 또 다른 감정으로.

그는 격폐증 환자에 가까웠다. 목사는 북을 다녀온 후 ≪아지엔 포룸≫ 이란 잡지에 북한 사회주의 모델에 관한 논문을 2편 발표했다. 그는 허위의 자료를 진실로 믿은 것이었다. 그러니까 결국 목사도 북의 블랑키주의자들의 농간에 기만당했다고 봐야 했다.

앞에서 말했듯이 그의 격조 높은 인격과 지조는 높이 평가한다. 하지만 그의 현란하고 비과학적인 논지의 수사 체계는 경멸하고 비난한다. 과학성의 기준은 첫째 논리적 일관성이다. 둘째는 사실(현실)의 적확한 반영이다. 2차대전 때 반나치 투쟁을 했던 루이제 린저가 윤이상의 마수에 걸려 북한의 김일성·김정일의 신격화 제단에 제물로 헌상되지 않았는가. 목사도 루이제 린저와 마찬가지로 북한의 블랑키 집단의 이용물에 불과했던 것이다.

그러나 나는 내 온 몸으로 하나의 광신적 종교 집단과 다름없는 북한의 숨겨진 내부 현실을 직접 부딪쳐 체험했으므로 어쩌면 그들보다는 행복한 편이다. 그러나 한편으로는 그 대가로 사랑하는 아내와 자식을 잃어버렸으므로 그들보다 훨씬 불행하게 되었다.

학자가 눈으로 자신의 연구를 확인하는 것은 분명 행복이다. 하지만 그 희생을 가족에게 떠넘겨서는 곤란하다. 그건 너무도 가혹한 대가이다. 내 관찰에 의하면 북한에는 김일성, 김정일 부자에 의한 전제 체제를 뒤흔들 소요가 일어나더라도 전국적으로 확산될 가능성은 희박하다. 왜냐하면, 인민은 거주지 이전과 여행의 자유가 극도로 제한되어 있고, 서신 교환이나 전화 이용도 당과 정부 그리고 군대에 의해 차단되어 있기 때문이다.

그런 곳에서 어찌 전국적인 소요가 일어나기를 바라겠는가. 하지만 알 수 없다. 세계는 급변하고 있고 북에도 그 어떤 새로운 변화가 일어날지도.

주민들의 생활은 직장 단위에서 초급당 또는 직맹(직맹은 진짜 어용 노조로 구 소련의 쁘로푸사유즈의 번역으로 노동조합이라는 뜻)의 통제를 받고, 다시 가정 단위에서는 인민반장, 부반장에 의해 통제받고 있다. 인민반장과 부반장은 사회안전부의 지시를 받는다. 이 통제를 벗어나면 겨우 살아남기 위해 필요한 의식주의 수단도 주어지지 않는다. 그러니 누가 그 통제를 벗어나려고 하겠는가. 게다가 주민들은 김일성 주체사상에 입각하여 수령에 대한 무조건 복종을 강요받는 정치 사상의 주입식 반복 교육으로 의식이 흐려지고 창조성이 없어졌으며 자주성을 빼앗겨 버렸다.

인간 생활의 기본 존재 조건(물질적 · 정신적 존재 조건)이 왜 이렇게 황폐해 버렸는가. 생활필수품을 넉넉히 구하지 못함은 물론, 식생활조차도 제대로 할 수 없는 인간의 기본적 존재 조건의 개선을 위해 무엇을 어떻게 해야 하며, 그러기 위해서는 어떻게 해야 하는가.

북한 주민 대부분은 이에 대한 생각조차 할 수 없게 돼 버렸다. 설령 어느 누가 참담한 현실에 대한 조건 개선의 의지가 있다고 하더라도 북한의 억압적인 정치 체제 아래서는 한 마디도 꺼낼 수가 없을 것이다. 가족과 자신의 안전을 위해서는 입 다물고 있을 수밖에 없는 보신주의적 태도를 취할 수밖에 없는 살이인 것이다.

또한 김일성과 김정일은 자신들을 위협하는 세력이 생겨나고 결집하는 것이 두려워 주기적으로 권력 구조를 개편하고 반대 세력의 태동을 씨앗에서부터 없애 버리는, 소위 스탈린식 방법을 쓰고 있다.

결국 북한 주민에 의해 김일성의 체제가 붕괴될 수 있다는 생각과 바람은 한낱 환상에 불과할 것이다. 그러니까 우리는 북한의 주민을 위하여 어떻게 하는 것이 바람직한가를 생각해야 한다. 우리 모두가 머리를 맞대고 함께 의논할 때 가장 좋은 방법이 나올 것이다.

29 아내에게 편지를 쓰다

목사 부인 레나테는 나에게 자기가 쓰던 침실을 내주었다. 목사는 월 수입이 짭짤한데다 거대한 재산을 상속받았다. 그러니 평생 일을 하지 않아도 되겠건만 레나테는 양로원에 간호사로 나가고 있었다.

하기야 헬무트 슈미트 전 독일연방 수상 부인도 간호사로서 일하기는 했다. 여권 신장은 입방아 찧는 여성 운동가(페미니스트)들의 활약 때문에 이루어지는 게 아니다. 가정과 사회적 노동에 여성들이 적극 참여하는 데서 오는 것이라고 나는 생각한다. 그래서 레나테의 사회 활동이 좋게 보였다. 저녁을 먹으면서 시작한 내 얘기는 한밤중까지 이어졌다. 우리 가족이 초대소에 유폐되어 있던 것에서부터 대남 방송요원을 했던 일, 그리고 독일에 온 유학생을 포섭하는 끄나풀이 되어 코펜하겐으로 왔다가 탈출하게 된 것까지 차분하게 설명하였다.

브라이덴슈타인 목사는 내 얘기를 듣더니 독일인 반한 단체 '코레아 코미테(한국연대위원회)' 의장인 전 오스나부르크대학 총장 권터 프로이덴베르크 교수한테 전화로 내 얘기를 정리하여 전했다. 그리고 아내와 딸의 송환 문제를 의논했다.

목사는 전화를 끊고 내게 말했다.

"프로이덴베르크 교수가 힘을 쓴다고 했으니 기다려 보자."

프로이덴베르크 교수는 동백림 간첩단 사건에 연루되어 감옥에 있던 윤이상 씨를 독일로 귀환시킬 때 맹활약한 사람이었다. 그러므로 나는 그가 힘을 쓴다면 가족이 독일로 돌아올 수 있다고 믿었다. 그는 독일 사민당 계열 인사로 독일연방국회(분데스타그) 법사위원장과 친분이 두텁다고 브라이덴슈타인 목사가 말해 주었다.

게다가 브라이덴슈타인 목사는 당시 녹색당 대표위원이었다. 그런 두 사람이 목소리를 높이면 독일연방 정부도 가만히 있지 않을 것이다. 나는 목사에게 무릎을 꿇고 싶었다. 그리하여 하루라도 빨리 가족을 독일로 데려오고 싶었다.

"오박사, 북한 당국과 와이프에게 편지를 쓰시오. 세상에 이런 일이 일어날 수가 있다니."

그는 북한의 처사에 몹시 격분하고 있었다. 하기야 유토피아적으로 북한과 사회주의를 이해한 사람이었으니. 그는 분개하면서 내게도 화를 냈다.

"왜, 북행을 결심하기 전에 내게는 알리지 않았소?"

나는 고개를 숙였다. 할 말이 없었다. 그가 다시 말했다.

"내일 모레 그러니까, 22일 북한 대사와 면담을 하겠소."

"목사님만 믿습니다. 저는 지금 믿을 사람이 없습니다."

나는 겨우 그렇게 말했다. 이마에서 땀이 흘러내렸다. 내 아랫입술과 윗입술은 퉁퉁 부어 형편없는 모습이었다. 웃어보고 싶었는지 울어 버리려고 했는지 모르겠다.

목사는 코레아 코미테의 총무와 회계도 담당하고 있었다. 그래서 그는 자기의 동베를린행 의도를 프로이덴베르크에게 다시 전화로 알렸다. 북한 대사를 만나려면 동베를린으로 가야 했기 때문이었다.

12월 21일 오전.

나는 조선로동당 중앙위원회 대외연락부장 리창선에게 강경하게 나와 아내에게 야비한 짓을 강요한 처사에 항의하는 편지를 썼다. 지금 나는 그 편지를 기억하지 못한다. 그리고 그 편지를 가지고 있지도 않다. 조금이라도 기억하라면 아마도, 내 가족을 돌려 달라는 시종일관 강경한 어조의 편지라는 희미한 기억뿐이다.

오후에 김길순 박사로부터 전화가 걸려 왔다. 그는 평생 다른 사람의 어려움을 도맡아 해결해 주다가 정작 자신은 나이가 50이 넘었는데도 장가도 들지 못한 사람이었다.

그는, "자기의 생명의 뿌리(성기)는 너무 오그라들어서 펜치로 뽑아내야 할 판이다." 라고 장탄식의 우스갯소리를 가끔 내게 하는 친구였다. 그는 그를 아는 모두로부터 존경을 받는 고매한 인격의 소유자이다. 그런 그도 77년 6월, 본에서 한국문제긴급회의 개최 시에 윤이상씨에게 혹사당해 그 이후로 건강의 회복이 불가능하리만큼 나빠졌다. 한국 정부는 관용을 베풀어 90년대 초 그를 귀국시켰다. 모 대학에서 교수로 재직하고 있다가 얼마 전 간암으로 세상을 떠났다.

그는 독일에 있을 때 오펜바하에서 KOFO(한국학술원) 운영을 맡았다. 그는 KOFO의 운영 자금이 윤이상 개인에게서 나오는 줄 알고 있었지만 사실은 다르다. 한국학술원은 윤이상이 북의 대남 공작 기구의 사주를 받고 그들로부터 자금을 받아 설립해 운영했던 것이다. 그러나 김길순 박사는 그런 사실을 까맣게 모르고 있었다.

내게 그런 비밀을 가르쳐 준 사람은 코펜하겐까지 같이 나온 백치완이었다. 그는 내가 유학생을 포섭하는 데 적극적인 것으로 착각하고 비밀을 말해 준 것이었다. 윤이상이 배후에 송두율을 KOFO에 은밀히 심어 넣었다는 것도 들었다. 그는 또 말했다.

"남조선 놈에 의한 남조선 놈들의 혁명을 통해 한국 전역에서 소요를 대규모로 내연화하자는 것이 우리의 전략이며 전술입네다."

백문(百聞)이 불여일견(不如一見)이라는 말을 나는 실감한다. 북을 보고 나왔기 때문이다. 나는 이 글을 쓰면서 자급자족 경제를 하는 자는 화폐로서보다는 스스로의 육체로 전쟁을 수행하고자 한다는 투키디데스의 경구(警句)를 강조하여 상기시키고자 한다.

윤이상은 북의 위장 평화 공세에 현혹되어 자기의 음악적 재능으로 그들의 앞에서 놀아나는 허수아비다.

김길순 박사는 내가 브라이덴슈타인 목사 집에 있다는 것을 어떻게 알았을까. 나는 북한에서 탈출한 사람이다. 그러므로 한국 지인을 찾아 갈 수가 없었다. 그들의 냉대가 두려웠던 것이다. 모두들 나로 인하여 피해를 입을까 머리를 저을 것이다. 뻔하다. 그런데 김길순 박사는 나를 찾아왔다. 그는 나를 그리스 식당으로 데리고 갔다.

그의 앞에 앉은 나는 하염없이 눈물을 흘렸다. 나는 속으로 외쳤다. 민주가 뭐고 통일이 다 뭔가? 잘난 척하던 우리가 그들의 손아귀에 놀아나고 있는 걸 알기나 하는가. 눈물을 닦았다. 앞에 앉은 그는 내 마음을 이해한 듯이 머리를 끄덕였다. 나는 웃어 주었다. 우리는 마주보면서 웃었다. 씁쓸한 웃음이었다.

"이게 아무래도 필요할 것 같네."

그가 내게 건네 준 것은 300마르크와 나의 학위 논문이었다. 그의 온통 은빛으로 반짝이는 머리칼이 유난히 내 마음을 움직였다.

마흔여섯의 나이. 그는 내게 신선으로 보였다. 글을 쓰다 보니 그를 사랑하는 내 마음을 속일 수가 없다. 그도 나를 존경하고 사랑했다. 지금도 앞으로도 변함없을 것이라고 나는 믿는다. 그러나 그는 이승에서 부대끼지 않고 싶어서인지 저승으로 가버렸다. 백팔번뇌의 고해에서 허우적거리는 나는 그의 영면을 이 자리를 빌어 머리숙여 빌고 싶다.

김길순 박사와 헤어져 브라이덴슈타인 목사 댁으로 돌아왔다. 그의 뒷모습을 가슴에 안은 채였다. 미쳐 버릴 것만 같았다. 어둠이 목사의 집을 껴안은 채 나를 받아주지 않을 듯이 버티고 있었다. 나는 용기를 내어 어둠을 뚫고 목사의 집으로 들어갔다.

저녁에 아내에게 편지를 썼다.

사랑하는 혜원 엄마, 로 시작했지만 좀처럼 글이 써지지 않았다. 타이프라이터로 오랫동안 글을 써서인지도 몰랐다. 그러나 목사의 집에는 한글 타자기가 없었다.

다른 편지와 마찬가지로 나는 그날의 편지를 상세히 기억할 수가 없다. 너무도 충격이 커서일 것이다. 하지만 그것도 변명이 되지는 않는다. 어떤 사람은 충격이 크면 클수록 기억이 더욱 생생하게 난다고도 하니까. 다만 그 줄거리를 대충은 기억해 낼 수 있다.

내가 평양의 집을 떠나던 날은 86년 11월 11일 아침이었다. 혜원 엄마도 아팠고 애들도 다 아팠다. 그래서 건강에 대하여 물었다. 그리고 그 지경으로 만든 내 잘못을 빌고, 무사히 독일로 돌아왔으니 이제 곧 독일연방 정부와 관계 요로를 통해 귀환에 대하여 힘쓰겠다, 그런 내용이었다.

그리고 북한 당국에도 나는 사과했는데, 대충 이런 내용이었다. 나는 마르크스 경제학을 현대 부르주아 경제학의 시각에서 공부했다.

그러므로 나는 행세로나 가능한 마르크스주의자일 뿐이다. 그런 내가 어떻게 위대한 주체사상에 따라 감히 사고(思考)하고 행동하겠는가.

그래서 몰래 빠져 나올 수밖에 없었다. 그러니 이해와 관용으로 나의 탈출이라는 배신행위를 용서하여 아내와 두 딸을 서독으로 보내 달라. 조국통일이 이뤄질 때까지 서독에서 조용히 살 것을 맹서한다. 나는 그런 내용의 편지를 정중하게 썼다.

30 북에 사과문을 쓰다

12월 22일 저녁 여덟 시. 나는 브라이덴슈타인 목사에게 어젯밤 쓴 편지 두 통을 내놓았다. 동베를린으로 가서 북한 대사를 만나면 전해 달라는 것이었다.

"내일 가서 전달할 테니 푹 쉬도록 하시오."

목사가 말했다.

"목사님만 믿습니다."

나는 여러 번 감사를 드리고 내 방으로 건너왔다. 잠을 청해도 헛거였다. 머리 속이 온통 하얗게 변한 것 같았다. 아노미 상태에서 나는 계속 뒹굴었다. 잠을 잘 수가 없다는 건 고통 중에 고통이었다. 게다가 나는 아직도 몸이 완쾌되어 있지 않았다.

그 밤과 이튿날 종일토록 방안을 맴돌며 목사가 북한 대사를 만나 일이 잘되기를 빌고 또 빌었다. 그러다가 문만 열리면 뛰쳐나갔다. 목사님이 아내와 애들을 데리고 들어 올 것만 같아서였다.

브라이덴슈타인 목사는 저녁에 돌아왔다.

"목사님, 면담은 잘 됐습니까?"

나는 아이처럼 흥분하여 물었다.

"아, 동베를린에는 가지 않았소."

"예?"

나는 어이가 없었다. 동베를린으로 가 북한 대사를 만나겠다고 한 사람은 바로 그였기 때문이었다.

　"북한 대사를 만나기 전에 먼저 송두율씨를 만나 의논을 하는 것이 낫겠다고 생각했소. 헌데, 송두율씨와 통화를 할 수가 없었소. 그래서 윤이상씨에게 전화 했소. 그리고 만나고 왔소."

　"윤이상씨가 뭐라고 하던 가요?"

　나는 다급해졌다. 윤이상이 마음만 먹는다면 나를 누구보다도 도울 수 있을 것이다.

　"그분이 말하길, 북한의 동독 대사는 아무런 힘이 없다고 했소. 또, 외국 사람이 민족 내부 문제에 너무 깊이 간여하는 것은 주체사상으로 무장된 북쪽 사람들이 싫어한다고 합디다. 내가 나서면 오히려 가족 문제 해결에 역효과가 나온다는 거죠. 그러면서 나보고 여기저기 다니면서 사람들을 만나지 말고 차라리 독토르(영어로 닥터에 해당) 오가 다시 북쪽 당국에 발송할 사과문을 쓰도록 하라고 했어요. 그리고 아직 독토르 오가 남쪽 당국의 수중에 들어가지 않았음을 북한 공작책임자에게 전화로 알리라고 하더군요. 이게 전화번호고 이건 윤이상씨가 독토르 오에게 전해 주라는 것이오."

　목사는 전화번호가 적힌 쪽지와 봉투를 하나 내밀었다. 쪽지에 적힌 전화번호는 00372-22940401이었다. 그리고 봉투에는 윤이상의 사인이 든 편지와 서독 돈 500마르크가 들어 있었다.

　　친애하는 오길남 씨에게
　　가족과 오박사에게 연대의 정을 표시하면서
　　가족 문제가 풀릴 것을 희망하고 또 그렇게 될 것을 확신합니다.

조그만 성의로서
윤이상

나는 윤이상의 편지를 귀국하기 바로 직전에 찢어 없애 버렸다. 그것은 남한 당국에서 나를 조사할 때 혹시라도 윤이상으로부터 받은 돈이 북한의 공작 자금을 제공받았다는 오해를 살까 해서였다.

브라이덴슈타인 목사는 얘기를 계속했다.

"윤이상 씨는 나에게 북을 자극하는 발언을 하거나 행동을 하지 말라고 부탁했소. 그러면서 북한의 당 지도부가 여지껏 보여 왔던 외국에 대한 제스처로 보아 이번에도 일이 원만히 풀릴 수 있을 것이라고 했소."

목사는 그러면서 나를 위로했다. 북한을 여행할 때 간첩으로 몰렸던 얘기도 해주었다. 나는 그의 말을 듣고 있다가 말했다.

"그렇습니다. 북의 공산당 지도부는 외부로부터 문화, 사상, 과학 등 이성의 빛이 북한 사회 내부로 들어오는 것을 신경을 곤두세우고 차단하고 있어요. 그것은 자유로운 사상이나 합리화된 과학이 들어옴으로 해서 자신들의 정체가 금이 갈까 두려워서죠. 그들은 외부로부터 들어오는 것은 좋든 나쁘든 우선 막아 놓고 보자는 심산이죠. 그래놓고 인간 생활의 물질적·정신적 존재 조건이 아무리 참혹하더라도, 그리하며 인간의 생활이 짐승의 생활처럼 열악해지더라도 우리 식대로 살자고 북한 주민들을 꼬드긴 것이죠. 물론 말로만 아닌 총칼을 배경으로요. 목사님은 이해를 하지 못하시겠지만 사실입니다."

목사의 눈이 커졌다. 그러나 반론을 제시하지는 않았다.

하지만 나도 얼마 전까지 목사처럼 아무것도 몰랐다. 북한을 보고 나서 겨우 깨달았던 것이다. 그래서 당연한 것을 무슨 대단한 발견인 것처럼 떠벌렸다.

"독토르 오, 좌우지간 가족을 되돌려 받기 위해서는 윤이상씨의 말처럼 하는 것이 제일 좋겠소."

나도 같은 의견이었다.

"쓰겠습니다."

"크리스마스 다음날은 병중에 계시는 장모를 문병하러 뮌헨에 가야 하니까 그전까지 써주시오. 내가 우편으로 부치던가 아니면 독토르 오가 직접 부치던가."

그러면서 브라이덴슈타인 목사는 내게 동독에 있는 북한 대사관의 주소를 적어 주었다.

31 북한 공작원에게 전화를 걸다

12월 23일.

윤이상이 적어 준 북한 공작 기구 거점에 전화를 걸었다. 거리의 공중 전화 부스에서였다. 브라이덴슈타인 목사에게 폐를 끼치지 않기 위해 공중 전화를 하기로 했던 것이다. 또 말하기가 밖이 더 편할 것도 같았다.

동독으로 가는 전화는 좀처럼 연결이 되지 않았다. 나는 다이얼을 되 풀이해 돌리면서 동독의 체신 시설이 그때까지도 엉망이라는 걸 모르고 있 었다. 무려 한 시간 동안이나 나는 전화 부스에서 통화를 하려고 노력했다. 그러나 통화는 끝내 되지 않았다.

'안 되겠다. 우선 윤이상씨에게 먼저 전화를 걸어 보자.'

그렇게 생각한 나는 윤이상씨에게 전화를 걸었다.

"여보세요."

윤이상씨 목소리였다.

"저, 오길남입니다. 선생님이 적어 주신 전화번호가 맞나 해서요. 통 화가 안 돼서."

윤이상씨는 다시 한 번 전화번호를 불러 주었다. 내가 가진 것과 같은 번호였다.

"선생님, 보내 주신 돈은 잘 받았습니다. 다음에 또 전화를 하겠습니 다."

나는 서둘러 전화를 끊으려고 했다.

"잘하시오."

그가 짤막하게 말하고는 전화를 끊었다. 등골로 땀이 흘러내렸다.

다시 동독으로의 전화 통화를 시도했다. 여전히 상태는 좋지 않았다. 한 시간 가량 씨름한 끝에 겨우 동베를린 공작거점과 통화를 하게 됐다.

"여보세요."

목소리를 들으니 공작 거점 책임자였던 그 아바이도 아니었고 김참사도 아니었다. 처음 듣는 목소리였다. 낮이라 그런지 전화기는 동전을 사정없이 집어 삼키고 있었다. 더 이상 머뭇거릴 수가 없었다.

"여보세요. 저는 오경현이라는 이름의 외교관 여권을 가지고 다니다가 코펜하겐에서 독일로 돌아온 오길남입니다. 예, 오길남. 저는 아직 남한 당국에 넘어가지 않았습니다."

내 말은 거짓이 아니었다. 나는 그때까지 남한 당국과 그 어떤 연락도 하지 않고 있었던 것이다. 전화를 받은 공작원이 말했다.

"그곳이 어디요? 있는 곳의 주소와 전화번호를 알려 주시오"

"그건."

나는 망설였다. 왜냐하면 브라이덴슈타인 목사를 끌어들이고 싶지 않아서였다. 내가 그의 집 주소와 전화번호를 알려주면 좋든 싫든 그는 이 일에 끼어들게 된다. 나는 그가 내 일로 괴로움을 당하게 하고 싶지 않았다.

"남한 당국에 자수만 하지 않는다면 가족 문제는 걱정하지 마시오."

내가 머뭇거리자 그가 말했다. 나는 그의 말을 들으면서 희망의 색깔을 눈으로 봤다는 느낌이었다. 남한 당국에 자수만 하지 않는다면 우리 가족은 안전하고 또 돌아올 수가 있다.

동전을 모두 삼킨 공중전화는 침묵했다. 눈물이 나올 것 같았다.

나는 그의 말을 모두 믿고 있었다. 훨씬 나중에 가서야 그가 나를 안심시키기 위해, 그리고 남한 당국에 자수를 하지 못하게 하기 위해 거짓말을 했다는 걸 알았지만 그때는 아니었다. 나는 조국보다 솔직히 아내와 딸을 더 사랑하고 있었다. 북한의 거짓된 대남 방송을 폭로하기보다 아내와 두 딸을 고스란히 다치지 않고 내 품으로 돌아오게 하고 싶었다.

대남 공작 거점의 얼굴 모르고 이름 모르는 그 자가 한 말이 나에게는 구세주의 말처럼 내 뇌리에 계속하여 맴돌았다. 게다가 윤이상씨도 말했지 않은가.

"내가 시키는 대로 하면 식구들은 안전히 돌아올 것이오."

32 김종한에게 욕을 듣다

12월 24일 오후.

김종한에게 전화를 걸었다. 얼마나 전화를 하고 싶었던가. 그는 나의 북행에 누구보다도 깊숙이 개입한 사람이었다. 나는 단번에 그의 집 전화번호를 돌렸다. 내 기억력 한 모퉁이에는 그의 얼굴과 말씨, 그리고 전화번호가 각인되어 있었다. 전화가 되지 않았다. 내가 도망 나온 걸 알고는 이사를 가버렸는가? 아니면 피하기 위해 전화번호를 바꾸어 버렸는가?

이번에도 나는 목사의 집이 아닌 공중전화 부스를 이용했다. 계속하여 허탕이었다. 혹시나 하고 전화번호부를 뒤졌다. 김종한의 전화번호가 나와 있었다. 내가 알고 있는 번호는, (030)8226767이었는데 책에는 (030)8246767이었다. 주소도 바뀌어져 있었다. 훗날 친구 김길순 박사로부터 들으니 그동안 돈을 많이 벌어 너른 집으로 이사를 갔다는 것이었다.

다시 다이얼을 돌렸다. 김종한의 처가 나왔다. 그녀는 내 목소리를 듣더니 몹시 당황해 했다.

"김형 집에 있습니까? 있으면 좀 바꿔 주십시오."

"없어요. 하지만 금방 돌아올 거예요."

"그럼 언제쯤 다시 걸까요?"

"한두 시간쯤 뒤에 거세요."

나는 그러마 하고 전화를 끊었다. 브라이덴슈타인 목사의 집으로 돌아왔다. 생각이 꼬리를 이었다. 생각을 한 곳으로 집중할 수가 없었다. 그에게 뭐라고 해야 유리할까. 사실대로 말하는 것이 나은가 아니면 속이는 것이 나은가.

두 시간이 지났다. 나는 다시 집을 나섰다. 공중전화 부스 앞에서 심호흡을 여러 번 하고 동전을 넣고는 다이얼을 돌렸다. 그가 전화를 받았다.

"여보세요?"

"아니!"

그의 놀란 목소리가 내 귓속을 간지럽혔다.

"김형, 놀라지 말고 내 말을 들어요. 나는 견디다 못해 북에서 도망 나오고 말았소. 독일 당국에 김형이 우리 가족을 북으로 보내 주었다고 말했소. 독일 당국이 김형을 조사할 거요. 그러나 그렇다고 북으로는 도망가지 마시오. 상황이 어렵더라도 그리로는 도망가지 말란 말이오. 김형, 나도 김형을 도울 테니 김형도 나를 좀 도와주시오. 제발 아내와 애들을 독일로 데려올 수 있게 해주시오. 김형, 김형은 북의 높은 사람들과 잘 알지 않소. 나는 알고 있소. 그러니 제발 아내와 애들을 살려 주시오. 그렇게만 된다면 김형을 원망하지 않겠소. 왜, 왜, 하필이면 나를 택했소? 김형, 맹세하라면 맹세할게요. 가족이 돌아온다면 크론스하겐으로 돌아가 조용히 살겠어요. 김형, 김형, 제발 내 가족을 돌아오게 해주시오."

나는 앞뒤 없이 계속하여 그에게 애원하였다. 그러나 내 귀로 날아 드는 그의 목소리는 예전의 것이 아니었다. "개새끼, 내가 개새끼의 새끼들과 무슨 관계가 있다고 이러는 거야!" 그리고는 일방적으로 전화를 끊었다. 하늘이 노래진다는 표현은 이럴 때 쓰는 것일 게다. 나는 정말이지 하늘이 노래지는 걸 그 순간 보았다. 아아, 그는 나를 위해 북으로 보낸 것이 아니었다. 그는 그 자신만을 생각하고 있었던 것이다. 그가 야채를 팔다가 남았다면서 가져 오면 우리는 얼마나 고맙게 받았던가. 이국땅에서 그가 내게 준 사랑이 형제 이상의 것이라고 몇 번이나 감동했던가. 그런데 아니었다. 그는 계획에 의해, 북의 지령에 의해 나를 보살피는 척, 돕는 척했던 것이다. 나는 울면서 송수화기를 걸었다.

귓전에 그가 한 개새끼라는 말이 맴돌았다. 이럴 수가 있는가. 평양에 있는 남산병원에서 일한다는 의사가 작고 귀여운 강아지를 무슨 일로 차버리는 걸 우리는 목격했다. 그러자 애들이 울면서 내 품으로 달려들었다.

"아빠, 강아지를 저 사람이 발로 찼어!"

독일에서 자란 혜원과 규원이는 강아지를 발로 찬다는 것을 이해하지 못했던 것이다. 아, 그런애들이 이제 엄마가 발로 채이는 걸 보게 될 것이다. 생명의 귀중함을 배운 아이들. 그리하여 자연과 인간이 함께 공존해야 된다는 숭고한 정신을 가진 아이들이 그런 걸 보면서 어떻게 살아갈까.

내 기분은 처절하게 갈가리 찢겨져 흐느적거렸다. 배신을 당했다는 비참함은 형언할 수 없는 힘으로 나를 괴롭혔다. 우정에 이데올로기가 있었다니. 그리하여 내가 자신이 떠받드는 이데올로기를 버렸다고 하여 나를 이 지경으로 만든 책임은커녕, 헌신짝처럼 차버리다니. 눈물이 흘러 양 볼을 간지럽혔다. 시야가 어른거리면서 다시 아내와 애들의 얼굴이 떠올랐다. 여보, 혜원아 규원아, 아빠는 어쩌면 좋겠니? 아직은 모든 것이 끝장나지 않았다는 비장한 각오를 하면서 나는 브라이덴슈타인 목사의 집으로 돌아왔다. 길거리에 나뒹구는 휴지 조각도 어쩌면 나보다 더 나으리라는 생각을 하면서.

12월 24일, 크리스마스 이브.

목사의 자식들이 크리스마스를 부모와 함께 보내기 위해 찾아 들었다. 이곳의 크리스마스는 우리네 한가위나 설같은 날이었다. 대학에 다니느라 집을 떠나 있는 큰아들과 둘째 아들이 집으로 오자 목사의 집은 활기가 넘쳤다. 그러나 나와 같은 피부색인 막내딸은 오지 않았다.

막내아들도 오지 않았다. 나는 그 막내가 젖을 먹을 때부터 봤다. 서울에 있을 때였다. 아마도 1969년 여름이리라. 브라이덴슈타인 목사의 집을 찾아가서 본 장면은 기억에 생생했다. 막내아들 녀석이 레나테의 몽실몽실한 젖을 빨면서 큰 눈을 지긋이 감고 있던 모습이었다. 나는 그때 그 아이가 수재형이라는 느낌을 받았다. 그런데 그 수재형은 오지 않았던 것이다. 그 아들은 물리학을 전공한다고 했다.

둘째는 아직 결혼도 하지 않았으면서 임신한 여자 친구를 데리고 왔다. 그러나 흉이 아니다. 독일에서는 흔한 일이니까. 목사의 얘기를 들으니 막내딸인 양녀 소피아, 한국 이름 명(明)은 18살이 채 못 되었는데, 속을 썩인다고 했다.

"오늘도 그 애는 예쁘장한 남자 친구와 외박을 하느라고 오지 않는 것이오."

얼른 들으면 이상하지만 독일은 여자가 14살이 되면 성에 눈을 뜬다. 소피아는 한국 아이지만 한국말을 한마디도 못하는 독일인이었다. 아들도 딸도 부모를 존칭할 때 아버지, 어머니라고 부르지 않는다. 게르하르트, 레나테라고 부른다. 최근에 와서 관철된 독일의 관습이다. 만약 혜원이와 규원이가 나를 길남이라고 하면 기분이 어떨까.

나는 독일에서 근 20년을 살았기 때문에 그들의 아름다운 청춘과 관습을 이해하는 편이다. 큰아들과 둘째 아들이 자전거를 타고 유럽을 여행하면서 찍은 사진을 환등기에 비춰 보면서 낄낄거렸다. 녀석들이 여자들과 옷을 모두 벗고 찍은 것들 뿐이었다. 벌거벗은 채 서로 엉켜있는 사진을 보면서 낄낄거리는 것이 자유일까, 아니면 방종일까. 자본주의적 상품 생산 사회가 발전시킨 개인의 자유에 대한 표현이라고 해도 좋을 것이다. 나는 이 표현이 퇴폐 조류라고는 생각하지 않는다. 마르크스가 예견한 새 사회(새로운 사회구성 형태)는 생산력 발전에 따른 개인의 자유를 바탕으로 한 사회라고 보기 때문이다. 생산력 발전이야말로 새 사회형성에 필수조건인 것이다. 인간해방도 민족해방도 계급해방도 인간생명 운동을 위한 물질적 기술적 기초없이는 불가능하다는 것이 나의 생각이며 지론이다.

다른 얘기지만, 나는 한국 사회가 뜨겁고 역동적인 발전 과정에서 일시적으로 설령 온갖 모순들과 병목 현상들(애로)을 분출하고 있더라도 훗날 통일과 민족의 안녕은 이루어낼 것이라는 데 확신한다. 나는 그 청사진을 매일 거리에 나가면 대하고 있다.

다시 이야기로 돌아가자. 밤이 깊어지자 가족 잔치, 즉 가족의 축제가 벌어졌다. 독일의 지리적 조건은 밤 10시가 되어야 겨우 어둠이 깔리기 시작한다. 서서히 창밖이 어두워지고 목사의 가족들은 모두 악기를 들고 모였다. 아버지인 게르하르트 브라이덴슈타인은 지휘를, 레나테는 피아노를 연주하고, 큰아들은 플루트를, 둘째 아들은 클라리넷을 합주한다. 먹을 것도 많다. 음악과 먹을 것, 그리고 행복이 철철 넘치는 분위기. 그러나 그 어느 것도 내 쓰라린 마음을 위로하지는 못했다. 내가 원하는 것은 이런 것이 아니었다.

음악도 없고 먹을 것이 없어도 아내와 애들과 함께 있고 싶은 것이다. 음악 속에 있고 행복한 가족 속에 파묻혀 있어도 나는 고독했다.

"이건 독토르 오의 선물."

그들이 내게 선물을 했다. 목도리가 있고 편지 봉투도 있다. 아아,

그러나 나는 즐거운 표정을 지을 수가 없었다. 그들의 정성어린 선물이 내게는 오히려 고통을 줄 뿐이다. 나는 앞에 있는 포도주를 쓸쓸히 딸아

서 마셨다. 한 잔, 두 잔, 세 잔.

이브의 밤이 새고 크리스마스 날이었다. 나는 목사의 가족과는 달리 내 방에 틀어박혀 하루 종일 편지를 썼다. 윤이상씨가 지시한 대로 북의 대외연락부장 리창선에게 보내는 사과문이었다. 내 마음을 있는 대로 다 전하고 또 예의를 갖추기 위해 여러 번 고쳐 썼다. 전번에 썼던 것보다 더 정중하게 써야지, 하는 조바심 때문이었다.

도저히 대남 방송 요원을 할 수 없었던 이유와 서글픈 분노를 천천히 그러나 자세하게 적었다. 또 자본주의 사회인 서독에서 얻은 나의 사고방식 탓에 북조선을 지배하고 있는 주체사상을 이해하지 못하고 실천하지 못한 점, 견디다 못해 독일로 돌아올 수밖에 없었던 심정을 되도록 상세히 썼다. 그리고 이에 대해 정중하게 사과하였다.

나는 리창선에게 아내를 독일에서 치료받을 수 있게 두 딸과 함께 출국시켜 달라고 호소하면서, 그렇게만 해 준다면 북조선에서 보고 들은 걸 깡그리 잊고 입도 벙긋하지 않겠다고 다짐했다. 죄 없는 내 아내와 두 딸을 돌려받게 된다면 그렇게 할 작정이었다. 다시는 허망한 이데올로기에 취하지 않을 것이었다. 그리고 북한의 평양 칠보산연락소나 구국의 소리 방송에 대해 비밀을 누설하지 않을 것이었다.

아내에게도 편지를 썼다. 나는 아내에게 서독으로 돌아왔음을 알리고 곧 만날 수 있을 것이라고 적었다. 그럴 수밖에 없는 것이 윤이상이 브라이덴슈타인에게 돈과 함께 보낼 쪽지에 그렇게 씌어 있었기 때문이었다.

나는 밤이 늦도록 편지를 매만지다 잠이 들었다. 꿈에 나는 사랑하는 아내와 두 딸을 만났다. 우리 네 식구는 서로 얼싸안고 오랫동안 울었다. 울다가 깨니 꿈이었다. 날이 밝아 오고 있었다.

12월 26일. 브라이덴슈타인 목사가 나의 편지를 가지고 장모의 병문안을 하러 뮌헨으로 떠났다. 이미 그의 아들들도 떠나고 레나테도 양로원에 일하러 가고 없었다. 덩그렇게 큰 저택에 남은 건 나와 고양이 한 마리뿐이었다.

점심을 차려 먹고 나자, 눈이 내렸다. 그러다가 어느새 함박눈으로 변하였다. 나는 눈이 내리는 걸 내다보다가 아내를 떠올렸다. 지금쯤 아내는 끌려가 조사를 받고 있겠지. 애들도 조사를 받을 것이다. 우리 말을 잘 못하는 애들이 어떻게 조사를 받을까. 그 애들과 아내를 떼어 놓지는 않았는지 모르겠다. 도대체 우리는 언제쯤 만날 수 있을까?

눈은 계속하여 내렸다. 정원이 새하얗다. 눈으로 덮인 잔디밭은 솜을 깔은 것 같았다. 눈 위를 이리저리 뛰며 놀던 유년의 한자락 환상이 떠오른다. 하지만 곧 그 환상은 지워지고 아이들과 눈사람을 만들던 장면이 펼쳐진다. 아내의 파리한 얼굴과 아이들의 천진난만한 웃음소리. 이제 아빠는 못난 아빠만이 아니라 비겁한 아빠가 되었다. 못나고 비겁한 남자, 그게 나 오길남인 것이다.

목사가 떠난 지 이틀이 지났다. 나는 이 집에 더 있어서는 안 되겠다고 생각했다. 단란한 가정이 나 때문에 시끄러운 일에 휘말려 든다는 자책 때문이었다. 하지만 간다면 어디로 간단 말인가.

떠나고 싶다는 것과 실제로 떠난다는 차이는 큰 것이었다. 생각은 어딘들 못 가겠는가. 나는 생각으로는 늘 평양으로 가 아내를 만나고 애들을 만나지 않는가. 입은 옷에서 냄새가 났다. 나는 레나테에게 말했다.

"게르하르트가 입지 않는 옷이 있으면 좀 줬으면 좋겠소."

"없어요. 여유가 없는걸요."

부끄러웠다. 정말 없어서 없다고 한 것인지, 아니면 내게 더 이상 정을 주고 싶지 않아서 그런 것인지 분간하기 어려웠다.

오후에 목사가 돌아왔다. 그는 돌아오자마자 나보다 아내를 먼저 찾
았다. 당연한 일이리라.

"레나테, 장모님의 병은 차도가 없어요."

"그래요?"

그게 끝이다. 나는 눈으로 목사에게 내 일을 물었다.

"아, 독토르 오가 준 편지는 우체국에서 부쳤소."

"여기 주소를 적었습니까?"

내가 물었다.

"아니오, 우편예치로 부쳤기 때문에 주소는 가르쳐 주지 않았소."

모두 다 자신들이 빠져 나갈 길을 터둔다. 하지만 미련한 나는 그렇지
못했다.

33 바닥으로 내려가다

12월 28일.

"목사님 그동안 푹 쉬었으니 이제 킬로 돌아가겠습니다."

목사도 레나테도 굳이 잡으려 들지 않았다. 나는 허탈하게 돌아섰다. 누군들 나를 반갑게 맞아주고 가지 말라고 잡겠는가. 아, 나는 20년 만에 처음으로 이방인의 슬픔을 맛보았다. 그 슬픔은 내 정신을 갉아먹고 있었다.

역으로 나가다가 문득 박대원이 생각났다. 우리는 그를 박도사라고 불렀다. 그러면 나를 차갑게 뿌리치지는 않겠지. 그는 쾰른 시에 살고 있었다.

전화를 걸었다.

"오형, 북에 갔다가 도망 왔다면서?"

발 없는 말이 천리를 간다더니 그는 나에 대하여 알고 있었다. 그는 칠보산연락소 고문 이창균의 둘도 없는 친구였다. 그리고 입북해 있는 유성근의 사촌 동서였다. 그는 고결한 인품의 소유자였다. 강태공이 되어 세월을 낚고 있는 그가 부러웠다. 바로 그런 느긋한 성품 때문에 사람들은 박도사라고 부르지만. 하지만 그도 친북 인사였던 것만은 확실하다.

"우리 집으로 오지."

"가겠소."

223

그의 집으로 갔다. 얼마 안 있어 김길순박사가 들어왔다. 아마도 내가 전화를 걸고 나서 박도사가 그에게 연락을 했던 모양이었다. 김길순박사의 얼굴이 말이 아니었다. 그는 간염을 앓고 있다고 했다. 간염을 앓으면 방귀를 자꾸 뀐다면서 계속하여 냄새를 피워 우리를 웃겼다. 모두가 40대 중반이었다. 박도사가 맏형 격이고 내가 막내였다. 김길순 박사가 나를 툭 치더니 말했다.

"너는 욕심이 너무 많아. 그래서 번뇌의 고통스런 바다에서 허우적거리며 살 팔자야."

그러자 박도사도 한마디 했다.

"오박사, 그렇게 아무거나 먹어 치우지 말고 단아하고 우아한 학처럼 섭생을 좀 해."

나는 웃었다. 이들은 나의 괴로움을 알고 있다. 그래서 위로를 하는 것이었다. 박도사만 하더라도 세상에 나도는 온갖 철학서를 두루두루 섭렵한 지식인이다. 얼른 보면 이래도 좋고 저래도 좋은, 그래서 줏대가 없는 청풍명월인 것처럼 보인다. 그러나 그도 북한을 보는 데는 까막눈이었다. 나는 내가 아는 것을 모두 말해 주었다. 나로 인하여 그의 까막눈이 트이기를 기대하면서였다. 그의 사촌 동서 얘기도 해주었다.

"여기는 웬일로 왔어?"

이런저런 얘기 끝에 박도사가 물었다.

"쾰른 시에서 살려고 왔수."

"그럼, 한번 살 길을 찾아보자구."

그러나 김길순 박사는 아니었다.

"크론스하겐이나 니더작센 주의 소도시가 좋지 않을까. 그곳이 좋을 것 같아. 그곳에는 집값도 싸고 생활비도 적게 들어. 당장에 방을 얻을 돈이 없으면 기독교 재단에서 운영하는 독신자 숙소를 찾아가면 돈이 절약되지. 어차피 가족과 같이 있을 게 아닌데 집이 필요한 것도 아니잖아."

나는 처음에 그의 말이 서운했지만 곧 이해가 됐다. 만약 내가 그고 그가 나라면 어떻게 달라질 수 있겠는가 하고 깊이 생각한 후였다. 나도 어쩔 수 없이 그렇게 말했을 것이었다. 누구를 원망하겠는가. 모든 것이 잘못된 나의 선택일 뿐.

저녁 8시쯤, 남민전 사건에 연루되었다가 프랑스로 망명하여 택시 운전을 하고 있는 홍세화로부터 박도사에게 전화가 걸려 왔다. 박도사를 파리로 놀러 오라는 전화였다. 박도사의 경쾌한 대답 소리. 나는 이곳도 오래 머물 곳이 아니라고 생각했다.

"가야겠어."

내가 일어서자, 김길순 박사가 따라 일어섰다.

"잘 생각했어. 어서 나가자구."

밖으로 나오자 김길순 박사가 냉정한 어조로 말했다.

"오형, 이제 교포가 있는 곳에는 얼씬도 하지 말아야 해. 그래야 서로가 살아. 당신을 반갑게 맞아 줄 사람은 이제 독일에는 없어. 명심해. 아무도 오형이 찾아오는 걸 원하지 않는다구. 킬로 가다가 하노버에서 내려. 그리고 살 길을 찾아봐. 처와 애들은 잊어버리라구. 기대가 크면 실망도 크다고 했어. 애들은 아직 어리니까 그쪽 환경에 적응하면서 살아갈 수 있을 거야. 내 말을 너무 고깝게 듣지마. 북쪽에서 가족을 내줄 것 같애? 천만에. 그러니 가족을 만나 살겠다는 욕심을 버려. 그렇지 않고 이렇게 헤매면 오형만 부서져. 내 말 알았지?"

"……"

나는 그를 노려보았다. 이것이 위로인가, 아니면 괴롭힘인가.

나는 이를 악물었다. 네가 어떻게 생각하든 또 뭐라고 말하든 나는 가족을 찾기 위해 내 모든 것을 걸겠다.

우리는 쾰른 시 본역에서 헤어졌다.

"가까운 시일 내에 한 번 만나지."

그는 떠나고 나는 하노버로 가는 기차표를 샀다. 그의 말대로 하노버에서 내릴 참이었다. 내려서 어떻게 하겠다는 구체적인 계획은 애초부터 없었다. 그저 살아 있으니 살아 있는 사람들처럼 움직이고 밥먹고 잠자고 할 뿐이었다.

자정이 되어 하노버에 도착했다. 비가 주룩주룩 내리고 있었다. 12월의 비는 그대로 쓸쓸함이었다. 누가 비를 맞으면 슬픔이 가라앉는다고 했던가. 나는 비를 그대로 맞으며 걸었다. 오한이 났다.

갈 곳이 없었다. 역구내에서 밤을 보내기로 작정했다. 그러나 역사 안에서 누워 잠을 자는 것은 금지되어 있었다. 그러므로 자리에 앉았다가 일어나 저쪽의 의자로 가 다시 앉고 일어나고를 되풀이해야 했다.

한 시간이 지나갔다. 몸은 나른하고 정신은 피곤하였다. 나는 눈치를 보다가 역구내에서 녹십자 단체가 운영하는 반호프 미션 장거리 여행자 사무실 안으로 들어갔다. 30대 초반의 어여쁜 독일 여자가 창구에 앉아 사무를 보고 있었다. 다가가서 말을 걸었다.

"저, 부탁이 있습니다. 킬로 가는 도중에 하노버에 내렸는데, 잠잘 곳이 없습니다. 그래서 대기실에서 자고 갔으면 합니다만."

"그러세요."

여자는 상냥하게 승낙했다. 내가 대기실의 의자에 앉아 있자, 차를 내왔다.

"어디 아프십니까?"

"아니 , 괜찮습니다."

"조금만 기다리세요. 잠잘 방을 마련해 드리죠."

한참 후에 그녀가 나를 안내한 곳은 침대가 두 개 놓여 있는 깨끗한 방이었다. 하얀 시트가 내 시선을 붙들었다. 저 시트를 덥고 누우면 얼마나 보드랍고 편할까. 그때 아득히 먼 곳에서 들려오듯 여자의 목소리가 들렸다.

"여기서 좀 쉬세요."

"아, 네. 고, 고맙습니다."

여자가 나가고 나는 비에 젖은 옷을 벗고 침대로 올라갔다. 시트에 얼굴을 몇 번 부볐다. 보드라운 감촉이 나른해진 몸뚱이를 더더욱 나른하게 했다. 하지만 육체의 피곤함과는 달리 내 정신은 몹시 날카로워져 있었다. 앞으로 나는 어떻게 될 것인가. 김길순 박사의 말처럼 기독교 재단이 운영하는 독신자 수용소로 가야 할 것인가, 말아야 할 것인가. 아니면 킬로 돌아가야 할 것인가.

킬로 돌아간다고 해서 무슨 뾰족한 수가 생기는 것도 아니었다. 교포들은 나를 피할 것이고 나는 직업도 없이 룸펜처럼 거리를 헤매고 다닐 것이었다. 귀국을 할 수도 없을 것이었다. 밀입북하여 민민전(또는 한민전)의 대남 방송 요원까지 한 나를 누가 받아 주겠는가.

아아, 나는 북으로 가는 것이 아니라 내 형제가 있는 남으로 가야 했었다. 하지만 인간의 욕심이, 정제되지 않은 어설픈 지식인의 욕심이 나를 북으로 끌어들이고 말았던 것이다. 남쪽보다는 더 높고 낮게 되리라는 망상, 그리고 꼬임들.

문이 여닫히는 소리가 들렸다. 아침인가. 눈을 떠 벽에 걸린 대형 시계를 보니 6시였다. 일어나 옷을 입는데 어젯밤 침대로 안내했던 여자가 옷으면서 다가왔다.

"잘 주무셨어요?"

"아, 네. 덕분에."

나는 이 특혜도 이것으로 마지막이구나 생각하고 말끝을 흐렸다.

어디로 가야 하나.

"수프를 좀 드시겠습니까?"

나는 고개를 끄떡였다.

"대기실로 나오세요."

대기실로 나갔다. 몇 사람이 수프를 먹고 있었다. 나는 내 앞에 놓여진 수프를 단숨에 먹어 치웠다. 따뜻한 국물이 들어가자 밤새 잠을 설쳐 찌뿌드드하던 몸이 조금 나아지는 듯했다.

"한 그릇 더 먹을 수 있을까요?"

나는 비굴하지 않으려고 애쓰면서 여자에게 물었다.

"그러세요."

여자가 가져온 또 한 그릇의 수프를 순식간에 먹어 치운 나에게 여성 봉사자들이 몰려와 물었다.

"어디서 오셨지요?"

"몽골에서 왔습니다."

나는 능청을 떨었다. 여자들이 까르르 웃었다. 그녀들은 알고 있었다. 유창한 독일어, 그리고 어딘지 독일 풍습에 익은 듯한 행동으로 내가 독일에서 살고 있다는 것을. 하지만 그녀들은 무료했고 그래서 속는 척하는 것이었다. 여자들과 웃고 떠들었지만 기분은 여전히 비참했다.

8시에 반호프 미션을 나섰다. 아직도 비는 내리고 있었다. 그칠 것 같지 않았다. 그 빗속을 걸어 주택 알선 중개과를 찾아갔다. 찾아가면서 나는 결정을 내렸다. 좋다, 이곳에서 살아 보자. 가족도 없는 킬로 돌아가는 것보다 이곳이 더 나을지도 모른다.

주택 알선 중개과는 쇼핑센터를 방불케 했다. 많은 사람들이 나와 같은 일로 찾아 들어와 차례를 기다리고 있었다.

3시간을 기다리자 겨우 내 차례가 되었다. 나는 담당 직원에게 여행증명서를 제시하면서 말했다.

"방 한 개짜리 주택을 찾습니다."

담당 직원은 내 망명 여권을 찬찬히 훑어보더니 도로 건네주었다. 그리고는 귀찮다는 듯이 말했다.

"뮌헨으로 돌아가십시오. 발급 관청이 뮌헨이니까, 그곳에서 주택을 찾아보십시오."

"이곳에서 살고 싶습니다."

"글쎄, 뮌헨으로 돌아가시라니까요."

몇 번 더 사정을 했지만 마찬가지였다. 승강이를 할 기력이 없었다. 돌아 나오는데 몹시 어지러웠다. 속도 울렁거렸다. 다리가 뻣뻣해졌고 눈을 뜨고 있기도 힘들었다. 손에서부터 쥐가 나듯이 경련이 일어났다. 그 자리에 주저앉았다. 그리고 다리를 벽 쪽으로 뻗었다. 벽에다 두 발을 대고 힘을 주면 나아질까 해서였다.

복도에서 차례를 기다리던 사람들이 몰려왔다.

"어디 아프십니까? 도와드릴까요?"

나는 고개를 저었다.

"가끔 경련이 일어나는데 이렇게 하고 있으면 가라앉습니다."

그리고는 눈을 감고 더 쉬었다. 그러자 조금씩 몸에 기운이 다시 생겨나기 시작했다. 한참을 그렇게 누워 있던 나는 바지를 털면서 일어났다.

비가 내리는 시청 광장으로 나갔다. 얼굴을 빗방울이 사정없이 때렸다. 앞 머리칼이 비에 젖어 흘러내렸다. 나는 숙소를 구하기 위하여 여기저기 물어 찾아갔다. 하지만 아무 곳에서도 나를 받아 주지 않았다.

'이젠 할 수 없다. 김길순 박사가 일러준 기독교 재단으로 가는 수밖에.'

길을 가는 사람에게 기독교 재단이 운영하는 독신자 숙소를 물었다. 세 사람에게 물어 겨우 위치를 알았다.

독신자 숙소로 들어서자 입구에서부터 술주정꾼과 거지들이 웅성거리며 모여 있었다. 나는 기가 막혀 돌아서려고 했다. 하지만 주머니는 비어 가고 있었고 당장에 돈이 생길 길은 없었다. 그래도 나는 그곳으로 들어설 수는 없었다. 오길남, 너는 경제학 박사다. 거지들과 함께 살려고 박사가 됐느냐? 돌아서라. 돌아서라. 마음속에서 계속 자아가 또 다른 자아를 향해 소리쳤다. 망설이던 나는 어느 순간 돌아섰다.

여전히 비는 내리고 있었다. 나는 아무런 생각도 없이 밖을 향해 걸어나간다. 그러다가 하늘이 점점 새하얗게 변하는 걸 나는 보았다. 그리고 끝이었다.

34 독신자 숙소에 살다

독한 소독약 냄새가 코를 찔렀다. 눈을 억지로 떴다. 천장이 하얗고 상당히 높았다. 이곳이 어디인가? 나는 놀라 일어나려고 했다. 하지만 어깨에 무거운 짐이 놓인 것처럼 꿈적할 수가 없었다.

"이제 정신이 드나 보지요?"

여자 목소리였다. 그리고 독일어였다.

"여 , 여기가 어딥니까?"

소리나는 쪽으로 돌아누우며 급히 물었다. 내 앞에는 키가 훤칠하고 눈이 큰 독일 간호사가 서 있었다. 그녀는 웃고 있었다.

"여긴 병원입니다."

"제가, 어, 어떻게 병원으로?"

"기억이 나지 않으시겠지만, 길거리에 쓰러져 있는 걸 구급차로 실어 왔습니다. 정신을 차리셨으니 다행입니다. 신원을 확인해야겠는데."

나는 주머니를 뒤져 망명 여권을 건네주었다.

"갈 곳이 없으십니까?"

간호사가 필기를 하면서 계속 물었다.

"그렇습니다."

"그럼 , 독신자 숙소에 들어가시겠습니까?"

나는 눈을 감고 고개를 끄떡였다. 나도 모르는 사이에 눈물이 흘러 내리고 있었다. 오길남, 너는 이제 박사도 아니고 아무것도 아니야. 너는 실패한 인간일 뿐이야. 거기다가 비겁하고 못난 인간이기도 하지.

"신원이 확인되었으니 샤웅부르크가 3번지에 있는 독신자 숙소에 보내 드리겠습니다."

"그곳은 어떤 곳입니까?"

나는 질문을 해도 소용없을 줄 번연히 알면서도 물었다. 그러나 간호사는 여전히 웃는 얼굴로 내 질문에 대답을 하였다.

"그곳은 개신교 자선 기관에서 운영하는 곳입니다. 어려운 사람들을 보호하는 곳이죠. 그곳에 계시다가 좋은 곳으로 옮기시기를 바랍니다. 그러나 우선 기력을 회복하실 때까지는 이 병원에 계십시오."

나는 눈을 감았다. 제발 천천히 기력이 돌아와 다오. 막 돼 먹은 인간들이 있는 숙소보다는 병원에 있는 게 훨씬 안전할 것이다. 나는 어이없게도 내가 더 아프기를, 더 힘없어지기를 빌었다.

하지만 현대 의학은 아니, 약물은 나를 깨끗이 낫게 했다. 3일이 지나 나는 샤웅부르크가 3번지 독신자 숙소로 옮겨 가야 했다.

내가 들어가는 날 내 옆방에 살던 사람이 권총으로 자살하는 끔찍한 사건이 있었다. 그는 강도 혐의를 받고 경찰의 추적을 받고 있었다고 했다. 결국 경찰의 포위망이 독신자 숙소에까지 좁혀 오자 그는 총으로 자신의 목을 쏜 후에 창문을 깨고 뛰어 내렸던 것이다. 나는 그 사건을 목격하고 후들후들 떨었다. 이런 곳에서 어찌 살아갈 수 있을 것인가.

독신자 숙소에 사는 사람들은 대부분 인생의 낙오자였다. 크고 작은 과오를 범하고 스스로를 사회에서 폐기 처분한 사람들이었던 것이다. 그도 아니면 타인에 의해 폐기 처분당한 사람들이었다. 나도 이들과 같이 폐기 처분 당했다는 것인가. 북으로 가기 전, 그러니까 1985년도의 나는 제법 장래가 유망한 경제학도였지 않은가. 어떤 사회도 어떤 개인도 자연 필연성 발전 법칙에 따른 궤도를 뛰어넘을 수 없다는 마르크스의 경구를 비웃어 버린 나. 그리하여 경거망동을 하였던 나. 그런 내가 이곳에 들어온 것은 사필귀정(事必歸正)이라고 해도 좋으리라.

나는 죽은 듯이 지냈다. 밖으로 나가고 싶지도 않았다. 주는 음식을 먹고 배당된 침대에 널브러져 돼지처럼 잠을 자는 생활의 연속이었다. 그런 내게도 손님이 한 번 찾아왔다. 1월이 되자, 베를린에서 이종수가 한 밤중에 쌀과 김치와 전기밥솥 따위를 가지고 왔던 것이다.

"여기를 뭣 하러 왔나? 여긴 사회적으로 가장 골치 아픈 인간들이 사는 곳이네."

나는 고마움에 목이 메었지만 짐짓 그렇게 허세를 부렸다.

"그래도 찾아보면 높은 교육을 받았거나 상당한 지위를 누린 사람도 있을걸. 자네처럼 말이야."

나는 그의 눈을 한참이나 들여다보았다. 그도 나를 마주보더니 시선을 돌리면서 말했다.

"윤이상씨만이 자네를 도와줄 수 있을 것이네. 한 번 부탁을 해보지. 나도 부탁을 해볼 거니까. 괴팅겐으로 가 신인아와 이문호를 만나겠어."

신인아는 아내의 먼 조카뻘이었다. 이문호와 그는 둘 다 고려대학교 사회학과를 나와 대학에서 연구원으로 있었다. 장래가 촉망되는 젊은이들이 나 때문에 피해를 입어서는 안 되기에 그들의 얘기는 더 이상 않겠다.

그들이 나를 찾아왔을 때 나는, 가족을 데리고 북으로 가게 된 경위와 북에서 보고 들은 것을 얘기해 주었다. 그리고 진심으로 타일렀다.

"절대로 반정부 활동에 휩쓸리지 말고 공부만 열심히 하게. 인생은 공부만 하기에도 너무 짧네."

나는 망설이다가 이문호에게 말했다.

"사실은 내가 코펜하겐으로 나온 것은 자네를 북의 책임공작원 백치완과 접선시키려는 것이었네. 박병섭도 그럴 참이었네. 뿐만 아니라 두 명이 더 있었네."

이문호의 눈이 커졌다. 나는 백치완이 1만2천 불을 가지고 나왔으며 그 돈으로 두 사람을 북으로 데리고 들어가려는 계획이 있었다고는 말할 수 없었다.

"박사님이 불렀으면 저는 코펜하겐으로 갔을 것입니다."

이문호가 말했다. 내 가슴이 찢어질 듯하였다.

"둘에게 정말 미안하네. 하지만 아내의 당부가 있어서 그런 죄는 짓지 않았네."

나는 진심으로 두 사람을 궁지에 몰아넣으려 했던 점에 대해 눈물을 흘리면서 사과했다.

"박사님, 알겠습니다. 이제 그만 하시고 가족 걱정을 하셔야죠."

이문호가 내가 약해지는 걸 느꼈던지 결연히 말했다.

"저는 가족 문제가 긍정적으로 풀릴 것이라고 생각합니다. 왜냐하면 저들(북한)은 우리에게 좋은 것만 보여 주려고 할 테니까요. 안 그러면 다른 사람을 포섭하기가 어려울 겁니다."

나는 이문호가 나를 위로하기 위하여 그런 말을 하고 있다고 생각했다. 그렇다 하더라도 그의 말은 고마웠다. 훗날 나는, 그들이 나 때문에 어떤 불이익을 받게 되지 않을까 오랫동안 걱정을 하였다. 하지만 그것은 기우였다. 그들은 지금, 시대착오적인 소위, 민족민주운동에 휩쓸리지 않고 학문 탐구에만 몰두하고 있다. 나는 그들의 앞날에 빛나는 영광이 있기를 바란다.

35 송두율에 화가 치밀다

87년 1월 5일. 숙소 부근 공중전화 부스에서 동베를린 북한대사관에 전화를 했다. 전화를 받은 사람은 레닌가 175번지의 공작 거점 책임자였던 아바이였다.

"나는 오경현, 아니 오길남입니다."

그러자 반갑다는 듯이 물었다.

"건강이 됴티 않았는데, 디금은 어떠시오?"

"지금은 괜찮습니다. 그런데."

"아, 가족 말씀이군요. 걱정하지 말라요. 다 자르 해결될끼니."

나는 그의 말을 듣고 뛸 듯이 기뻐했다. 서독에서 가족과 만나 다시 살아갈 수만 있다면 뭐든지 할 수 있다는 생각이 들었다. 청소부가 되면 어 떠리.

전화를 끊고도 나는 한참이나 그 기쁨에 덜미를 잡혀 있었다. 이문호 의 얘기로는 윤이상의 처 이수자가 우리 가족의 일을 위해 북한 대사관을 여러 번 드나들었다고 했다. 또, 김길순 박사도 나를 위해 윤이상을 만났다 고 했다. 나는 그런 말을 전해 듣고 늦어도 부활절쯤에는 가족과 만나기 위 해 코펜하겐으로 가게 될 것이라고 생각했다. 나는 들떠 있었다.

그러나 애매한 일이 터졌다. 구미의 각 언론에서 나의 탈출사건이 대 서특필되기 시작했던 것이다. 또 한국의 일간지에서도 나의 탈출이 보도되었다. 나는 그 소식을 이종수, 김길순 박사를 통해 들었다. 구미 언론은 북한의 체제를 맹렬히 비난했다. 나는 두려웠다. 이렇게 되면 약이 오른 북한의 고위 간부들이 아내와 딸을 돌려주지 않을지도 모른다는 생각이 들었다.

한국 언론은 내 사건을 크게 보도하다가 마침 김만철 일가 탈출이 있자 그쪽으로 방향을 돌렸다. 나는 다행이라고 생각했다. 언론이 계속 떠들면 아내와 딸을 만나기가 그만큼 어렵다는 판단에서였다.

나는 내 사건을 어떻게 구미와 한국 언론에서 알게 되었는지 곰곰이 생각해 보았다. 그러자 짚이는 게 있었다. 나와 백치완을 마중 나왔던 북한 대사가 코펜하겐 공항에서 내가 실종되자, 덴마크 외무성에 신고를 하고 그 이유를 물었을 것이다. 그러면서 북한 대사는 오경현을 돌려 달라고 떼를 썼겠지. 덴마크 외무성은 오경현은 모른다, 오길남이 아니냐며 서로 티격태격 다투었던 게 뻔했다.

결국 덴마크 외무성은 언론에 내 사건을 흘려 북한 대사를 궁지에 몰았을 것이다. 그게 아니더라도 독일 사회는 공개된 사회였다. 나에게는 불리한 일이지만 어쩔 수 없는 일이었다.

이종수가 북한 외교관 또는 고위 공작원들의 망명 사건이 상세히 난 신문을 보내 왔다. 북은 이런 일이 계속하여 터짐으로써 위신이 크게 실추되었다고 했다. 북한이 이런 와중에 아내와 딸을 소리없이 내 놓을지 걱정이 됐다.

오길남이 북에 들어갔다가 탈출함으로써 민족통일운동에 악영향을 미쳤다,라는 소문이 들렸다. 그렇게 말한 사람은 송두율이었다. 그는 도대체 민족통일을 어떻게 생각하나 만나서 묻고 싶었다.

그는 언젠가 한겨레신문을 통해 김지하의 인식 통찰도 헐뜯은 적이 있었는데, 이번에도 그런 식이었다. 김지하의 글은 이랬다. '그들은(김일성, 김정일 집단을 가리킨 것으로 나는 해석했다) 역사의 어두운 밤의 장막을 내리고 이성과 생명의 빛을 차단함으로써 죽음의 승리를 확보하고자 한다. 그러나 그들의 목적은 자기모순이므로 필연적으로 실패한다.' 송두율은 그 글을 논박하면서 은근히 북한의 편을 들었었다.

교수 자격을 취득했다 하지만 그는, 백치 오길남의 통찰을 수용해야 한다. 그는 북한에 들어가 호사하면서 고담준론이나 했던 철학도이지만, 나는 북에서 몸으로 때운 경제학도이기 때문이다. 자꾸 송두율의 모습이 떠올라 분노가 치민다. 이글을 쓰는 데 지장을 줄 만큼이나.

북한 대사관으로 편지를 다시 썼다. 본의 아니게 물의를 일으킨 데 대한 사과의 편지였다. 나는 사과에 덧붙여 선처를 호소했다.

편지를 보내고 허탈하게 하루하루를 보냈다.

코펜하겐에서 여권과 같이 넣은 쪽지에 나는 스파이라는 말을 쓰지 않았다. 하지만 영자 신문에는 내가 그렇게 썼다고 보도하고 있었다. 스파이란 말에 대한 저항감으로 기분이 나빴다.

그해 겨울, 하노버에는 다른 해와 달리 많은 눈이 내렸다. 기숙사에는 알코올 중독자들이 부지기수였다. 그들 틈에 있다가는 나도 알코올중독자가 되어 버릴 것만 같아 매일 밖으로 나와 눈덮인 라이네 강변을 걸었다. 내머리 속에는 오로지 아내와 애들 밖에 없었다. 눈길을 걸으며 애들의 이름을 불렀다. 혜원아, 규원아! 그러나 대답은커녕 메아리도 들리지 않았다.

죽으려고도 해봤다. 술을 잔뜩 마시고 강변에 앉아 있으면 얼어 죽을 것이다. 하지만 나는 벼르기만 했을 뿐 실천에 옮기지는 못했다. 내가 죽으면 아내와 애들은 누가 구해 준단 말인가. 그런 생각이 나를 지배했지만, 사실은 용기의 부족이었다. 자살하는 자는 가장 용감한 사람이라고 하지 않던가. 아니면 가장 비겁한 사람이던가.

　어느 날 박도사와 김길순 박사, 그리고 오석근이 찾아왔다. 그들과 함께 시내에 나가 식사도 하고 술도 마셨다. 오랜만의 회포였다. 나는 그날 박도사로부터 일종의 참회의 말을 들었다. 그것은 그가 몇 번 북한을 다녀왔다는 것이었다. 물론 나는 평양에서 유성근에게 들어 알고 있었다. 하지만 가만히 그의 말을 들었다.

　"사실 나도 몇 번 북한을 다녀왔어. 하지만 그 사회 내부와 기능 방식을 전혀 들여다보지 못했어."

　나는 그에게 내가 본 북한의 실정을 전번에 이어 다시 상세히 설명하였다. 그리고 유토피아적으로 접근해서는 위험하다는 말도 해주었다. 지금 내가 알기론, 박도사 그러니까 박대원은 북한과의 관계를 완전히 끊은 것으로 알고 있다. 그의 올바른 선택에 안도하는 바이다.

　박도사는 내가 보건대 어거지로 북한의 비밀 당원이 됐을 것이다.

　"윤노빈과 이창균이 서울대 동기였지요?"

　박도사는 고개를 끄떡였다.

　"그들이 어떻게 됐는지 말해 주지요."

　나는 북에서 만났던 그들의 생활상을 말해 주었다. 박도사는 놀라면서 내 말을 들었다.

　얘기가 빗나가지만, 내 죄를 가볍게 하려고 박도사를 고자질하는 것 같아 마음이 아프다. 하지만 숨길 수 없다고 생각한다. 나는 이 글을 쓰면서 박도사가 구제될 길은 없는가, 고심하였다. 내가 박도사를 위해 진심으로 할 수 있는 말은 이것뿐이다. 백치완이 코펜하겐으로 오면서 해주는 말을 들으니, 북한의 공작원들은 당신을 불신합니다. 그러니 스스로 고국의 품에 안기십시오. 그렇게 되면 만신창이가 된 내 정신은 어느 정도 치료가

될 것입니다.

그날 밤 나는 북에서 나름대로 성공했다는 이창균에게 편지를 썼다. 부치지 않을 편지였다.

존경하는 이창균 선배! 70년대 중반, 프랑크푸르트에서 민건회 모임이 있었을 때, 미국에 가서 경제학을 하고 독일로 왔던 선배께서는, "생산력 발전이 일정 수준에 도달하지 않으면 특정 생산 관계가 생성될 수 없으며, 특정 생산 관계를 너무 인위적으로 강제로 관철시키면 생산력 발전이 속박된다"며 마르크스의 주장에 대해 반박하셨습니다. "생산력 발전이 가장 뒤떨어진 소련, 중국, 북한이 사회주의로 넘어갔는데 무슨 소리를 하느냐?"며 말한 저를 여러 사람 앞에서 무안 주었습니다. 그러면서 선배는 나를 '교과서형 교조주의자'라고 했습니다. 그런 선배가 내가 북한으로 들어가는 데 아무런 역할을 하지 않은 것은 다행입니다. 1986년 5월, 선배는 평양 창광거리에 살던 나를 찾아왔습니다. 그리고 말했습니다. "잘 왔다. 완전히 기능하지 않는 사회주의 경제 형편은 천만불을 주고도 볼 수 없지 않느냐. 이 지리멸렬한 경제관계, 참혹한 인간 생활상을 직접 대면하니 얼마나 다행이냐." 그렇게 말하던 선배의 쓸쓸한 얼굴을 나는 지금도 생생히 기억하고 있습니다. 혹시라도 내가 도망와 선배께서 화를 입지나 않았는지 모르겠습니다. 조심하십시오. 내가 초대소에 있을 때 선배를 손봐주겠다는 제1과장과 백치완이 속닥이는 말을 들은 적이 있습니다.

나는 편지를 쓰다 말고 구겨 쥐었다. 그리고 눈을 감았다. 며칠이 지났다. 어느 날 오후, 나를 조사했던 연방 내무부관리가 찾아왔다. 그는 여자라고 해도 곧이 믿을 만큼 얼굴이 이뻤다.

"누추해서."

"괜찮습니다. 그런데 있을 만합니까?"

"……."

"의례적인 질문입니다. 그동안 누구 누구를 만났습니까?"

나는 숨김없이 그동안 만난 사람들을 모두 일러주었다.

"당신은 북에서 등을 돌린 사람입니다. 당신이 만약, 당신의 나라로 돌아가겠다면 내무성은 도와주겠습니다. 어떻습니까?"

나는 그렇게 되면 가족을 되찾지 못할 것이라면서 망설였다.

"딱하군요. 우리나라는 조선민주주의인민공화국과 외교 관계가 없습니다. 그래서 당신의 가족을 보내라고 할 수가 없습니다."

그는 나를 위로하다가 돌아갔다.

36 윤이상에게 질책을 듣다

어느새 3월이다. 햇볕이 잘 드는 곳에는 잔디 싹이 어느새 새파랗게 돋아나 있었다. 봄이 오고 있는 것이다. 아아, 봄이란 희망의 다른 표현으로도 곧잘 쓰인다. 하지만 나는 여전히 겨울에 갇혀 있었다. 냄새나는 기숙사방, 그리고 알코올 중독자들.

햇살이 따뜻해, 창가에서 해바라기를 하다가 보면 문득 아내의 얼굴이 떠오르고 목소리가 들려오곤 했다.

'누구나 서 있는 자리보다 더 높은 곳을 모색하고 지향하는 한 잘못을 저지를 수가 있어요. 나는 당신이 우리를 이곳으로 우격다짐으로 데리고 온 과오에 대해, 어떤 백치도 어떤 눈먼 장님도 저지르지 않을 잘못에 대해서는 용서할 수 있어요. 그것은 당신이 내 남편이기 때문이에요. 그러나 내 사랑하는 딸들이 짐승처럼 박해받을 망정, 파렴치하고 가증스럽고 저열한 범죄 공모자의 딸이 되어서는 안 된다고 생각해요. 청순한 사람들을 음모의 희생물로 만드는 역할을 맡는 어리석음을 범해서는 안 돼요.'

그래 여보, 나는 당신의 말처럼 저들의 더러운 공작에 공모하지 않았소. 모든 것이 다 당신이 나에게 힘을 준 덕택이오.

아, 그러나 나는 이렇게 자유로운데 당신은, 애들은, 어디 있는거요? 여보! 불러도 불러도 당신은 대답이 없구려. 우리에게 이 무서운 저주가 내릴 줄은 정녕 몰랐소. 당신이, 애들이 보고 싶소. 당신의 얼굴을 만져 보고 싶소. 그렇게만 할 수 있다면 당장에 죽는다 해도 좋으리라. 아내의 목소리를 들으면 용기가 피어났다. 나는 윤이상에게 제발 아내와 두 딸을 살려 달라고 읍소(泣訴)의 편지를 썼다.

답장은 3월 26일에 왔다. 내용은 절망적이었다. 나는 편지를 읽다가 오열했다. 애들의 귀여운 목소리가 귓전을 때리는 것 같았다.

바보같은 모습과 정신이상자의 행동으로 며칠이 지나갔다. 밥을 먹어도 맛을 몰랐고, 잠을 자도 편하지 않았다.

4월 초순경, 윤이상으로부터 전화가 걸려 왔다.

"하노버에 갈 테니 좀 만납시다."

그는 그러면서 루이젠호프 호텔에서 보자고 했다.

나는 약속한 날 득달같이 호텔로 달려갔다. 호텔에는 부인 이수자씨도 같이 있었다.

"동베를린에 있는 공작 거점 책임자를 만나 오박사가 쓴 사과 편지를 읽어 보았소. 잘 썼습디다. 그러나 아직은 잘 몰라요. 당신 때문에 동베를린 공작 거점 책임자가 평양으로 소환되었으니까."

"그럼 아내와 딸은 영영 나올 수 없는 겁니까?"

나는 앞이 아득하여 물었다.

"북한에서는 오박사 가족을 서독으로 내보내면 오박사가 가족을 데리고 남한으로 가버릴 우려가 있다고 봐요. 오박사는 칠보산연락소(한국민족민주전선 산하 대남 흑색 방송 구국의 소리를 전담하는 곳) 비밀 소지자이니 가족을 인질로 잡아둘 수밖에 없다고 생각하는 모양이오. 일이 이렇게 됐으니 오박사의 가족을 서독으로 내보내는 문제는 김일성도 혼자서는 처리하지 못할 거요. 왜 사람이 그렇게 가벼워요? 조금만 참고 경망된 짓을 하지 않았으면 좋은 직장에 갔을 텐데. 당신을 계속 대남 방송 요원으로 쓰려고 하지 않았단 말이오."

나는 고개를 숙이고 눈을 감았다. 아내와 딸들이 돌아오지 못한다. 못한다, 못한다. 돌아오지 않는다면 나는. 이수자의 목소리가 시들어 가는 내 정신을 깨웠다.

"오선생님, 호랑이한테 물려가도 정신만 바짝 차리면 산다고 하지 않아요. 정신차려요. 그리고 평양에 있는 가족을 잊어버리고 재혼하세요. 재혼해서 잘 살면 되지 않아요."

윤이상이 소리 질렀다.

"이 여자가 무슨 뚱딴지같은 말을 하고 있어!"

그리고는 내게 목소리를 낮춰 말하였다.

"독토르 오, 하늘이 무너져도 솟아날 구멍이 있소. 어두운 터널 속을 기어서라도 가다 보면 밝은 빛을 보게 되지 않소. 그러니 이렇게 한 번 해 보시오. 북한에서는 당신의 잘못을 관용으로 용서할 의향이 있다고 했소. 가족을 생각해서 다시 평양으로 가시오."

"……."

"북에 있을 때 사람들이 나를 뭐라고 합디까?"

"자주 듣지는 못했습니다. 애국자라고 하더군요."

"나는 공산주의자는 아니지만 그래도 사회주의자요." 그는 엄지손가락을 치켜 들면서 다시 말했다.

"나는 이 사람을 존경하오."

나는 그가 세운 엄지손가락이 김일성이라고 판단했다. 윤이상 부부와 헤어져 호텔을 나왔다. 다리가 떨렸다. 귓속에는 여전히 윤이상의 말이 맴돌고 있었다.

가족을 생각해서 다시 평양으로 가시오.

윤이상과 이수자는 나중에 들으니 그 길로 보쿰으로 가서 브라이덴슈 타인목사와 다른 사람을 만났다고 했다. 우리 가족의 문제를 협의하기 위해서였다. 브라이덴슈타인도 아내와 애들을 내보내면 내가 남한으로 갈 것이라 생각한 모양이었다. 그래서 가족을 계속 인질로 잡아둬야 한다고 말했다는 것이다. 그들은 누구의 편인가?

건강이 나빠 병원에 2주 동안 입원을 하였다. 퇴원을 하니 어느덧 4월 하순이 되어 있었다. 꽃들은 피고 나뭇가지에 물이 오른 계절, 완연한 봄이었다.

브라이덴슈타인 목사에게서 편지가 왔다. 내용은 혼자서라도 살 길을 모색해 보라는 것이었다. 그 뒤로도 비슷한 내용의 편지가 몇 차례 더 왔다. 내가 재혼을 해서 사는 걸 봐야 마음이 편하겠지. 하지만 그렇게는 안 될걸. 나는 재혼하지 않을 것이며, 당신의 말을 듣지도 않을 것이야. 누가 이기나 어디 해보자. 오기가 생겼다. 그러나 내 몸은 점점 쇠약해져 가고 있었다.

마약 중독자에게서 10마르크를 주고 책을 여섯 권 샀다. 그 책을 파는 마약 중독자의 눈동자에서 나는 처참한 행복을 봤다. 누군가 내 눈을 들여다 본다면 무엇이 보일까?

여름이 왔다. 숲과 강변, 그리고 호수와 공원은 모두 녹색으로 변해 갔다. 거리에 있어도 춥지 않으니 나는 하루의 대부분을 기숙사에서 나와 지냈다. 공원에서 호숫가에서 나는 괴테의 ≪파우스트≫를 읽었다. ≪파우스트≫는 대학에 다닐 때 거의 외우던 작품이었다. ≪파우스트≫를 보면서 나는 체념에 익숙해져 갔다. 앓던 몸이 조금씩 낫는 것도 같았다.

가족이 보고 싶으면 혼자 울었다. 그리고 생각했다. 윤이상은 나를 북으로 돌아가라 했지만 나는 절대로 돌아가지 않을 것이다. 내게 있어 조국은 무엇이고 이데올로기는 무엇인가.

아내와 두 딸을 죽이지는 못하겠지. 아니, 죽인다면?

매일 되풀이하여 되새김을 하듯이 해대는 생각과 고뇌들만으로도 버거울 지경이었다. 말없이 고뇌하는 나를 기숙사의 거지들은 '독토르 오'로 불렀다. 그들은 비록 가진 것 없이 정부의 빈민 구호 정책으로 살아가지만 눈과 귀는 아직도 온전히 제 것이었다. 그들은 나를 존경하는 척했다. 그러나 사실은 박사 학위를 가지고도 그곳에 들어와 있는 나를 보이지 않게, 소리 없이 경멸하였다. 내 자격지심인지는 몰라도 나는 그렇게 느꼈다. 그들이 내 앞에서 짓는 웃음, 그리고 굽신거림은 모두가 나를 두들겨대는 방망이와 같았다. 나는 어서 빨리 이곳을 떠나야겠다고 마음먹었다. 그래서 가족을 만날 때까지 살아 있을 방도를 찾아야 겠다고.

37 숨을 배회하다

1987년 7월 1일. 농익은 여름 햇살을 온몸에 받으면서 나는 이사를 하였다. 하노버시 벤젠가 22번지에 있는 독신자 아파트로였다. 지금껏 있었던 곳은 말이 좋아 독신자 기숙사였지 사실은 부랑자 수용소였다. 내가 독신자 아파트로 오는 걸 주선한 곳은 사회적으로 어려운 상황에 처한 사람들을 위한 상담소였다. 나는 상담소의 도움을 받아 독신자 아파트에 당당히 입주하게 된 것이었다.

이사를 하고 며칠이 안 돼 연방 내무성 관리가 또 찾아왔다. 그는 나의 생활 형편을 살펴보고는 말했다.

"한국 정부가 당신을 도와줄 용의가 있다고 했다. 도움을 받겠는가?"

나는 아직도 북에 있는 가족의 송환 문제를 포기하지 않고 있었기 때문에 거절도 수락도 할 수가 없었다.

"생각해 보겠습니다."

애매모호한 대답을 하면서 나는 웃었다.

"다시 올 테니 생각을 해보시오."

나는 그에게 내 전화번호를 적어 주었다.

브라이덴슈타인의 편지가 또 왔다. 여전히 비슷한 내용이었다. 어려움을 극복해 보라는. 사회봉사 단체 회원들이 일주일에 두 번씩 찾아와 이것저것 도와주었다. 그들은 또 나를 문화 행사에 초대하기도 하고 같이 산책을 하기도 했다.

뚜렷하게 하는 일도 없이 3개월이 지났다. 벌써 10월 달이었다.

봄도 지나고 여름도 지나고 이제 가을이었다. 독신자 아파트로 이사한지 석 달이 넘은 어느 날, 윤이상에게서 전화가 걸려 왔다.

"독토르 오, 내일 저녁 8시에 하노버 음대로 좀 나오지."

"알겠습니다, 선생님."

나는 그가 오라면 베를린이라도 가야 했다. 그만이 가족을 구할 수 있다고 하지 않았던가.

누구와 약속을 하면 할 일이 생긴다. 하지만 할 일도 없고 약속도 없는 날의 나는 무작정 거리를 배회하는 것이 일이었다. 사람의 눈을 피해 라이네 강변을 따라 걸어 다니면서 시간을 보내든가, 마쉬 호반 (히틀러가 정권을 잡고 있을 때 판 인공호수로, 다른 호수보다 유난히 백조가 많아 나는 그 호수를 백조의 호수라고 불렀다)을 돌며 사색에 잠기는 게 내 하루의 일과였다.

하루의 적당한 노동의 시간이라고 일컫는 8시간을 나는 배회하면서 보냈다. 비가 오는 날은 집에 틀어박혀 종일토록 밖을 내다보았다. 내게는 예전에 없던 증세가 나타났다. 바로 대인공포증이라고도 할 수 있고, 대인기피증이라고도 할 수 있는 증세였다. 죽음에 대한 공포도 없이 하루 하루 무료하게 살아가는 나였다. 까짓것 아내와 애들을 만나지 못하면 죽어버리지, 하는 생각만을 머리에 품고 있었다. 하지만 생명이란 묘한 것이었다. 거리를 걷거나 집에 틀어박혀 있어도 배가 고팠고, 좋은 것을 보면 가지고 싶어졌다. 그리고 한없이 아내와 애들이 보고 싶었다.

나는 나도 모르게 일어나는 욕심을 뿌리치기 위해 인간이 생산해 놓은 것들을 피해 다녔다. 시내에 나가면 부랑자 수용소에서 안 친구들을 만났다. 그들은 비록 룸펜이었지만 먹는 것은 누구 부럽지 않게 잘 먹었다. 쇠고기와 돼지고기로 만든 요리도 입맛이 당기지 않는다는 부류들.

나의 하루 일과는 배회 말고도 생각으로 가득 차 있었다. 북한에서는 일하지 않으면 먹지도 말라고 했다. 동북리 초대소에 있을 때 대남 공작 기구 강부부장이 아내에게 했던 말이다. 낮은 생산력 때문에 사회적 잉여가 없어서일 것이다. 노예, 봉건 사회의 지배 계급이 자기의 힘을 과시하는데 들어가는 사치성 소비(궁전, 신전 따위)의 몫이 줄어들까봐 두려워, 그도 아니면 그 사치를 더 늘이기 위하여 통용시켰던 마약 같은 말이리라.

몇 달 전까지 살았던 기독교 재단의 독신자 수용소 거품성 식당 벽에는 북에서 하는 말과 정반대되는 구호가 적혀 있었다. '일하지 않을수록 더 많이 먹어 달라.' 가장 발전된 자본주의적 상품 생산 사회가 그 사회의 소외된 사람들에게 선물한 것은 첫째, 엄청난 생산력으로 인한 방대한 사회적 잉여이다. 둘째는, 분방한 개인의 자유 개발이라고 할 수 있을 것이다. 사회적 잉여가 적은 사회에서는 개인의 자유가 심히 억제되게 마련이지만.

개인의 자유가 억제된다는 것은 '인간의 의식성, 창조성, 자주성'이 숨을 제대로 못 쉬고 질식된다는 것이나 다름없다. 인간의 생명의 힘(생활력)의 물적 표현이 생산력이라면, 북한에서는 생산력 발전이 결박돼 사회적 잉여가 적은 것이다. 그래서 북한 사회가 살아 있는 악마의 손아귀 속에 감금돼 있는 것이다. 너무나 낮은 생산력. 적은 사회적 잉여.개인의 자유 속박 등으로 누적적으로 축소되는 재생산 구조의 악순환은 그래서 계속되고 있는 것이다. 살아 있는 악마의 철저한 자기반성과 그 허황된 꿈을 버리고 새로 태어나지 않는다면 그 악순환은 언제까지고 계속될 것이다.

예전에 초대소에서 강부부장이 아내에게 했던 말을 얼핏 들으면 노동 계급적이고 상당히 진보적인 음향을 지니고 있다. 그러나 그 말은 오히려 반계급적이라는 사상에 다름 아니다. 가장 발전된 자본주의 상품 생산 사회에서의 제일 큰 모순 중의 하나는, 생산력 발전의 높은 수준(방대한 사회적 잉여의 생출)과 유효 수요(특히 신규 투자 또는 축적 수요)간의 모순이다.

마르크스의 언어 표현 방식으로는 소위 생산력과 생산 관계의 모순이라는 것이다. 사회적 잉여가 너무 방대하기 때문에 잉여에 대한 수요 특히, 기업가가 만족할 만한 이윤을 보장하는 신규 투자가 문제가 된다는 것이다. 다시 말하면, 팔아먹는 것이 문제라는 것이다. 그냥 아무렇게나 판매하는 것이 아니고 만족할만한 이윤이 보장되도록 판매하는 것이 문제인 것이다. 간단한 문제처럼 보이지만 정말이지 복잡하고 난해한 문제인 것이다.

때문에 독일 사회에서는 잉여가 거대하다 보니, 이제 룸펜 부류에게 제발 공짜로 드릴 테니 많이 먹어 달라고 주문하게 되기까지 이르렀다. 일을 안 하고 먹어도 좋다. 다만 마약을 삼가고 알코올을 너무 많이 섭취해 중독자가 되지 말라고 부탁하게 된 것이다. 그들의 처참을 두고는 사회가 계속하여 발전할 수 없는 까닭이다. 그걸 아는 룸펜들은 빈둥거리면서도 목에 힘을 주고 얻어먹는다. 어디 너희들만 잘 살아 봐라, 하는 식이다.

앞에서도 말한 바 있지만 나는 언젠가 오로지 경제학 부문만을 가지고 글을 쓰기를 희망한다. 그리하여 내가 배운 것들을 가지고 사회에 작은 힘이라도 보태고 싶다. 그날이 오기를 나는 바란다. 아마도 그날은 아내와 자식들을 만난 후가 될 것이다. 또 그래야만 할 것이다. 그것은 그런 심오한 저술 정신과 부지런에서 나오는 만큼 내 몸에 쌓인 이 고통이 없어진 다음에야 가능하기 때문이다.

내가 숲이나 공원을 배회하는 여러 이유 중의 하나는 룸펜들과 섞이고 싶지 않아서였다. 그들은 나를 독토르 오로 부르면서 마약과 술을 같이 하기를 권한다. 그들은 살벌한 법률도 어쩌지 못하는 부류들이었다. 그들과 나는 7개월을 함께 살았다. 하지만 그들처럼 인생을 끝장낼 수는 없었다. 그래서 나는 그들이 없는 호숫가나 숲 속에서 무료한 시간을 보냈던 것이다.

시의 귀재 횔덜린이 왜 튀빙겐의 탑(횔덜린의 탑) 속에서 밤의 방황(몽유병)을 했는지 조금씩 이해가 되었다. 나는 그 횔덜린을 만나기 위해 그곳에 자주 갔다. 그러나 나는 횔덜린을 만날 수 없었다. 만약 만났다면 나는 그에게 함께 숲을 방황하자고 했을 것이다. 그러나 나는 늘 혼자였다. 나혼자 숲 속에서 발작하고 미쳐 갔다. 동정해 주는 사람도 없었다. 그래도 나는 숲 속에 있는 것이 가장 안전했다.

그렇게 시간을 죽이고 있던 때에 윤이상으로부터 전화가 왔다. 윤이상은 지난 9월에 유럽의 저명한 연주자들을 데리고 평양을 다녀온 직후였다. 바로 '윤이상 음악제' 참석차로였다.

평양을 다녀오기 전 윤이상은 독일연방공화국으로부터 무슨 공로 대훈장을 받았다. 1987년 9월 17일로 그의 나이 만 일흔이 됐다. 그는 일흔을 보람 있게 보내겠다며 평양에서 음악제를 개최했다고 했다. 그의 음악제를 북한은 대대적으로 선전했다. 로동신문과 방송, 그리고 텔레비전은 위대한 음악가라는 전치사를 붙여 선전해 대었다. 나는 그 사실을 윤이상이 가지고 온 아내의 편지를 보고 알았다.

북은 윤이상을 대남 공작 책략의 일환으로 이용했던 것이다. 그걸 모르는 사람은 윤이상 당사자뿐이었다. 그는 신명이 나서 날뛰었던 것이다. 그는 인간처럼 살 날을 기다리며 참고 견디는 북한 인민들의 가슴 저 깊이 침전되어 있는 분노를 감지할 수도 없었고 보려고도 하지 않았다. 북한 공작 기구의 떠받듦에 감격하여 그는 눈뜬 장님이 됐던 것이다. 그는 자신이 위대한 통일 인사가 됐다고 착각하고 있었다.

김일성이 최덕신을 접견했을 때 말했다고 한다.

"통일은 민족의 숙원입니다."

그러자 최덕신은 감읍(感泣)하였다고 한다. 윤이상도 그랬을 것이다. 그도 김일성을 만났으니까. 똑똑하다고 자부하는 그들은 김일성 체제 유지를 위한 망양(茫洋)에서, 그들의 배를 타고 그 배를 소유하고 있다고 믿는 자들이다. 통일의 꽃이라던 임수경도 문익환도 전대협도 그 옛날 나와 두 주불사의 자리를 함께하던 백기완도 김길순 박사도 박대원 박사도 모두 놀아나고 있는 것이다. 그것이 나는 안타깝다. 나는, 앞으로 통일을 포함한 정치는 소위 운동권 인사들에게 되도록 적게 맡겨져야 한다고 생각하는 사람이다. 그들은 앞으로 더욱 복잡해질 사회 문제를 제대로 풀어 나갈 자질을 갖추지 못했다고 나는 생각한다. 과도기에 흔히 통하는 큰 목소리의 주인공들.

어느 나라나 과도기를 거칠 때 목소리 큰 인사들이 어깨를 세운 적이 있었다. 하지만 그들은 역사의 수레바퀴를 뒤로 돌리려는 안간힘 속에서 역사의 뒤안길로 사라져 갔다. 조용히 문제를 풀고 나라의 발전을 도모할 자질이 부족했던 탓이었다.

38 윤이상이 아내의 편지를 가져오다

예의를 갖추려는 의미에서 양복을 꺼내 다렸다. 그리고 머리도 정성 들여 매만졌다. 윤이상은 하노버 음악대학에서 교수를 지낸 바 있었다. 동백림 사건에 연루되어 3년간 복역하고 독일로 와서였다. 그러니까 그는 자신이 재직한 적이 있었던 대학에서 음악회를 갖는 것이었다.

약속 시간 한 시간 전에 하노버 대학에 도착했다. 나는 음악회 따위에는 관심이 없었다. 내 관심은 오로지 하나, 윤이상이 내게 기쁜 소식을 가져왔으면 하는 것이었다. 나의 마음은 몹시 설레었다.

윤이상이 나타났다. 어두웠으나 나는 멀리서도 그를 알아보고 뛰어갔다.

"선생님, 그동안 안녕하셨습니까?"

그는 피로해 보였다. 게다가 언짢아하는 표정이었다. 나는 먼 여정 때문이라고 생각했다.

"들어가서 연주회를 보지, 연주회가 끝나면 만나고."

"알겠습니다."

나는 12마르크를 주고 입장권을 샀다. 6000원 정도 된다. 그 돈은 내가 일주일간 먹고 생활하는 데 쓸 수 있는 돈이다.

음악대학 연주홀은 그리 크지 않았다. 객석은 6백 석이라고 했다. 자리는 거의가 차 있었다.

나는 회화(그림)는 좋아했지만 음악은 그리 좋아하지 않았다. 반면에 아내는 음악을 좋아했다. 아내는 음악회가 있는 휴일이면 아이들을 데리고 연주회를 찾아가는 음악 애호가였다. 교포 사회에는 나처럼 음악에 문외한 인 사람도 많았다. 그들은 내게 이렇게 말하고는 했다.

"윤이상의 현대 전위 음악은 삐삐거리기만 하고 퉁퉁거리는 선율로 가득 차 듣기 거북하고 하품이 날 정도로 따분한 음악이다."

나는 그 말이 생각나 혹시라도 코를 골면서 잠이 들면 어쩌나 하고 걱정이 앞섰다. 그래서 정신을 바짝 차렸다. 연주가 시작되고 장내가 조용해졌다. 시작부터 지리하고 따분해지기 시작했다. 나는 음악회가 끝나기만을 기다렸다. 어서 빨리 시간이 지나가, 가족의 소식을 듣고 싶어 몸이 근질거릴 지경이었다. 그러나 앞과 옆과 뒤에 앉은 사람들은 깎아 놓은 듯이 앉아 음악을 듣고 있었다. 음악 애호가들은 이런 따분한 각고의 시간들을 통해야만 음향의 세계로 들어가는가 보다고 생각하였다.

평양에 있을 때 들은 말이 떠올랐다.

"윤이상 음악회에 어거지로 동원되어 간 사람들은 연주 중에 잠만 잔다. 그게 무슨 낭비인가."

칠보산연락소 부속 농장에서 금요 노동을 나갔을 때 어느 바이올린 연주자가 해준 말이었다. 또 그는,

"하지만 음악부 성원들은 윤이상씨의 초청을 받아 서방에 한 번이라도 나가 보는 게 꿈이다."

라고 말했다. 나는 그의 손을 잡고 안타까움에 말했다.

"음악을 하는 손으로 이런 막노동을 해도 괜찮습니까?"

"일없습니다."

북에서는 일없습니다라는 말은 괜찮습니다로 쓰였다. 나는 윤이상이 작곡한 음악을 건성으로 들으면서 평양에서의 일들을 추억하고 있었다. 오

줌도 마려웠다. 쉬는 시간에 나는 화장실에 들어가 배뇨와 함께 연거푸 두 대의 끽연을 했다. 나에게 있어 연주회는 여름 장마처럼 지루했고 따분하였다.

이윽고 연주회가 끝이 났다. 나는 아프다가 완쾌된 기분이었다. 윤이상이 무대에 올라 지휘자의 손을 들어올렸다. 우레와 같은 박수가 터졌다. 곧이어 윤이상은 바이올린 연주자의 손도 들어올렸다. 역시 박수가 터졌다. 윤이상이 움직일 때마다 박수가 터져 나왔다. 나도 덩달아 손뼉을 쳤다. 독일에 와 늘그막에 공부를 시작했을 때, 교수가 무슨 농담을 하면 학생들이 책상을 두드리며 좋아했다. 나는 그 농담을 알아듣지도 못했으면서 웃으며 같이 책상을 두드리고는 했다. 지금도 그 때와 같았다.

청중들이 일어나 홀을 빠져 나갔다. 나도 그들 속에 섞여서 홀을 빠져 나왔다. 이제 윤이상을 만나는 일만 남았다. 내겐 그것이 이곳으로 온 주된 목적이었다.

나오는 길에 프로그램을 안내하는 팸플릿을 받아 펼쳐 보았다. 윤이상의 약력이 소개되어 있었다. KCIA(한국정보부)에 납치돼 고문을 당한 자유 투사라고 적혀 있었다. 동양의 음악을 서양 악기로 연주한다고도 적혀 있었다. 칭찬은 한이 없었다. 동양 음악과 서양 음악을 잇는 가교(架橋) 역할을 하는 음악가라고도 적혀 있었다. 하기야 그의 음악을 누가 무시하겠는가. 나도 마찬가지다. 다만 그의 허황된 거만과 위선의 이데올로기의 창시자인 김일성과 결탁하고 있는 것을 나는 비판하려고 하는 것이다. 하지만 그 해는, 자유 투사 윤이상이 내 가족의 문제도 시원하게 풀어 줄 것이라고 나는 믿고 또 믿었다.

나는 칩거와 은둔 생활을 하면서 이 날이 올 것을 알고 북한에 있을 때 대남 공작 기구에서 활동했던 사실을 남에게 발설하지 않았던 것이다. 또 도와주겠다는 남한 당국에도 아직 손을 내밀지 않고 있었다.

나는 윤이상이 나의 자중자애를 높이 치하해 줄 것으로 믿었던 것이다.

아내와 애들만 되돌려 받을 수 있다면, 나는 그에게 무릎을 꿇는 것은 물론, 개처럼 기라면 길 각오가 되어 있었다.

윤이상을 기다리며 나는 설레는 가슴을 진정시키느라 입이 마를 지경이었다. 하지만 한참을 기다려도 윤이상은 나오지 않았다. 예술가들이란 할 말이 많은가 보다. 할 말을 자기의 예술 작품에 표현하면 될 텐데.

이제 연주홀을 나오는 청중은 하나도 보이지 않았다. 나는 혼자 가로등 밑에서 연주홀의 문이 열리기만을 기다리며 서있었다. 드디어 내가 그토록 기다리던 윤이상이 나왔다. 하지만 다가온 그는 엉뚱한 말을 하는 것이었다.

"독토르 오, 오늘은 너무 늦었으니 그냥 돌아갔다가 내일 아침 9시에 루이젠호프 호텔로 오시오. 그리고 이건 평양에서 당신 부인이 준 편지요. 일단 편지부터 보고 내일 얘기합시다."

그가 돌아섰다. 나는 떨리는 손으로 아내의 편지를 꼬옥 잡고 그 자리를 떠나야 했다. 그에게 아내의 건강이며 애들의 일을 물을 엄두도 내지 못했다. 그만큼 그는 냉정하게 돌아섰던 것이다.

어떻게 집으로 돌아왔는지 모르겠다. 나는 쓰러질 것 같았다. 아내의 편지를 꺼내었다. 손이 달달 떨렸다. 편지를 펼치기도 전에 내 눈에서는 눈물이 흘러내리고 있었다.

혜원 아빠 보세요.

그동안 어떻게 지냈는지요?

건강은 여전한지요?

255

당신이 떠난 지 벌써 1년이 가까워졌어요.

혜원이 규원이가 보고 싶지요?

당신 소식을 알 수 없어 안타까워하던 중에 이쪽에서 인편이 있다고 하기에 몇 자 적어 보냅니다. 아마 백림 윤선생님인 것 같아요. 신문에 의하면 위대한 수령님 접견도 받으시고 음악회도 성공적이었나 봐요. 음악회에 가보거나 선생님을 만나 뵐 수는 없었어요. 이곳 우리들은 그럭저럭 무사히 지내는 편이지요. 혜원이는 한 학년 월반하여 중학생이 되었는데 최우등이고, 규원이는 벌써 3학년이 되어 떼쓰던 것도 줄어들고, 집안일을 약간 도와주기까지 하지요. 저의 건강은 현상 유지는 되어 직장에 나가고 있어요. 지난 8월 조용한 교외로 집을 옮겼어요. 전에 살던 그 중심 거리보다 산수가 아름다워 마음에 들지요. 이쪽의 권고였어요. 처음엔 나도 빨리 떠나게 되리라 생각했어요. 그런데 이쪽에서 많은 해설을 했지요. 사람이 제 땅을 버리고 무슨 면목으로 살 수 있느냐? 당신네들은 민주화 운동을 했다는데 그게 혼자서 잘살려고 한 것이냐? 다른 나라들을 위해서 한 일이냐? 이곳 사람들은 통일을 바라며 전후 복구 건설의 어려움도 이겨냈는데, 다 같이 일하며 다 같이 살아가는 게 뭐가 나쁜가? 그것이 싫어서 조국을 떠난다면 무슨 인간다운 데가 있느냐 등등이었어요. 처음엔 우리가 생각했던 것이 옳았고, 다른 해결책이 이쪽에선 불가능하다고 생각했지만, 하도 해설을 들으니 수긍이 가는 것도 있다고 생각됐지요. 당신이 떠난 후 늘 무슨 일이 있을까 하여 불안해 했으나 별다른 큰일은 없었고, 당신에 대해서 해명할 것이 있다고 하여 사실대로 전부 이야기하였어요. 그 후로는 불안한 것도 없어졌고 요즈음에는 우리가 조국에 대하여 무슨 일을 저질렀나? 다른 해결책을 모색하기도 전에 왜 그렇게 했을까? 하고 생각하니 너무 성급하지 않았나 하고 생각해요.

그러나 원망하지는 않아요. 누구나 길을 잘못 들 수 있다고 생각해요.

당신 생각대로이겠지만 돌아와도 괜찮을 것 같아요.

그럼 아무쪼록 건강하세요.

1987년 10월 11일

혜원 엄마 씀

편지를 읽으면서 나는 머리를 쥐어뜯었다. 아내는 잘 있다고 했지만 나는 알고 있었다. 그리고 이사를 간 것이 무엇을 뜻하는지 알았다. 아아, 당신은 나를 원망하지 않는다고 했지만 나는, 당신의 원망을 듣는 것보다 더 가슴 아프오. 편지지를 가슴에 안고 나는 밤새 몸부림쳤다. 엉엉 소리내어 울면 가슴이 후련하련만, 눈물이 나오지 않았다. 너무도 슬프면 울 수 없다는 말을 들었는데, 내가 그랬다.

다음날 아침 나는 일어나자마자 루이젠호프 호텔로 찾아갔다. 아직 약속 시간 전이었다. 약속 시간이 되도록 호텔 주위를 오가면서 계속하여 담배를 피워댔다. 편지에는 내가 돌아와도 괜찮을 것 같다고 아내는 썼다. 강요에 의해설까, 아니면 사실일까.

약속 시간이 다가왔다. 프론트로 가 윤이상이 있는 방을 물었다.

그가 묵고 있는 방은 지난 4월에도 묵었던 방이었다. 호텔 측의 배려인지는 몰라도 윤이상은 하노버로 오면 꼭 같은 방에서 묵었다.

윤이상은 나를 기다리고 있었던 모양이었다. 그는 정장차림이었다.

"내려갑시다. 커피숍에서 아침이나 같이 하지."

커피숍에서 커피와 빵으로 아침 식사를 했다. 내가 말을 꺼내려고 했더니 그는 손사래를 쳤다.

"이야기는 방으로 가서 합시다."

목마른 놈이 샘물을 파고, 소금먹은 놈이 물 들이킨다고, 나는 몸이 달아 죽을 지경이었다. 하지만 그는 냉정했다. 그는 아내와 자식을 동토의 땅에 버려두고 온 나를 이해하지 못할 것이었다.

방으로 올라갔다. 나는 그가 먼저 말문을 열도록 기다려야 했다.

"그래, 부인의 편지를 받고 어떻게 생각하오?"

"집사람이 저보고 평양으로 돌아와도 괜찮을 것 같다고는 하지만, 돌아가자니 면목도 없고, 또 돌아가 보았자 의미있는 일을 할 수 없을 것 같습니다."

나는 솔직하게 대답했다. 그 대답은 진심이었다.

"독토르 오, 보시오. 부인은 정말 훌륭하오. 잘못을 인정하고 돌아 오라고 하지 않소. 그런데도 갈피를 못 잡다니?"

"선생님께서도 저의 입북을 의미 있는 일이라고 하신 줄 압니다. 선생님 말씀대로 경제학자로서 저도 보람된 일을 해보겠다고 평양으로 갔습니다. 그런데 그 사람들이 내게 시킨 일은 고작 조선로동당 칠보산 연락소에 나가 대남 방송을 하라는 것이었습니다. 조선이 아무리 가난한 나라라고 하더라도 인민의 편에 서서 의미 있는 일을 할 수 있었다면 나오지 않았을 것입니다.

그뿐이 아닙니다. 저에게 코펜하겐으로 나가 두 유학생을 유인하게 했습니다. 저는 무서웠습니다. 그 사람들의 제의를 거절할 수도 없었습니다. 그 사람들은 정말이지 끈질겼습니다. 대남 방송원 노릇을 하는 것도 억울하고 비참하다고 생각했는데, 그런 제의를 받으니 기가 막혔습니다.

다시 말씀드리지만, 그렇다고 거절할 수가 없었습니다. 그 제의가 있기 전 저는 조선에서 모든 것을 포기하고 욕심없이 그냥 시키는 대로 하면서 살 생각이었습니다. 그런데 그런 제의가 있었던 것입니다. 저는 자살하고 싶었습니다. 부끄럽게도 독일 말 밖에 못 하는 혜원이가 답답함을 이기지 못하고 느닷없이 엉엉 울면서 아파트에서 뛰어내리겠다고 했습니다. 그때 혜원이는 만 열 살이 되어가고 있었습니다. 애가 그렇게 느낄 정도로 조선은 너무도 삭막하고 살벌했습니다. 오죽하면 열 살밖에 먹지 않은 애가 그런 반항을 했을까요.

저는 근근이 먹고 살더라도 학문 활동을 할 수 있기를 바랐습니다. 다른 것은 바라지도 원하지도 않았습니다. 그러나 그 사람들은 나를 대남 방송 요원으로 이용하려고만 했습니다. 몇 번 항의아닌 항의를 해 봤지만 소용없었습니다. 시치미를 떼고 무조건 김정일의 친필 지시라고만 하는데 저는 정말이지 정나미가 떨어졌습니다.

선생님, 저는 저 때문에 전도유망한 두 학자들이 희생되는 걸 바라지 않았습니다. 두 사람이 남한의 현 정권에 비판적인 태도를 취하고 있는 것은 사실입니다. 그렇다고 해서 그 두 사람이 북한에 무비판적인 것은 아닙니다. 게다가 그들은 아직 젊어 사리를 분별하는 데 약합니다. 저는 그 두 사람이 나처럼 된다는 걸 알고 있습니다. 두 사람이 나에게 유인되어 중앙당 제5과와 접선한다고 합시다. 저 무시무시한 안기부가 이들 순결한 두 사람을 그냥 두겠습니까? 자칫하면 그들은 한 번의 잘못으로 영영 조국에 발을 붙이지 못할지도 모릅니다. 중앙당 간부들은 남조선 놈들을 남조선 놈들에 의해 희생시키려는 악랄한 전술을 쓰고 있습니다. 입으로는 통일을 잠꼬대처럼 중얼거리면서 실제로는 비열하고 추악한 반통일적 범죄 행위를 서슴지 않고 있는 것입니다. 선생님 좋습니다. 1985년 8월 입북을 권유하셨던 선생님께서 제게 다시 입북을 권유하시는데 그렇다면, 제가 조선에 가서 인민을 위해 경제학자로서 활동할 여건을 보장해 주시겠습니까?"

나는 단숨에 말하고는 탁자에 있는 물을 벌컥벌컥 마셨다.

"허담이 말하기를 자본주의 사회에서 공부한 그런 경제학은 우리식 사회주의에 아무런 소용이 없다고 했소. 그렇지만 독토르 오한테 좋은 자리를 물색하고 있다고 했소. 왜 그리 성급하고 경솔한 짓을 했소."

허담은 윤이상의 면전에서, 북한에서는 과학으로서의 경제학 자체가 통용되고 있지 않다는 시인을 한 셈이다. 그리고 그 말은 나의 제의를 받아들일 수 없다는 뜻도 되었다.

"그렇다면 선생님, 그쪽에서 경제학자로서 활동할 여건을 보장해 줄 수 없다면 이 제의를 받아들여 주십시오. 저는 어떤 처벌도 감수하고 다시 입북하겠습니다. 그 대신, 아내와 애들을 독일로 나와 살도록 해주십시오."

내 말은 다분히 악의가 깃들여 있었다. 윤이상이 그걸 모를 리가 없었다. 그가 화가 난 목소리로 말했다.

"당신 지금 무슨 정신 나간 소리를 하고 있어? 이 친구가 뭘 알고 하는 소리야 뭐야! 듣기 싫으니 당장 나가시오!"

나는 윤이상이 나를 다시 입북시키려는 술책으로 만나자고 한 것이지 진정으로 내 가족을 독일로 보내 주기 위해서가 아니라는 걸 알았다. 나는 벌떡 일어났다.

"좋습니다. 나가겠습니다."

문으로 나가는 나를 윤이상이 잡았다.

"독토르 오, 잠깐만 참으시오. 내가 듣기로 독토르 오는 수학도 잘하고 수리통계학도 정통하다는데, 그럼 이렇게 하는 게 어떻겠소?"

"뭘 말입니까?"

나는 퉁명스럽게 말했다. 이미 주사위는 던져졌고 나는 그의 진의를 파악하고 있었다.

"컴퓨터 사이언스를 한 4~5년 이곳에서 공부해 대가가 된 다음에 가족한테 돌아가는 것이오. 조국은 그동안 가족을 칙사 대접으로 모실 것이오."

그가 어이없다기보다 측은해졌다. 몰라도 이렇게 모를 수가 있는가. 그 많은 북한행은 무엇때문이었는가. 그는 내가 본 것들을 조금도 볼 수 없었는가.

"이 나이에 새로 공부하는 게 자신은 없지만, 그렇게라도 되어 무의미하지 않는 일을 조선에서 할 수 있다면 얼마나 좋겠습니까.

그러나 그렇게 될 것 같지가 않군요. 동백림 사건의 정하룡씨의 동생 정현룡씨가 칠보산연락소 메아리 방송국에 있습니다. 그곳에서 장석규라는 가명을 쓰면서요. 경기고등학교와 서울공대 금속공학과를 나왔다고 합디다. 불란서에서인지 영국에서인지 유학을 하다가 동백림 사건이 터지자 부인 윤향희, 거기서는 한성애라는 가명을 쓰고 있습니다. 둘이 겁이나 조국으로 돌아가지 못하고 평양으로 도망을 왔다고 했습니다. 그 사람도 대남 방송 요원입니다.

선생님께서 한민련 구주본부 의장을 맡으셨을 때, 국제부장을 지낸 바 있는 허홍식씨도 대남 방송 요원입다. 그뿐인 줄 아십니까. 캐나다에서 물리학 교수인지 수학 교수인지는 잘 모르겠으나, 자연과학계 교수를 지냈던 분이 이북을 찾아왔습니다. 그런데 그 사람에게 고작 시키는 일이 공작원들 영어 교육이었습니다. 그 사람 딸은 김영남 외교부장의 영어 통역을 한다고 그랬습니다.

부산대학교의 철학 교수를 했던 윤노빈도 정영호란 가명으로 대남 방송 요원을 하고 있습니다. 그 밖에도 예는 수없이 많습니다. 사정이 모두 그 꼴인데 어찌 저에게만 예외가 있겠습니까. 선생님, 제 가족만 돌려주십시오. 그러면 함구하고 조용히 살겠습니다. 그렇게 할 수 없다면 제가 아까 말씀드린 대로 저를 입북시키고 제 가족을 독일로 내보내 주십시오."

나는 북한의 사정에 깜깜한 윤이상을 설득하기 위해 장황한 설명을 늘어놓으며 가족을 돌려 달라고 애원했다. 윤이상은 북한으로부터 최상의 대우를 받은 사람이었다. 하지만 그것만 알았지 그는 자신이 북한의 대남 공작 기구의 손아귀에 들어 있는 것은 모르고 있었다.

윤이상은 내 말을 듣더니 몹시 불쾌한 표정을 지었다. 그러더니 느닷없이 소리쳤다.

"나는 인도적인 차원에서 당신을 도와주려고 했소. 그러나 당신은 애타는 내 충정은 손톱만큼도 몰라주고 있소. 이제 끝났소. 나가시오! 당신은 배은망덕하기 그지없는 사람이오. 당신 좋을 대로 하시오. 가족을 내보내면 가족과 함께 남한으로 가버릴 위험성이 있어 가족은 못 보내 주겠소. 허담도 말했듯이 당신은 조선의 내부 사정을 들여다보고 연락소 비밀을 빼내 가지고 달아났소. 당신은 미제 고용 간첩이나 다름없소. 당신이 미제 고용 간첩이 아니라는 걸 입증하기 위해서는 가족이 있는 평양으로 돌아가야 하오. 당신은 공화국 공민이 아니기 때문에 의법 조치를 면제받을 수 있소. 다시 한 번 충고 하겠는데 돌아가시오. 만약 돌아가지 않으면 가족은 인질로 잡혀 있을 수밖에 없소. 그리고 경솔한 짓을 하면 당신 가족이 어떻게 된다는 걸 명심하시오. 더 이상 당신을 보고 싶지 않소. 나가시오! 사람에게 마지막으로 남아야 할 것은 양심이오!"

나는 윤이상의 말을 들으면서 온몸에 소름이 돋아나는 걸 느꼈다. 무서운 사람이다. 그는 나를 재입북시키려는 결연한 의지를 보인 것이었다. 아아, 내가 그토록 보고 싶었던 한 줄기 희망의 빛은 사그라들고 있었다.

호텔방을 나오면서 나는 체념의 쓰디쓴 고통을 맛봐야 했다. 나는 내 인생의 종말을 고하는 것 같은 절망과 허무감을 느끼며 무거운 발걸음을 떼어 호텔을 떠났다.

39 윤이상이 아내의 두 번째 편지를 가져오다

1988년 1월 17일.

동베를린의 북한 대사관은 윤이상을 통하여 내게 연락을 취했다. 연락의 내용은 1988년 1월 28일 10시에 오스트리아 빈에 있는 북한 대사관으로 와 가족 문제를 협의하자는 것이었다. 나는 그들이 납치를 하려고 그러는 게 아닌가 의심스러웠지만 일단 승낙했다.

나는 만일의 사태를 위해 친한 사람들에게 그 사실을 알렸다. 그 사람들은 김길순 박사와 오석근, 브라이덴슈타인 목사였다.

1988년 1월 26일.

프랑크푸르트에 있는 오스트리아 영사관에 가서 입국 비자를 받았다. 28일 아침 8시경, 오석근과 함께 비엔나로 갔다.

북한 대사관에서 백치완과 해외동포위원회 원호국장이라는 사람이 우리를 맞았다. 그들은 나와 오석근을 중국집으로 안내했다. 나는 해외동포원호위원회 국장과 주로 이야기를 나누었다. 나와 그의 주장이 맞었다. 나는 가족을 돌려 달라고 했고, 그들은 신변을 보장해 줄테니 북으로 돌아가자는 것이었다. 나는 그들을 자극하고 싶지 않아 부드럽게 말했다.

"면목이 없습니다. 가족과 함께 조용히 독일에서 살겠으니 제발 가족을 돌려 주십시오."

"오선생님, 신변 보장을 해 드릴 테니 가족이 있는 조국으로 돌아갑세다.”

끝없는 설왕설래였다. 나는 가족을 돌려 받는다는 것이 거의 불가능하다는 느낌을 받았다. 원호국장이라는 사람이 아내와 애들이 사는 곳을 말했다.

“오선생님 가족은 지금 형제산 속에서 살고 있습네다.”

숨이 헉 막혔다. 산속에서 살다니. 나는 혜원이와 규원이에게 주려고 산 장갑을 내놓았다.

“애들에게 이 장갑이라도 좀 전해 주십시오.”

“아직 오선생님과 얘기가 끝나지 않은 상황에서 이걸 받을 수는 없습네다.”

그들은 차갑게 거절했다. 아비로서 애들에게 장갑도 한 켤레 마음놓고 선물할 수 없는 처지에 가슴이 무너지는 것 같았다.

“형제산이라는 곳은 어떤 곳입니까? 수용솝니까?”

“설명할 수 없습네다.”

나는 앞이 캄캄해지는 절망감에 빠져 들었다. 평양에서 11개월을 있었지만 나는 형제산을 들어 본 적이 없었다. 그곳은 어떤 곳일까. 정치범을 수용하는 곳인가. 아니면 숙청당한 인민을 수용하는 곳인가?

어떻게 중국집을 나왔는지 기억에 없다. 오석근도 말이 없었다. 나는 미쳐 버리기 직전이었다. 나를 가만히 살피던 오석근이 조용히 말했다.

“빈에 온 김에 머리도 식힐 겸 구경이나 하고 가자.”

나는 그에게 너무도 미안하여 고개를 끄떡였다. 그는 부근의 호텔로 나를 끌었다. 그곳에서 이틀을 묵었다. 관광을 한다고 해도 내 눈에 볼거리가 들어올 리 없었다. 나는 재입북을 심각하게 생각했다. 내가 들어가면 아내와 애들이 산다. 그러나 답이 없는 문제를 나는 계속하여 생각하고 생각했다. 생각은 끝이 없었다.

이틀 동안 경비는 모두 오석근이 부담했다. 우리는 독일로 돌아왔다. 어떻게 알았는지 윤이상에게서 오석근의 집으로 전화가 걸려 왔다.

"독토르 오, 북에서는 절대로 가족을 내보낼 수 없다는 거요. 내 말을 다시 한 번 생각해 보시오."

"생각해 보고 말 것도 없습니다!"

전화에다 대고 소리쳤다. 윤이상이 전화를 끊었다. 나는 절망감에 깊숙이 빠져 들었다. 몸에서 식은땀이 줄줄 흘러내렸다.

넉 달이 덧없이 흘러갔다. 5월의 햇살도 나의 기분을 새롭게 하지는 못했다. 피어나는 꽃도 새들의 우짖음도 나를 기쁘게 하기는커녕 슬프게 하였다. 프랑크푸르트에서 강돈구선생의 추도식이 있다는 연락을 받았다. 거기에는 가야 했다. 누구보다 나와 우리 가족을 사랑했던 분의 추도식이었다.

그날 밤 나는 임희길의 집에서 술에 취하여 떠들었다. 가슴에 있으면서 햇빛을 보지 못하던 말들을 나는 지껄였던 것이다. 사람들이 말하기를 나의 북한 탈출 소문이 한국에 있는 지인들의 귀에 돌고 있다고 했다. 김길순박사가 나에게 충고를 하였다.

"너는 중인환시(衆人環視) 속에 있어. 제발 언행에 신중하게. 이렇게 술을 많이 마시면 안 돼." 하노버로 돌아와 두 달을 다시 덧없이 보냈다. 나는 점점 타락해 가고 있었다.

7월, 다시 프랑크푸르트로 내려갔다. 공광덕선생 장례식에 참석하기 위해서였다. 조병옥씨가 여비를 부담하겠으니 내려오라고 했던 것이다. 같이 참석한 이종수가 나를 냉대하는 게 느껴졌다.

그는 내게 '민주조국'을 몇 차례 보내 왔다. 나는 민주조국에 실린 몇 가지 글들이 북에서 내보낸 것을 알고는 보내지 말라고 화를 냈다.

그것 때문이었는지 송두율은 장례식에 참석한 나를 내보내려는 눈치를 보였다. 나는 오히려 너희들에게 경고하고 싶다는 마음이었다. 하지만 누구도 내 말을 들으려 하지 않았다. 왜 그들은 나에게서 북한에서의 체험담을 들으려 하지 않는지 모르겠다.

이념의 구호는 헛소리와 같다. 북의 경제(곧 북의 재생산구조 양식의 현실)를 들여다보지도 않고 관념의 유희만을 일삼는 자들아, 너희들도 정신을 차리지 않는 한 언젠가는 내가 걸었던 길을 걷게 되리라.

만나는 사람마다 나를 찾아와 달라고 했다. 그러나 그들은 대답이 없었다. 나는 특히 북의 사상을 동경하는 사람에게 싫어하는 줄 알면서도 나와 만나 달라고 하였다. 그것은 그들에게 북에서 본 것들을 자세히 얘기하려는 뜻에서였다.

그러나 아무도 나를 찾아오겠다는 사람은 없었다. 김길순박사가 있었다면 그와 함께 하룻밤을 보내겠건만, 그는 미국에 가고 없었다. 나는 철저하게 냉대를 받다가 하노버로 돌아왔다. 지금 생각하면 내가 냉대를 받았던 이유가 명확해진다. 그곳에 모였던 사람들은 윤이상을 존경하고 북한의 사상을 은근히 동경하는 치들이었던 것이다.

또 다시 석 달이 하는 일 없이 지나가 버렸다.

10월 초순의 어느 날이었다. 일찍 일어나 봐야 할 일도 없어 침대에서 뒹구는데 전화벨이 울렸다.

"나 윤이상이오."

"선생님, 어쩐 일이십니까?"

나는 반가움 반 두려움 반으로 놀라 물었다.

"나 지금 루이젠호프 호텔에 있소. 여기 커피숍으로 좀 오시오."

"그러겠습니다."

세수를 하고 호텔로 달려갔다.

"우선 부인의 편지부터 받으시오."

나는 그로부터 아내의 두 번째 편지를 받았다. 안에 뭐라고 씌었을까? 혹시 고문을 받아 나의 입북을 재촉하는 글이 씌어 있지는 않을까.

"내 힘이 자라는 데까지 독토르 오 가족 송환을 시도했으나 송환은 도저히 안 된다고 하오. 그러니 이제는 독토르 오가 북으로 들어가는 수밖에 없소. 부인과 애들도 독토르 오가 돌아오기를 학수고대하고 있소. 독토르 오, 부인은 정말이지 훌륭한 사람이오. 북한에서도 과거의 잘못을 뉘우치고 돌아오면 지난 일은 불문에 부치겠다고 했소. 그러니 처자식을 생각하더라도 평양으로 돌아가시오."

"제 대답은 전번과 마찬가집니다."

내 뇌리에는 평양시에서 본 온갖 것들이 들쑥날쑥하고 있었다. 밀입북한 황석영이란 작가는 '북에도 사람이 살고 있었네'라고 했다. 잠시라도 북한 주민의 생활 속에 파묻혀 보지 못했으면서도 그런 말을 하다니. 그것은 마치 관광객이 아프리카 원시림을 관광하면서 겉으로 보이는 경관에 감탄하는 것과 마찬가지다. 그들은 문명에 소외되어 살고 있는 원주민들의 아픔이나 고통을 전혀 알지 못한다. 그저 자기들 식으로 보고 느끼고 생각할 뿐.

나는 절망에 절망을 거듭하는 동안 포기하는 데 어느덧 익숙해져 있었다. 가족의 송환은 쉽게 성사되지 않을 것이라는 걸 나는 알고 있었던 것이다. 윤이상이 다시 입북을 권유하리라는 것도 짐작하고 있었다. 나는 그 모든 것을 예상했음에도 그의 지적 양심을 믿고 혹시나 찾아갔던 것이다. 그러나 막상 만나 보니 예상대로였다.

이제 모든 희망은 사라졌다. 나는 더 이상 윤이상의 장난질에 놀아나지 않으리라 결심했다. 아내의 편지를 주머니에 넣고 나는 결연한 얼굴로 일어섰다.

혜원 아빠 보세요.
지난해 윤선생님 편에 편지를 보낸 후 꼭 1년이란 세월이 흘렀어요.
그동안 인편을 만나지 못하여 소식을 전하지 못했어요.
건강은 괜찮은지요?
애들과 떨어져 외로이 지내실 당신의 신상이 늘 걱정돼요.
물론 당신은 또 우리 걱정을 하겠지요.
우리는 그럭저럭 별일 없이 지내요.
저의 건강도 더 나빠지지는 않았어요.
제가 직장 생활을 하면서
애들을 학교에 보내려니 늘 시간이 모자라지요.
그러나 애들이 엄마를 많이 생각해 줘서 괜찮아요.
혜원이는 어른처럼 행동해요.
규원이는 철이 빨리 들어가요. 아버지 없는 애들이 그렇다나 봐요.
참, 올해 초에 해외동포원호위원회에 있는 사람이 당신과 만났다고 하더군요.
그런데 그때 만남이 아마 잘 안 되었던가 보지요?
그들이 당신에 대하여 불만스럽게 말하더군요.
서로 속을 터놓고 대화를 하려고 하였는데,
당신이 데리고 온 요원들이 만남의 장소 주위를 배회하면서 스산한 분위기를 조성하였기 때문에, 이쪽 사람들이 불쾌하게 생각해 내심 대화를 포기하고 건성으로 이 말 저 말 하다가 헤어졌다고 하더군요.

애써 만남의 기회를 마련해 놓고 왜 그런 불신의 환경을 조성하였나 생각돼요. 그게 사실이었나 하는 생각도 들고요.

전번 윤선생님에게 보낸 편지에도 말했지만

우리가 처음 깊은 생각없이 행동한 것은 분명히 착오였다고 생각해요.

한 3년 살고 나니 이쪽 생활이 익숙하게 되는 걸요.

그러나 이미 엎지른 일을 어떻게 하겠어요.

우리들은 당신이 돌아오기를 바래요.

당신이 돌아오면 모든 일이 다 잘 될 거예요.

국경절을 방금 지낸 이곳은 한창 가을이에요.

날씨가 제일 좋은 때이지요. 도심지보다 우리가 사는 곳이

더 좋은 것 같애요. 익숙해져 그런 것이겠지요.

어떻게 해서라도 소식을 전해 주세요.

편지 보내 올 주소 : 평양시 형제산 구역 형산리 8반

1988년 9월 15일

혜원 엄마 보냄

그리고 봉투에는 '조선에서'라고 씌어 있었다.

내 가슴은 불에 지글지글 타는 듯했다. 아아, 이 가슴 아픔을 누가 알랴. 지상의 아무도 내 아픔을 모르리라. 열렬히 사랑하던 사람도 때로는 불신으로, 혹은 사랑이 식으므로 해서 헤어지는 수가 있다. 그렇게 헤어진 사람들도 문득, 때로 느닷없이 헤어진 사람이 생각난다고 한다. 하지만 나는 그것과 입장과 상황이 너무도 다르다. 우리는 사랑이 식은 적도 없었고 불신한 적도 없었다. 오로지 나의 잘못된 선택을 되돌려 놓으려고 아내는 나의 탈출을 권했다. 그런데 이제 와서 아내는 돌아오라고 하고 있다. 나는

이 편지를 가져온 사람을 믿지 못하는 만큼 아내가 자유로운 상황에서 편지를 썼다고 믿지 않았다.

그래도 마음은 아프다. 자유롭게 쓰지 못했다는 바로 그 문제가 나를 괴롭히는 것이다. 여자는 남자로 인하여 거듭 태어난다고 한다. 남자를 잘 만나면 잘 만난 대로, 잘못 만나면 잘못 만난 대로.

40 악령의 집을 빠져 나오다

고통의 시간도 여느 때와 마찬가지로 흘러간다. 다만, 그 시간이 길다고 느끼는 것은 고통을 겪는 그 인간이다.

어느새 한 해가 지나고 89년 여름이 찾아왔다.

누님의 딸인 생질녀들이 나를 찾아왔다.

"외삼촌, 외숙모와 사촌들은 어디 갔어요."

"벌써 4년 전에 교통사고로 모두 죽었단다."

나는 해서 아무런 이득도 없는 거짓말을 했다. 가슴이 예리한 면도칼로 그어대는 것처럼 아팠다. 그 애들이 믿고 안 믿고는 다음 문제였다.

"이럴 게 아니라, 너희들 관광을 좀 해야지."

나는 두 조카를 데리고 로렐라이를 다녀왔다. 여전히 나는 식물인간같이 보고도 느낄 수 없고 들어도 멍멍한 상태였다.

또 한 해가 지났다. 조카들이 배낭을 메고 다시 다녀갔다. 일주일에 한 번은 전화를 해주어 상당히 위안이 됐던 김길순도 3월에 귀국을 했다. 오석근도 중국 연변에 가버리고 나는 혼자였다. 속된 말로 나는 낙동강에 버려진 한 알의 오리알이었다.

6월이다. 규원이의 생일이 다가왔다. 나는 가지고 있던 돈을 털어 두 딸의 선물을 샀다. 구두 여덟 켤레와 장갑과 양말, 팬티며 칫솔 등이었다. 그걸 사면서 나는 점원이 보지 못하도록 울었다. 아이들의 선물을 사면서 흘리는 눈물. 아, 나는 이제 쓸모없는 인간이 되는가 보다.

이렇게 인생은 거덜나고 마는가.

애들의 선물을 소포로 동베를린으로 부쳤다. 전달하지 않아도 상관없다고 생각하고 부친 내 정성의 선물이었다. 그 달에 나는 김정일에게 소용없을 줄 뻔히 알면서도 가족과 나의 책을 보내 달라는 탄원서를 써 북한 대사관으로 보냈다. 아마도 전달되지 않을 것이다. 그러나 가만히 있는 것보다 가족을 찾기 위해 무엇이라도 해야 했다. 물에 빠진 사람이 지푸라기를 잡는 심정으로 탄원서를 썼다. 경제학자로서 남에서도 북에서도 활동할 수 없는 처지를 이해해 달라는 하소연을 한 뒤에, 가족을 돌려 달라고 애원했다.

또 한해가 지나갔다.

91년 1월 21일, 오전 11시 나는 하노버 역에서 베를린행 기차를 탔다. 북한 대남 공작 기구의 덫에서 만신창이가 돼 벗어난 후 4년 2개월 만에 베를린으로 가는 것이었다. 베를린을 다녀오면 나는 열흘 동안 음식을 살 수 없을 것이다. 물만 마시면서 살지 않으면 안 되었다.

왜냐하면 북한에서 탈출한 후 일정한 직업을 가지지 못한 나는, 사회보장 제도 아래서 살고 있었다. 독신자 아파트의 방세와 전기세, 수도세, 청소비, 옷과 구두 등은 하노버시 사회보장국에서 지불하는 돈으로 냈으며, 나머지 432마르크(한화로 약 20만 원)으로 살아가다 보니 거지나 다름없는 생활이었다.

베를린 왕복 기차표를 사고 나니, 내게 남은 현금은 모두 6마르크 뿐이었다. 당시의 환율로 계산하면 우리 돈 2천4백 원이었다. 나는 스스로를 자학하고 사회로부터 철저하게 폐기처분시키고 있었다. 그러므로 내 생활에 절망 따위는 할 필요도 없었다.

북으로 가기 전인 1985년에는 기고만장하던 경제학자였던 나 스스로 도덕적 상각을 통해 영(제로 또는 무)의 가치로 만들어 놨으니, 절망한들 무슨 소용이 있겠는가. 가진 것도 없고 가질 만한 것도 없는 상태, 그리고 가져 보기 위해 애써 볼 것도 없는 무의 상태. 욕심을 낼 필요도 없고 안달할 필요도 없는 생활.

나는 허무의 세계에서 살아 꿈틀거리는 한 마리 벌레에 다름 아니었다. 그러나 나는 본능적으로 벌레로 남으려고 하지는 않았다. 나는 옛날을 그리워하는 인간이었다. 그래서 없는 돈에서도 매달 경제학 이론서를 사서 봐야 그나마 살아갈 수가 있었던 것이다. 그래서 내 용돈은 매달 모자라는 형편이었다.

베를린으로 가는 기차 안은 만원이었다. 4시간 정도 소요되는 거리였다. 나는 지정 좌석표를 가지고 있지 않았다. 돈을 아낄려고 그런 것이 아니라 좌석권이 매진되어서였다.

이미 동독은 서독에 흡수 통합된 뒤였다. 그러므로 4년 전처럼 동독측에 통과 비자를 받을 필요도 없었다. 사회주의 몰락에 대해서는 여기서 말하지 않겠다. 앞에서도 말했듯이 나는 그런 모든 세계사의 변화에 대하여 다시 글을 쓰고 싶다.

담배쌈지를 꺼내어 한 대 말아 불을 붙였다. 목이 싸하더니 기침이다. 그래도 이 담배가 없다면 나는 더 외로움에 시달렸을 것이다. 필터 담배는 어쩌다 피울 수 있었다. 필터가 달린 담배 한 갑의 값이 독일의 격조 높은 주간지 값과 맞먹기 때문에 나는 봉지 담배를 사서 말아 피웠다.

기차가 달리는 동안에도 여권 검사가 없었다. 예전에는 여권이나 여행 증명서를 검사했는데. 세월은 흘렀고 많은 게 변했다. 변하지 않은 것은 내 보잘 것 없는 존재와 돌아오지 않는 가족뿐이었다.

기차 안의 독일인은 두 부류가 가장 많다. 오씨 Ossi와 배씨 Wessi이다. 오씨는 옛 동독 출신을 말하며 배씨는 서독출신자를 말함이다. 신수가 훤한 이는 모두 배씨로 보면 틀리지 않는다. 그 대신 혈색이 나쁘고 차림이 비루하면 오씨였다. 우연인지는 몰라도 내 성은 오씨였다. 나 말고도 오씨는 모두 형편없는 옷에 영양기라고는 없는 얼굴이다. 나, 오씨는 주체사상에 멍들었고, 기차 안의 오씨들은, 항파쇼(반나치 운동)를 했던 공산주의 지도부에 의해 고난을 받아 곤혹스럽게 살던 자들이다. 나는 그런 생각을 하면서 씁쓸한 웃음을 웃었다.

공산주의의 한계는 여러 가지지만, 쉬운 대로 당장에 자신의 노동력을 자유롭게 판매할 수 없는 걸 들 수 있다. 게다가 이주와 여행의 자유를 속박 당했다. 그러다 보니 발전이 없었다. 개인도 집단도 항상 당이 피보호자였다. 당은 개개인의 입에 재갈을 물리고 귀에 쐐기를 틀어 박았으며 눈을 가렸다. 그래서 인간의 자연 생장적 생명 운동을 꽁꽁 묶어 놓았다. 그건 인민 위에 군림하려는 하나의 수단이었다. 당이라는 이름의 권력체가 인간을 옴짝달싹 못하도록 움켜쥐었던 것이다.

현대의 생산력은 정보 처리 능력에 의해 대표된다. 그리고 생산력은 생명의 힘, 그 경제적 표현인 것이다. 개개인의 입과 귀와 눈을 막는다는 것은 인간의 생산력 발현을 억압하는 것이다. 왜 북한의 체신망과 교통망이 꽁꽁 얼어붙어 미 발육단계에 있어야 하는가? 답은 명백하다. 하지만 그 답을 말하기에는 시간과 지면이 적합하지 않다. 거기에 대한 논의는 훗날로 미루자.

오씨의 생활수준이 배씨의 그것에 근접해서 융화되려면 오래 걸릴 것이다. 단 순간에 이루어지는 성질의 것이 아닌 것이다. 오씨가 인간의 의식마저 결박당한 채 이룩한 생산력 발전수준은 엄청난 것이었지만, 배씨의 생산 기술에 압도되어 일순에 허물어져 버렸다. 그래서 오씨들은 고난을 받고 있는 것이다. 장기적으로 봐서, 독일의 통일로 오씨들에게도 배씨가 누리던 물질적 풍요가 언젠가는 돌아갈 것은 확실하다. 그러나 당장은 오씨의 몫이 배씨의 것보다 적다.

내가 동베를린으로 가는 것은 윤이상을 만나기 위해서였다. 윤이상 부부는 북한에서 정양, 휴양을 하고 돌아왔다. 그 소식을 듣고 나는 예전과 같은 기대에 젖어 기차를 탔다. 이제 세월도 어지간히 흘렀으니 가족의 일이 잘 풀릴지도 모른다. 게다가 동독이 무너졌고 동구 전체가 서구에 무릎을 꿇었다. 세계 지도가 바뀌는 이 마당에 북한이 혼자 버틸 수 없는 것은 자명한 일이다. 이제 북한은 서독과 외교 관계를 맺어야 한다. 나는 서독의 망명인이다. 그러므로 북한이 윤이상을 통하여 나에게 부드러운 손짓을 할지도 모른다고 나는 생각했고 믿었던 것이다.

차창 밖으로 옛 동독의 시가지가 흘러가고 있었다. 동독의 북한 대사관에 있을 때는 이렇게 생명의 힘이 넘치지 않았다. 거리에는 그동안 잘려 신음하던 반쪽 조국을 찾아온 서독의 관광객들로 북적댔다. 이제 윤이상도 이 거리처럼 변했을 것이다. 그가 양심이 있는 사람이라면 북한에서 휴양을 할 때 내 아내와 애들을 만나 봤을 것이다.

비록 내가 그의 뜻을 저버리고 북에서 도망쳐 나왔지만, 그리하여 구미 언론의 공격을 받아 공화국(북한)의 국가 위신이 실추되었다고 하더라도, 그는 그랬어야 했다. 아니 그랬을 것이다. 왜냐하면 나는 그가 바라는 대로 4년이 넘도록 칩거 생활을 하면서 자중자애 했기 때문이다.

그에게 동정심이 조금이라도 있다면 그는 내 가련한 처자식의 근황을 직접 눈으로 보고, 그 대책을 세워 놨을 것이다.

나는 그를 만나기 위하여 아니, 내 가족의 소식을 듣기 위하며 베를린으로 오는데 쓴 경비가 하나도 아깝지 않았다. 열흘이 아니라 한 달이라도 굶을 수 있다고 생각했다.

윤이상은 예전 보쿰 근교 어느 세미나에서 밤늦도록 아내와 민족에 대한 자신의 사랑을 흥이나 얘기하지 않았던가. 그 세미나에는 손규태 목사 부부도, UN대사를 지냈던 림창영씨 부부도 참석했었다.

그날 윤이상은 일제 치하에서 반일 운동을 하느라 몇 번이고 사선을 넘었다고 스스로 취해 말했다. 나는 그 말을 듣고 얼마나 감동했던가. 그후로 나는 독일 FM 방송으로 흘러나오는 그의 전위 음악을 이해하려고 얼마나 애썼던가.

이 글을 쓰고 있는 지금, 내 눈앞에는 그 세미나에 참석했던 분들의 얼굴과 모습이 어른거린다. 이름을 대라면 모두 다 기억해 낼 것도 같다. 하지만 그래야 무슨 소용이 있는가. 그 딴 걸 잊어야 내 삶이 덜 괴로울텐데. 매사가 기억이 새로우니 미칠 지경이다. 앞으로는 잊기로 노력해야겠다.

기차는 포츠담을 경유했다. 입북하기 전 우리 가족을 김참사가 관광시켰던 도시다. 이제 베를린이 얼마 남지 않았다. 나는 가볍게 흥분하고 있었다.

아빠! 외치며 혜원이와 규원이가 달려오는 환각에 사로잡히기도 했다. 눈물은 흐르지 않았다. 슬플 때 울지도 못하는 폐인이 되었다는 증거일까. 기차는 베를린 초오역에 대가리를 들이 밀며 속력을 줄였다.

플랫폼에는 죽마고우인 반성완 교수가 마중 나와 있었다. 나이 마흔 아홉에 그의 머리는 벌써 백발이다. 아버지를 따라 나온 초등학교 1학년짜리 아들이 손자처럼 보였다. 나는 반성완 교수를 따라 지하철역으로 갔다. 가는 도중에 4년 전 동베를린으로 들어가기 직전 송두율 가족과 자리를 함께 했던 초오 레스토랑이 보였다. 그러자 내 기억은 예전으로 단박에 거슬러 올라갔다.

윤이상, 송두율, 김종한을 중심으로 한 친북한 인사들의 권유를 받고 입북하는 우리 가족의 장도를 축하하기 위해 송두율은 그날 대표로 나왔던 것이다. 아, 그날의 송두율과 지금의 송두율은 마치 다른 사람과 같다. 그 둘은 같으면서도 내게는 다르게 느껴지는 것이다.

초오역에서 프리드리히까지는 10분 가량 걸렸다. 나와 반성완 교수는 13년 만에 만나는 것이었다.

나는 반성완을 한국의 최상급 문학 이론가로 손꼽고 있다. 내 신경은 코끼리 발바닥처럼 예민하지만 겉으로는 천방지축으로 덜렁거리는 데 반해, 그는 그 흔한 학생 데모에 한 번도 나선 적이 없을 정도로 매사에 지나치다 할 만큼 신중하다. 그는 나약한 지식인으로 충돌을 피하고 살아가는 지혜를 갖춘 사람이다. 그는 자기 아내에게 극심한 구박 (사랑이라고 해도 좋을 것이다)을 받고 사는 공처가지만 자신이 몰두하고 있는 학문에서만은 엄격하고 준엄하며 결코 물러서지 않는 사람이다.

그는 모 기업의 연구 장학금으로 1년간 독일에서 연구하면서 동구권의 현실 사회주의가 붕괴된 과정을 요해해 보고 싶다고 했다. 1960년 대 초반 대학 시절, 병마와 싸우면서도 토마스 만의 작품 거의 전부를 원어로 읽어 낸 실력파 독문학자. 그는 루카치에 정통한 것으로 한국에 알려져 있다. 그는 혜원이를 무척 귀여워했었다. 독일에서 유학할 때 유신 반대 데모나 이곳저곳에서 개최됐던 열병의 워크숍에 한 번도 얼굴을 내밀지 않고 조용히 공부만 하다가, 77년에 귀국한 얄밉기도 한 친구, 벼가 그렇듯이 익으면 익을수록 고개를 숙이는 겸양한 친구.

우리는 전철에서 가족 해후 문제와 톨스토이 단편에 대해 얘기를 나누었다. 그는 나를 동정하는 것 같았다. 나는 절망의 맨 끝에 서 있었다. 더는 타락도 절망도 할 수 없는 끝.

어둠이 깔리기 시작할 무렵 우리는 그의 아파트에 당도했다. 그의 부인이 나를 반갑게 맞이해 주었다. 나는 콧등이 시큰했다. 얼마 만에 사람의 대접을 받아 보는지 기억도 나지 않았다. 그들 부부는 귀국하기 직전에 킬에 있었던 우리 집으로 온 적이 있었다. 그리고 13년이란 세월이 흘러 버렸다.

언젠가 반성완 교수가 나에게 사(史)씨 성을 가진 서울 출신 여자가 너무 억세게 자신을 괴롭힌다고 하소연을 한 적이 있었다. 그때 그의 말이 귀에 맴돌았다.

"정말이지 들들 볶을 때는 같이 살고 싶지 않아."

그의 부인이 저녁을 내왔다. 김치 냄새가 물씬 났다. 아, 얼마만에 먹어 보는 한국 여자가 담근 김치인가.

나는 여기로 오면서 열흘은 물론 한 달도 굶을 수 있다고 생각했다. 하지만 김치 냄새를 맡으니 식욕이 당겨 견딜 수 없을 지경이었다. 나는 상위에 있는 음식을 모조리 먹어 치웠다. 친구는 기가 차는지 껄껄 웃고, 그의 아내도 웃었다. 둘은 착각하고 있는 듯했다. 친구는 내 식욕의 왕성함을, 그의 아내는 자신의 요리 솜씨가 일품이어서인 줄.

친구와 그의 아들은 혈색이 좋아 보였다. 자식과 같이 살고 있는 그가 더없이 부러웠다. 애들의 얼굴이 떠올랐다. 동흥동 아파트 앞마당에서 먼지를 뒤집어쓰고 뛰놀던 아이들의 영양상태가 대칭적으로 연상되었다.

그날 저녁 6시. 베를린에서는 '범민련 구주본부'의 첫 발대식이 열렸다. 윤이상을 필두로 북의 대남 공작 기구의 해외전위 조직이나 다름없는 모임이었다.

한겨레신문을 보니 그 모임에 참석한 이들은 황석영, 임민식, 송두율 등이었다. 그들은 모두 대남 공작 기구의 신임과 신뢰를 받아 김일성의 접견과 알현을 받았던 자들이었다.

신문 얘기가 나왔으니 부산대학교의 하일민 교수에게 전할 말이 있다. 그는 북에 있는 윤노빈과 막역한 사이였다고 들었다.

존경하는 하일민 교수.

한겨레신문에 교수의 이름이 나올 때마다 북에 있는 교수의 동료 윤노빈이 자꾸만 생각납니다. 윤노빈이 북에 들어가 무엇을 하는지 모르시겠지요. 가르쳐 드리리라. 정영호란 이름으로 창씨개명을 당해 한민전(조선로동당 칠보산연락소)의 최상급 대남 선전문 작성자로 활동하고 있습니다. 호네커나 받은 국기훈장 제1급을 공로로서 받으면서요. 문재가 탁월한 먹물입니다. 한국의 소위 민족적, 진보적 지성인들이 이광수와 최남선에게 친일을 했다고 욕설을 퍼붓고 있거나 퍼부어댔지만, 윤노빈은 마지못해 유사한 짓거리를 하지 않을 수 없었던 것입니다. 하일민 교수! 머리와 뜨거운 가슴을 식히십시오. 교수 십 몇 년을 하였어도 당신들은 세계를 모르는 얼간이들입니다. 소위 진보적인 교수로 허명을 날리지 마십시오. 나는 북에 들어갔다 왔으니 마르크스 경제학의 의의를 잘 알고 있습니다. 언제 내가 교수를 뵙게 되면 시시껄렁하지만 의미심장한 많은 이야기를 나누고 싶습니다. 윤노빈의 운명에 관해서도.

그날의 모임 끝에 그들은 국내 동포와 해외 동포에 호소하는 성명서를 냈다. 나는 그들이 뭐라고 지껄이든 이제 나와는 상관이 없다고 생각했다. 그들의 그럴듯한 말은 내 귀에 모조리 거짓말로 들렸다.

나는 그들이 모여 있을 시간에 반교수 집에 있었다. 8시가 넘어 윤이상이 돌아왔을 거라고 생각되어 전화를 걸었다.

　"윤이오."

　"저, 오길남입니다. 선생님 댁으로 가려고 하는데 언제 가는 것이 좋겠습니까?"

　"오늘 저녁에 오시오. 되도록이면 10시 전에. 저녁밥은 먹고 오시오."

　윤이상은 자기 집에 오는 방문객에게(자신보다 신분이 낮은 사람에게만 해당되지만) 차 한 잔 대접하지 않는 걸로 정평이 나 있었다. 그는 그 소문을 다른 각도에서 즐기고 있는 것 같았다.

　"친구 집에서 식사를 했으니까 곧장 가겠습니다."

　나는 아내와 두 딸의 근황과 독일로의 귀환 타결 가능성에 대해 조바심이 나 있었으므로 그렇게 말했다. 아내와 애들의 얼굴은 눈을 떠도 감아도 늘 내 앞에 떠 있었다.

　"아내와 두 딸을 독일로 내보내 주면 나는 북으로 들어가 어떤 처벌도 감수하겠다."

　윤이상에게 했던 말이 떠올랐다. 그는 불같이 화를 내었지. 오늘은 화가 나지 않도록 해야 한다. 그가 화를 내면 내게 불리할지언정 결코 이롭지 않다. 그는 성미가 괴팍하다고 교포 사회에 소문이 나 있었다. 어떻게 하면 그를 움직일 수 있을까.

　또 다른 기억이 떠오른다. 75년인지, 76년인지 분간이 안 되지만, 윤이상의 집 2층 방에서 민건실행위원 구수회의가 열렸었다. 그때 이삼열, 이단열(당시 예고 교사) 형제도 참석했다. 나는 그때 무슨 상황 설명을 듣다가 꾸벅꾸벅 졸았다. 그날 우리는 불고기 대접을 푸짐하게 받았고, 나는 윤이상이 작곡한 '부산고등학교 교가'와 '낙동강'을 노래했다. 음치의 실력을 발휘해 좌중을 웃겼다. 그날 나는 윤이상의 방에서 여러 가지 악기를 구경했다.

훗날 나는 혜원 엄마에게 첼로를 본 소감을 말한 적이 있었다.

"윤선생 방에서 첼로를 봤는데, 꼭 풍만한 여인의 궁둥이같이 생겼더군."

아내가 기가 막히다는 듯이 받았다.

"아니, 첼로를 그렇게 말하다니. 당신은 참 딱도 해요. 독일 유명 인사들을 봐요. 거의 다 음악에 일가견을 가지고 있지 않아요. 헬무트 슈미트 전 수상은 피아노 다루는 솜씨가 세계 정상급이래요. 음악에 대해 기본적 상식이라도 갖추려고 좀 노력을 해봐요."

그래도 나는 음악을 이해할 수가 없었다. 맥주 몇 병을 마시고 배를 쓰다듬으며 만족하고 있을 때 아내는 두 딸을 데리고 콘체르트에 갔고, 또 애들에게 바이올린 교습을 시켰다. 혜원이와 규원이가 파가니니에 대해 얘기하면 나는 파파가이(앵무새)를 잘못 발음하는 줄 알고 고쳐 주었다가 애들에게 무식이 탄로나 망신을 당한 적도 있었다. 윤이상은 내게 지하철과 버스를 이용하여 집으로 오라고 했다. 친구 반교수가 승차권을 주었다. 내가 돈이 없는 걸 그는 알았던 것이다.

윤이상의 집으로 가는데 45분이 걸렸다. 나는 베를린을 열 번 정도 와 봤지만 올 때마다 헷갈렸다. 내게 베를린은 유혹의 악령들이 도사리고 있는 공포와 불안의 도시같이 느껴졌다.

정장을 한 것은 예의를 갖추기 위해서였다. 나는 넥타이를 맬 줄 모른다. 71년도 겨울 학기 때 넥타이를 매고 강의 연습세미나에 참석한 적이 있었는데, 그때 동료 학생들이 촌놈같다고 놀렸다. 그 뒤로 나는 넥타이를 매지 않았다. 그래서 매는 법을 까마득히 잊어버렸던 것이다. 오늘은 반교수가 매어주었다.

윤이상의 집은 부자들이 사는 자크로버 키르히베크에 있었다. 14년 전에 이곳으로 와보고 처음이었다. 윤이상은 독일의 인명사전이나 음악 백과사전에 이름이 들어 있는 유명 인사의 한 사람이다. 그는 세계의 최상급 상류층에 속한다. 그의 부인 이수자도 백치완이란 찰거머리에게 혼이 났을 터이지만, 그래도 북의 대남 공작 기구 책임 일꾼들에게 꽤 도도한 여자로 통한다는걸 나는 들은 적이 있었다. 남편이 황제가 되면 아무리 보잘 것 없는 여자도 황후가 되는 격이다.

그러나 독일 사회는 사실 그렇지는 않다. 수상 부인이 간호사를 하는 사회이다. 그래도 흉이 되지 않는다. 그러므로 나는 남편이 저명한 음악가라고 해서 부인도 덩달아 도도해지는 데 불만이 있었다.

10시가 되려면 20분이 남았다. 나는 그의 집 대문 앞에서 서성였다. 칸트 생각이 났다. 약속 시간 전에 들어가면 초라해진다고 생각한 칸트. 가능한 한 지킬 수 있는 자존심은 되찾자. 비록 살기 위하여 길거리에 버렸던 자존심이지만 윤이상의 앞에서만은 그러고 싶지 않았다. 약속 시간이 됐다. 나는 초인종을 눌렀다.

"들어오세요."

문을 열어 준 사람은 윤이상의 딸이었다. 자기 어머니의 목소리를 빼닮았다. 그녀도 독일인 새서방 마티아스와 함께 북한의 초대소 등지에서 종종 휴양했던 것으로 나는 알고 있다. 그녀의 첫 남편은 중국계 인도네시아인이었다.

나는 평양에 있을 때 그녀에 대한 얘기를 여러 번 들었다. 초대소에서 수영복 차림으로 다니는 걸 야해서 못 보겠다느니, 남편과 밤낮 찰싹 달라붙어 있다느니, 하는 것들이었다. 독일에서는 평범한 행동도 북한에서는 아니었다. 북한의 인민들은 휴양이나 피서를 모르고 사는 사람들이었다. 그들이 어찌 자유분방한 곳의 젊은 남녀의 사랑 행각을 이해할 수 있었겠는가. 이렇게 얘기하다 보니 나 또한 그녀를 이해 못하는 것처럼 되고 말았다. 하지만 내가 얘기하고자 하는 것은 그녀의 행동을 이해하고 못하고가 아니라, 바로 북한에서 휴양을 즐길 수 있는 특권을 가졌다고 말하려는데 있을 뿐이다. 말 나온 김에 말하자면, 윤이상의 아들과 딸은 모두 마약에 중독되었다고 했는데, 건강을 되찾기를 바란다. 나는 그들의 아버지 윤이상을 한 가지 이유외에는 싫어하지 않는다. 하지만 내 눈을 멀게 한 일에는 증오할 수밖에 없다.

"지하실 방으로 안내하지."

그들은 저녁 식사 중이었다. 식사를 하면서 윤이상이 자기부인에게 말했다. 부인이 일어나 나를 지하실 방으로 안내했다.

부인은 나의 방문이 달갑지 않은지 차가운 태도로 딱딱한 의자에 앉기를 권했다. 악기들이 놓여 있는 방이었다.

"평양에는 잘 다녀오셨습니까?"

나는 인사 겸하여 물었다.

"만족해요. 돌아온 지 얼마 되지 않아요."

"북의 경제 사정은 어떻던가요? 좀 나아졌던가요?"

내 질문은 동구가 무너졌는데 북은 언제 무너지나 하는 것이었다.

"조선은 자립 경제를 하기 때문에 동구 현실사회주의와는 달리 끄떡없습디다."

그녀가 대답했다. 나는 냉소를 입가에 띄우고 싶었지만 꾹 참았다. 그러나 속으로는 말하고 있었다. '위대한 음악가인 당신 남편도 경제에 대해서는 깡통인데 당신이 뭘 알아.'

하지만 나는 생각을 금세 고쳤다. 그녀도 북한의 주저앉아 있는 경제를 알지도 모른다는 것이었다. 왜냐하면 그녀의 아들 윤우경을 통하여 듣고 있을 것이기 때문이었다. 그들 부부는 아들 윤우경에게 베를린에 사는 한국 사람들과 절대로 접촉하지 말라고 엄명을 내렸다는 말을 들었다. 아들과 며느리가 무심코 대화를 하다가 북한 주민의 참혹한 생활을 말할까 해서일 것이다.

이수자는 예전과 달리 북한에 대하여 상당히 옹호적이었다. 그녀는 북한의 경제가 주저앉지 않기를 억지로 바라는 것 같았다. 어떤 이유로 그런 애절한 소망을 가지게 됐을까. 그녀는 정말 기만과 위선의 사상인 주체사상을 믿는 것일까? 윤이상이 민족 통일을 위해 온몸을 바치고 있다고 믿기 때문일까? 민족의 통일을 중재할 인물은 양쪽에 똑같이 존경을 받아야 하는 인물이어야 하지 않을까. 윤이상은 북에서는 몰라도 한국에서는 존경을 받지 못한다. 아니, 한국은커녕 우선 나부터라도 그를 존경할 수 없다.

그는 북한의 사상만을 따르는 사람이었다. 그러면서도 자신은 자본주의 국가에서 살고 있었다. 이율배반이라면 틀린 말일까.

"화해를 통해 민족 통일을 이룩하려면 먼저 기만과 위선의 탈을 벗어야 합니다. 그래서 솔직하게 대화를 해야 합니다."

그 때였다. 윤이상이 지하실 방으로 내려왔다. 그는 지병인 당뇨병에 시달려서 그런지 핼쑥한 모습이었다. 나는 그에게 공손히 절을 올렸다. 그러나 그는 내 절을 받지 않았다. 일흔넷의 노인은, 공교롭게도 첫딸 혜원이와 생일이 같았다.

그는 방을 왔다 갔다 했다. 나는 그가 왜 그러는지 알지 못해 불안했다. 그는 내게 집으로 오라고 했다. 그래서 나는 왔고, 그는 화가 난 듯한 얼굴로 방안을 왔다 갔다 하고 있다. 뭐가 잘못되어 가고 있는 것인가.

침묵이 방안을 지배하고 있었다. 10분 정도를 우리는 마주보지 않은 채 보내었다. 드디어 그가 입을 열었다.

"당신 꼴이 그게 뭐요?"

"예?"

"처자도 없이 그렇게 살아서 어떡할 거요? 그래서 내가 당신보고 평양으로 다시 가라고 하지 않았소?"

나는 또 시작이구나 생각했다. 예전에 한 말을 그대로 하는 그의 얼굴은 기가 센 노인의 얼굴이었다.

"꾸짖어 주셔서 고맙습니다."

"술이나 먹고 다니면서 나라 망신이나 시키질 않나." 송두율이 내가 술을 많이 마신다고 고자질했던가. 마실래도 돈이 없어 마시지 못한다는 말이 목울대에 걸려 있었다. 하지만 나는 참아야 했다. 그래야 가족에게 유리하다. 가족을 돌아오게 하려면 개처럼 기어도 좋으리라.

"사회 부조금을 타 겨우 사는 인간 말짜 생활이 무슨 의미가 있소? 그럴려고 여길 왔소?"

온몸의 솜털이 부스스 일어나는 느낌이 등골을 타고 전해졌다.

"대남 방송 요원을 하는 것보다, 또 유학생 둘을 재앙에 빠뜨리는 것보다 더 의미가 있습니다."

내가 그렇게 말하자 나의 오른쪽에 앉아 있던 이수자가 경멸의 시선을 내게 보냈다. 나는 지하실 방에서 뛰쳐나오고 싶은 충동을 느꼈다. 내가 이들에게 지은 죄가 무엇인가.

"알았으니 나가시오!"

윤이상이 소리쳤다. 나는 벌떡 일어섰다. 윤이상이 다시 소리 질렀다.

"앉으시오!"

나는 이를 악물고 다시 앉았다. 고개를 숙여 악문 입을 보이지 않으려고 하면서.

윤이상이 서랍을 열어 누런 봉투를 꺼내었다. 그리고는 봉투에서 카세트 테이프를 꺼내더니 녹음기에 꽂고 스위치를 눌렀다. 아아, 녹음기에서는 아내의 목소리와 사랑하는 두 애의 목소리가 흘러나오고 있었다.

> 우리가 헤어진 지 1520일이 되는 오늘 1991년 1월 11일,
> 생일 선물은 잘 받았어요.
> 1989년 9월 19일 하노버에서 보낸 편지를 받은 건 뜻밖이었어요.
> 저번에 건강하지 못했다는 소식을 들었는데, 지금은 어떠한지요?
> 무슨 말부터 해야 할지 모르겠어요.
> 언제 만나게 될지 기약할 수 없고
> 또다시 당신에게 편지를 전하게 될 기회가 있을까 짐작할 수 없으니.
> 아이들은 아빠를 그리면서 여전히 생활하고 있어요.
> 작년 8월 15일 날, 범민족대회가 있을 때 정규명박사,
> 그리고 파리에 계시는 이희세선생님을 비롯한 여러분들이
> 조국 통일을 위해 힘쓰시는 것을 텔레비전을 통해 보면서
> 당신에 대한 믿음을 크게 가졌어요.
> 몸은 어디에 있든지 조국 통일을 위해 헌신 분투하는 것이
> 애국애족의 길이며 당신의 사랑하는 혜원이와 규원이를
> 다시 만나는 길이라는 것을 잘 이해하고 계실 당신이기에
> 우리는 언제나 아빠를 다시 만나리라 확신해요.
> 꼭 만난다는 확신을 가지고 건강에 유의하고
> 가정에 신경을 쓰지 않도록 하세요. 우리의 생활은 근심 없어요.
> 영원히 사랑하는 당신의 사회적인 성과와 건강을 간절히 바래요.

1991년 1월 11일

아빠! 나는 혜원이야요.
며칠 전에 아버지와 함께 생일을 즐겁게 보내는 꿈을 꾸었어요.
아빠가 우리들의 생일 선물을 보내 주니 그런 꿈을 꾼 것 같아요.
나는 이제 중학교 4학년이 되고 14살이 되었어요. 얼마 있으면 졸업을
할 것인데, 대학에 가고픈 생각은 많지만 잘될지 모르겠어요.
어머니는 자주 아버지없는 아이들이 더 품행과 도덕에서 모범이 되어
야 한다고 말씀하세요. 저는 이 말을 들을 때마다 기분이 좋지 않아요.
조국에도 훌륭한 아버지가 계시지만 저는 아버지 사랑이
그립습니다.
아버지, 부디 몸 건강 하세요!
너무 오랜만에 아빠라고 소리 내어 부르니 울음이 납니다.
1991년 1월 11일

아빠, 나는 규원이야요.
나는 중학교 2학년이 되었어요. 그리고 12살이 되었어요.
보고 싶은 아빠!
아버지는 알지 않아요. 내가 빨리 커야 어머니 힘도 덜어드리는데
안타까워요. 그러나 이제는 물도 긷고 나무도 잘 듭니다.
앓지 않고 잘 있어요.
아빠가 나를 떠났을 때보다 키는 얼마 더 크지 않았어요.
보고 싶은 아빠! 아버지와 만나는 날 나는 무엇을 선물할까요.
아빠, 안녕!
1991년 1월 11일

나는 심장을 송곳으로 후벼 파이는 것 같았다. 귀에서는 아내와 애들의 목소리가 떨어질 줄 몰랐다. 북의 대남 공작 기구의 비열하고 무서운 수법에 온몸이 떨려 왔다. 나는 윤이상을 똑바로 쳐다보았다. 그리고 말했다. 그러나 횡설수설이었다.

"나는 울 힘도 없고 눈물은 이미 오래 전에 메말랐습니다."

나는 온 정신의 마지막 기력을 모아 울지 않으려고 했다. 가슴 저 밑바닥에서 솟구쳐 올라오는 눈물을 정신력으로 내리누르며 나는 견뎠다.

윤이상은 내가 눈물을 주룩주룩 흘릴 것으로 예상했던 모양이었다. 그러나 내가 울지 않자 아까보다 더욱 더 화를 내었다. 그는 아내와 애들을 눈덮인 산속으로 끌고 가 찍은 흑백사진 여섯 장을 내 코앞으로 들이밀었다.

"보시오. 당신의 처자식이오."

아내와 애들이 입고 있는 옷이나 신고 있는 신발은 모두 독일에서 가져간 것들이었다. 나는 얼떨결에 나도 모르게 내뱉았다.

"참 못생겼다."

그러자 이수자가 내쏘았다.

"아버지보다는 다 낫지."

윤이상도 자기의 아내를 거들었다.

"천 배는 나을 것이오."

나는 그 순간 윤이상 부부가 어쩌면 이념을 초월하여 젊은 나에게 야단을 치는 게 아닌가 하는 생각을 했다. 나는 그러기를 마음속으로 바라고 있었다. 자기의 눈을 자기 손으로 찌르고 아내와 자식들의 눈까지 찌른 패륜아에게 인생의 선배로서 야단을 친다면 아직 희망은 있었다. 그러나 윤이상의 다음 말은 그런 내 기대를 산산이 조각내고 말았다.

"당신은 도와줄 만한 가치가 없소. 당신에게 실망했소. 나가시오."

나는 다시 일어섰다. 다리가 덜덜 떨렸다. 하지만 나는 당당하려고 애썼다.

"앉으시오."

윤이상이 다시 나를 앉으라고 했다. 그의 끊임없는 변덕에 치를 떨면서도 나는 바보처럼 그가 시키는 대로 다시 앉았다. 그러나 이번에는 고개를 숙이지 않았다.

"가족을 살려 둔 것이 누구의 덕인 줄 아시오? 내 말을 듣지 않고 다시 경솔한 짓을 하면 당신 가족을 가만두지 않겠소. 왜 사람들을 집적거리고 다니며 북을 욕하는 거요. 가족을 잃어야 정신을 차리겠소? 아까 녹음에서 부인 말을 들었지요? 뭐라고 했소. 통일 운동에 나서라고 하지 않소. 그래야 문제가 풀린다고 했지 않소. 왜 좋은 글을 써서 신문이나 학술 잡지에 내지 않소. 그렇게 하지 않고 통일 운동을 자꾸 훼방 놓고 다니면 당신 가족은 죽는 줄 아시오."

"선생님, 정말 고맙습니다. 살려 줘서 고맙고 없애 준다고 하니 더 고맙습니다. 저는 우리나라의 통일이 흡수 통합으로만 가능하다고 봅니다. 그래서 함구하고 있습니다. 누가 저보고 통일 운동을 훼방 놓고 다닌다고 합니까? 그리고 제가 언제 북한을 욕하고 다녔습니까? 제가 그런 소리를 하면 사람들이 오히려 비웃습니다. 제가 좋아서 들어갈 때는 언제고 나와서 잠꼬대한다고요. 그런 조소받는 짓, 저는 하고 싶지 않습니다.

전번에도 말씀드렸지만, 저와 가족을 교환하는 조건이면 평양으로 가겠습니다. 브라이덴슈타인도 저를 개돼지라고 불렀습니다. 저보고 북에 있는 가족에게 돌아가 강제 수용소에서라도 함께 살면 그 힘은 네 사람의 힘이 아니고, 몇 백 배로 커진다면서요. 그러나 저는 거절했습니다.

브라이텐슈타인은 김일성과 북한 체제를 자기의 반제사상, 사회주의
에 대한 동경 때문에 잘못 평가하고 있습니다. 그는 제게 개돼지라는 말을
여러 번 했습니다. 그러면서 그가 개돼지는 어떻게 해야 되느냐고 묻기에
저는, 도살해 버려야 한다고 했습니다. 저를 도살해 주시면 고맙겠습니다.
가족도 윤선생님 뜻대로 몰살시켜 주십시오. 저희들이 왜 이렇게 괴로움을
당하며 살아야 합니까? 차라리 죽는 것이 낫지 않겠습니까?"

　지렁이도 밟으면 꿈틀한다고 한다. 내가 그랬다. 나는 그동안 참고 있
었던 마음속의 말을 내쏟아 버렸다. 하지만 그것은 분명 실언이었다. 쏟아
버린 물을 되담을 수 없듯이, 내 말도 취소할 수가 없었다.

　"시간도 없는데, 내가 그 따위 돼먹지 않은 소리를 들으려고 오라고
한 줄 아시오."

　"……."

　"일전에 평양에서 허홍식을 불러내 만났었소. 그는 북으로 진작 오지
않은 것을 후회한다고 했소. 근심 걱정 없이 하는 일에 보람을 느낀다고도
했소. 부부장급(차관급) 대우를 받으면서 애도 둘이나 낳았다고 합디다. 나
는 허홍식을 윤이상 음악연구소의 부소장으로 앉힐 생각이오, 국제 감각을
가진 사람이 북에는 적소."

　그는 북한에 윤이상 음악연구소를 만들어 세계의 음악가를 초청해 잔
치를 질편하게 벌일 생각인 모양이었다.

　"선생님, 허홍식 선생은 대남 방송 요원입니다. 그렇게 안 될 겁니다."

　"아직도 대남 방송 요원인 줄 압니까. 아닙니다."

　윤이상은 병적인 착각을 하고 있는 게 분명했다. 그는 누구든지 자신
이 앉히고 싶은 자리에 앉힐 수 있다고 믿고 있었다. 그건 과대망상이었다.
김일성과 김정일이 윤이상의 말을 다 들어줄까? 허홍식은 구국의 소리 영

어 방송 담당이었다. 그에 대하여 나는 많은 것을 알고 있다. 구국의 소리
란 그럴듯한 이름으로 흑색 방송을 하고 있는 칠보산연락소는 인민을 기만
하기 때문에 그 기능과 역할은 북에서도 극비 사항에 속한다.

평양방송과 로동신문은 칠보산연락소의 방송을 '서울의 한민전 구국
의 소리 방송에 의하면'이라고 인민을 기만하고 농락하고 있는 것이다.

그동안 아무 소리 없이 앉아 있던 이수자가 드디어 남편을 거들고 나
섰다.

"보세요. 독토르 오, 브라이덴슈타인 목사는 정말 훌륭한 사람이에요.
그런 분을 그렇게 말할 수 있어요?"

나는 예상은 했지만 조국을 등진 고독한 노부부의 의도를 확인하였
다. 그들은 나를 설득하여 재입북시키려고 하는 것이다. 그래서 김정일과
북의 대남 공작 기구의 환심을 사고 업적을 세우겠다는 의도인 것이다.

나는 그들 앞에 더 있고 싶지 않았다. 지하실 방에 있다는 것도 으스
스해졌다.

"사모님 말씀이 옳습니다. 제가 실언을 했습니다."

그러자 윤이상도 조금 풀어진 목소리로 말하였다.

"독토르 오, 입북할 때는 납치됐다는 인상을 남겨서는 안 되오. 독일
당국에 자진해서 북한으로 다시 돌아간다는 의사타진을 확실하게 해야 되
오."

"그렇게 하겠습니다."

나는 아내와 애들의 육성 녹음테이프와 사진이 든 봉투를 집어 들고
일어났다.

"오늘은 가서 푹 쉬고 싶습니다."

"그러시오. 이제 마음을 정했으니 정리도 서서히 하고."

"그렇게 하겠습니다."

나는 구두를 신을 경황도 없이 무시무시한 악령의 집을 뛰쳐나와 칠흑의 어둠 속에 잠겨 있는 부촌, 자크로버 키르히베크의 골목길을 벗어나기 위해 무작정 뛰었다. 거리로 나온다면 나는 악령의 늪에서 벗어날 수 있다고 믿었던 것이다.

41 절망의 끝에 서다

    그 이후에도 윤이상은 나에게 전화를 걸거나 사람을 보내 북으로 돌아가라고 회유하고 권유했다. 나는 그가 내 가족을 구출해 줄 의도가 없다는 걸 확인하고는 더 이상 빌붙어 사정하지 않기로 했다. 그렇게 마음먹으면서 나는 분노와 증오로 울었다. 이제 가족을 위해서 어떻게 해야 하는지 명백해졌다. 그것은 조국으로 돌아가 내 지난 과오에 대한 죄값을 달게 받고 조국의 힘으로 가족을 구출하는 것이었다.

    3월 이근배와 함께 체코슬로바키아에 다녀왔다. 이근배는 시장을 조사하여 장사를 할 생각을 가지고 있었다. 내게 동업을 하자고 했다. 하지만 나는 가족의 일이 해결되지 않는 한 아무것도 할 수 없었다.

    5월 어느 날, 죽마고우인 반성완이 가족과 함께 나를 찾아왔다. 나는 형편이 무척 어려웠지만 성심껏 그들을 대접하였다. 하지만 워낙에 사정이 나빠 마음처럼 되지 않았다. 지금도 그때를 생각하면 친구 반에게 미안함을 금할 길이 없다.

    8월에는 생질 남식이 독일 유학차 왔다가 내게 들렀다. 한 달 정도 있을 예정이라고 했다. 방이 하나뿐이었으므로 나는 부엌에서 자고 공부해야 했다. 이삼열 교수가 마침 들러 1백 달러를 주고 갔다. 그 돈으로 나는 남식을 먹일 수가 있었다.

    이삼열 교수는 오길남을 구해 달라고 한국 대사관의 공사와 참사에

게 간청했다고 했다. 꼭이 그의 간청만이 아니라 나는 조국으로 돌아가고
싶어 잠못 들어 했었다. 그 밖에도 많은 사람들이 나를 조국의 품으로 돌아
오게 하려고 애썼다. 일일이 이름을 댈 것도 없이 나는 그 모든 분들에게
감사한다. 그들에게 축복이 있기를!

42 조국으로돌아오다

나는 조국으로 돌아왔다. 내 걱정과는 달리 조국은 나를 반갑게 맞아 주었다. 나는 돌아온 탕자가 되어 지금 서울에서 살고 있다. 조국으로 돌아 왔어도 내 가슴은 쓰리고 아프다. 그것은 아직도 사랑하는 아내와 딸들이 돌아오지 못했기 때문이다. 그러나 나는 가족을 찾기 위한 노력을 멈추지 않을 것이다.

세계의 유수 인권 단체에 북한에 있는 내 가족을 찾아 달라며 보낼 탄원문을 소개하면서 긴 내 얘기를 마친다. 사랑하는 가족을 부르면서.

여보, 못난 지아비를 용서하고 믿어 주오. 이 생명이 다할 때까지 나는 당신을 사랑할 것이오. 그리고 당신이 내게 돌아올 수 있도록 노력할 것이오. 여보, 당신이 미치도록 보고 싶소.

혜원아, 규원아! 아아, 내 사랑하는 딸들아! 엄마와 함께 그 동토의 땅에서 용기를 잃지 않고 살아가는 자랑스런 내 자식들아! 아빠는, 아빠는 오늘도 너희들이 보고 싶어 눈물짓는단다. 너희에게 할 말은 하늘의 별만큼이나 많지만 지금은 하나만 하련다. 내 사랑하는 딸들아. 부디 건강하게 살아만 있어주렴.

그리하여 아빠가 너희를 찾는 날 건강한 모습으로 내 품에 안겨 주렴.

하늘이시여! 아내와 두 딸을 보호하소서!

43 탄원문 (歎願文)

나는 북한에 억류되어 있는 나의 처 신숙자(50)와 딸 혜원(16) 규원 (14)이 나의 품으로 돌아올 수 있도록 국제 인권 단체의 많은 도움이 있기를 간절히 부탁드립니다.

나는 1942년 3월 11일, 대한민국 경상북도 의성군에서 태어났습니다. 한국에서 가장 큰 항구 도시인 부산에서 초등학교, 중학교, 고등학교를 졸업한 후, 1962년 국립 서울대학교 독어독문과에 입학하여 1969년 동 대학을 우수한 성적으로 졸업하였습니다. 서울대학교 재학 시 저는 서울에 있는 독일문화원의 '프리드리히 에버트 재단' 서울 지부장인 독일인 '에리히 홀체'를 알게 되었습니다. 그의 도움을 받아 1970년 10월 독일로 유학을 떠나게 되었습니다. 저는 독일 튀빙겐에 있는 튀빙겐 대학 경제학부에 입학하여 1976년 학사 학위를 취득했습니다. 그리고 튀빙겐 대학 부속병원에서 간호사로 근무하던 신숙자(현재 재북 중)와 결혼하여 2명의 딸을 두게 되었습니다.

큰딸 혜원은 1976년 9월 17일, 독일 킬에서 태어나 킬 근교 크론스 하겐에 있는 그림형제 Bruder Grimm 라는 초등학교에 다녔으며, 둘째 딸 규원은 1979년 6월 21일, 역시 독일 킬에서 태어나 언니와 같은 학교에 다녔습니다.

나는 독일에서 1974년 3월부터 독일에 유학 중인 한국 학생들이 중심이 되어 결성한 반한 단체인 '민건회'에 가입하며 그 구성원들로부터 한국이 독재 정치를 하는 나라라는 이야기를 듣고 1980년 3월 독일 정부에 망명을 하였습니다.

독일 유학 15년이 되던 해인 1985년, 나는 브레멘 대학에서 '마르크스의 노동가치설과 생산가격 이론의 재구성'이라는 논문을 제출하여 박사 학위를 취득하였습니다.

박사 학위를 취득하기는 했지만, 나이가 43세나 되어 쉽게 직장을 구할 수가 없었고, 국내에 들어와 대학 교수로서 일할 것도 생각해 보았으나, 과거 '민건회'라는 반한 단체에서 활동했던 경력 때문에 신변에 불이익을 받을 것을 우려하여 귀국을 포기하고 있었습니다. 그때 설상가상으로 아내는 교통사고를 일으켜 부상을 당한데다가, 근무하던 병원에서 혈액을 취급하다 간염에 걸려 휴직 상태에 있었습니다. 때문에 우리 가정은 경제적으로 매우 어려운 상황에 처하게 되었습니다.

그때 나는, 평소 친하게 지냈던 야채상 김종한(52)으로부터 "북에 가서 조국을 위해 경제학자로서 일해 볼 생각이 없느냐"는 제의를 받았습니다. 나는 북한 체제가 나의 전공인 마르크스 경제학과 깊은 연관이 있고, 같은 민족이기 때문에 일해 볼 만한 곳이라고 생각했습니다. 그러던 중에 독일에 있는 유명한 음악가인 윤이상(75)으로부터 '박사 학위 취득을 축하하며 당신의 해박한 지식을 북에 가서 활용해 주기 바란다'는 내용의 서신을 받고 입북을 결심하게 되었습니다.

그 후, 김종한의 소개로 동독 주재 북한 대사관에 근무하는(독일 통일이 이루어지기 전) 백서기관이란 사람을 만나 그로부터 "북한에 가서 경제학자로서 일하게 되면 메르세데스 고급승용차도 제공받고 여러 가지 연구 활동이 보장되며 봉급도 많이 받게 된다"는 말을 들었습니다. 그래서 나는 백서기관에게 "나는 마르크스 경제학 추종자로서 북한도 같은 민족이기 때문에 북한에 가서 일해 보겠다"고 입북할 의사를 표명했습니다.

북행하기 직전인 1985년 11월 말경, 처와의 입북 문제를 의논하였는데, 처음에는 처가 완강하게 반대하였습니다. 그러나 나는 처에게 "우리의 어려운 살림 형편을 극복하고 교통사고로 인한 부상과 간염을 앓고 있는 당신을 치료하려면 북한에 들어가는 길밖에 없다"라고 강력히 설득하였습니다.

그러자 반대하던 아내는 울면서 어쩔 수 없이 동의하였습니다. 그러면서 나에게 말했습니다. "당신은 언젠가 입북을 결정한 것 때문에 후회하게 될 것이다." 그 이유를 자신은 북한을 믿을 수 없기 때문이라고 했습니다. 그때는 잘 몰랐으나 아내의 판단이 옳았다는 걸 북한에 들어가서야 깨달았습니다.

1985년, 나와 처자는 대남 공작원인 백치완에게 독일 망명 여권을 맡기고 대신 그들이 만들어 준 오경현이라는 가공인물의 북한 공무 여권을 받았습니다. 그리하여 우리는 동베를린과 모스크바를 거쳐 북한으로 들어갔던 것입니다.

나는 평양 근교에 있는 순안비행장에 도착하자마자 무언가 잘못되었다는 직감이 들었습니다. 경제학자로서 일할 것이라는 기대와는 달리, 우리 가족은 모두 평양 대동강 부근의 어느 깊은 산속에 있는 동북리초대소에 수용되었습니다.

우리는 그곳에서 3개월 동안 외부와 차단된 채 소위 밀봉세뇌 교육을 받으면서 김일성에게 충성을 강요당하는 인간 로봇으로 전락되어 갔습니다. 3개월 동안 초대소에서 사상 세뇌교육을 받은 후, 평양시 흥부동에 있는 대남 흑색선전 방송국인 '구국의 소리' 방송 요원으로 배치되었습니다.

그곳은 그 방송이 남한 내에 실재하는 것처럼 위장하기 위해, 북한에 의해 납치되었거나 혹은 자진하여 월북한 많은 남한 출신자들이 근무하는 곳이었습니다. 그곳은 북한 당국이 남한을 적화 통일하기 위해 만든 공작 기구였습니다. 허황된 거짓을 마치 남한 내에서 방송하는 것처럼 속여 북을 추종하고 있는 사람들로 하여금 남한 사회를 혼란스럽게 하기 위한 것이었습니다.

나는 1986년 6월부터 1986년 11월 북한을 탈출할 때까지 이 방송국에서 민영훈 교수라는 가명으로 '종속경제 비판' 등에 대해서 녹음하여 이를 남한으로 송출하였습니다. 이렇게 북한 당국은 입북하기 전에 나와 약속한 것과는 달리, 경제학자로서 일할 여건도 제공해 주지 않았으며, 철저하게 나의 개인 생활을 통제하고 나의 요구 또한 완벽하게 무시하며 기만하였습니다. 1986년 11월 25일, 구국의 소리 방송국에 근무하고 있던 중, 북한 대남 공작 기구 책임자인 리창선(67세 현 사회문화부 부장)이 나에게 '독일에 유학하고 있는 유학생 2명을 덴마크로 유인하여 대동 입북시키라'는 끔찍한 공작 임무를 부여했습니다.

나는 선택의 여지가 없다고 판단하고 집으로 돌아와 처에게 이 사실을 말해 주었습니다. 그리고 앞으로 우리의 진로에 대해서 진지하게 의견을 교환했습니다.

처는 저에게, "인간으로서 도저히 살 곳이 못 되니 당신이 먼저 이 곳(북한)을 탈출하여 독일 정부에 호소하여 우리를 구출해 달라"고 했습니다. 그것은 우리가 입북하기 직전까지 독일 망명자 신분이었기 때문에 독일 정부의 보호를 받을 권리가 있다고 믿었기 때문이었습니다.

1986년 11월, 나는 사랑스러운 처와 귀여운 두 딸을 지옥과 같은 북한에 두고 나왔습니다. 독일 유학생 2명을 덴마크 코펜하겐으로 유인, 대동

입북하라는 공작을 수행하기 위해서였습니다. 나에게는 북한 요원 백치완 등 2명이 따라붙었습니다. 나는 북에서 만들어 준 오경현이라는 가명의 여권을 소지하고 덴마크 코펜하겐 카스트로트 공항으로 침투 중, 공항 사열 요원들의 도움으로 동행한 북한 요원을 따돌리고 극적으로 탈출하여 독일로 돌아와 재정착하였습니다.

나는 북한을 탈출해서 5년 동안 독일에 거주하면서 북한과 친밀한 관계를 유지하며 대남 공작원으로 활동하고 있는 윤이상을 만나 그에게 재북 가족을 송환시켜 줄 것을 수차에 걸쳐 간절히 요청하였습니다. 그를 통하여 1987년 10월과 1988년 10월, 두 차례에 걸쳐 북한에 있는 처로부터 편지를 받기도 하였습니다.

그 당시 처는 평양시 형제산 구역 형산리 8반에 살고 있다고 했습니다. 그 후 1991년 1월, 윤이상은 처자의 육성이 녹음된 테이프 1개와 가족사진 6장을 전해 주기도 했습니다.

그러면서 윤이상은 말했습니다. "당신은 미제 고용 간첩이다. 은혜를 베풀어 준 김일성 주석을 배반했으므로 가족을 인질로 잡아둘 수밖에 없다." 그리고는 다시 입북하여 김일성에게 충성을 다할 것을 강요하였습니다. 나는 더 이상 그를 통하여 재북 가족 송환이 이루어질 가능성이 없다고 판단했습니다. 그리하여 저는 최후 수단으로 나의 조국인 한국에 들어가 당국에 도움을 요청하기로 했습니다. 1992년 4월 10일, 저는 독일 주재 한국 대사관에 자수하여 1992년 5월 22일 입국하였으며, 현재 서울에서 새로운 삶을 살아가고 있습니다.

나는 조국에 귀국하기 전인 1992년 3월과 4월 사이에 독일에서 재북 가족의 안전과 송환을 위해 UN민권위원회, 국제사면위원회, 국제 적십자사에 불쌍한 재북 가족을 송환해 달라는 간절한 내용의 호소문을 발송했습니다. 1992년 6월, 국제적십자사 홍콩지사로부터 재북 가족의 근황을 알아보겠다는 연락이 왔을 뿐, 여타 기구로부터는 아무런 응답을 받을 수 없었습니다.

재북시 나의 경험으로 미루어 북한에 있는 나의 가족 신변에 위험이 따를 것이 틀림없다고 판단하고 있습니다. 지금 나의 가족들은 어디서 무슨 일을 하며, 어떻게 살고 있는지 생사 여부조차 알 길이 없습니다. 나는 매일 밤마다 처와 두 딸의 생각으로 잠을 못 이루고 있습니다. 나는 진심으로 국제 인권 단체에 간절히 호소합니다. 나의 처와 두 딸은 지금 자신들의 의사와 상관없이 혹은 묵살당하면서 북한에 억류돼 있습니다.

사랑하는 처와 귀여운 두 딸을 다시 만나 내가 태어난 조국에서 행복하게 살 수 있도록 도와주시기를 간절히 호소합니다. 진심으로 좋은 결과가 있기를 기대하고 있겠습니다.

1992년 9월
오길남

요덕수용소의 어둠속으로 잠겨버린

잃어버린 딸들, 오! 혜원 규원

발행 3쇄 2018년 11월 24일

지은이 오길남

펴낸이 김미영

펴낸곳 도서출판 세이지

주소 (03169) 서울시 종로구 사직로 96(필운동, 파크뷰타워) 202호

전화 070 733 2939

이메일 unifica@gmail.com

등록 2008년 10월 16일   **등록번호** 제 321–504200800007

ISBN 978–89–965358–2–9 책값은 뒤표지에 표시되어 있습니다.